Grundwissen Soziologie

– Ausgangsfragen
– Schlüsselthemen
– Herausforderungen

von
Rolf Eickelpasch

hrsg. von
Richard Geisen

Ernst Klett Verlag
Stuttgart · Düsseldorf · Leipzig

Dr. Rolf Eickelpasch
Professor für Soziologie an der Westfälischen Wilhelms-Universität Münster

Dr. Richard Geisen, Dozent in der Erwachsenenbildung, Dortmund

1. Auflage 1 11 10 9 8 7 | 2013 2012 2011 2010 2009

Die letzte Zahl bezeichnet das Jahr dieses Druckes.

Internetadresse: http://www.klett-verlag.de

Redaktion: Manfred Ott
Grafik: Elmar Feuerbach
Satz: Fotosatz Kaufmann, Stuttgart
Druck: SCHNITZER DRUCK GmbH, Korb

ISBN 3-12-939602-0

Inhalt

Vorwort

Das vorliegende Buch will keine systematische und umfassende Einführung in die Wissenschaft der Soziologie liefern. Auf Fachterminologie, die Vermittlung eines soziologischen „Lehrstoffes", die Diskussion theoretischer Probleme und einen „wissenschaftlichen Apparat" wird daher weitgehend verzichtet.

Eher als eine *Einführung* in die Soziologie – die ja einen Leser voraussetzt, der bereit ist, sich mit viel Zeitaufwand in ein Fach einzuarbeiten – ist eine erste *Heranführung* an die Soziologie beabsichtigt. Interessierten Laien soll ein Eindruck vermittelt werden, worum es in der Soziologie geht, was das Besondere der soziologischen Denkweise ist und welche typischen Fragen in dieser Wissenschaft gestellt werden.

Unter Soziologie wird dabei weniger eine wissenschaftliche Disziplin als eine besondere Beobachtungsperspektive, eine Bewußtseinsform verstanden, die durchaus auch dem Laien offensteht. Die soziologische Perspektive ist die des notorischen Zweiflers und Skeptikers, der hinter den alltäglichen Vertrautheiten und Selbstverständlichkeiten im Umgang der Menschen miteinander nach verborgenen Motiven und Kräften fahndet. Soziologisch denken, d. h. die Gesellschaft und ihre Spielregeln nicht für das zu nehmen, als was sie erscheinen und sich ausgeben, sondern „hinter die Kulissen zu schauen". Mit diesem Wechsel der Perspektive beginnt die Faszination an der soziologischen Verfremdung unserer sonst so vertrauten sozialen Umgebung. Die heimische Szenerie des Alltags wird unter dem demaskierenden Blick der Soziologie plötzlich fremd und exotisch, die gewohnten Denk- und Verhaltensmuster werden radikal in Frage gestellt. In dieser entlarvenden Einstellung gegenüber dem Schein des „Natürlichen", mit dem sich der Alltag umgibt, besteht die aufklärende Wirkung der Soziologie, ihr Beitrag zu einem neuen, reflektierteren Verständnis von uns selbst und von der Gesellschaft, in der wir leben.

Die Einübung in den spezifischen Denk- und Erkenntnisstil der Soziologie ist das Anliegen dieses Buches – vorrangig nicht als „Trockenübung" durch lehrbuchhafte Vorstellung von Grundbegriffen, Methoden und Theorien, sondern durch erfahrungsnahe Präsentation aktueller soziologischer Debatten, die wichtige Krisenerscheinungen und Umbrüche in der Gegenwartsgesellschaft zum Gegenstand haben.

Wenn dem Leser nach dieser Erstbegegnung mit soziologischer Argumentation seine gewohnten Denk- und Sichtweisen in Bezug auf gesellschaftliche Zusammenhänge fragwürdig erscheinen, er aber dennoch (oder gerade deswegen) motiviert ist, sich weiter und intensiver mit soziologischen Fragen zu befassen, hat der Autor sein heimliches Ziel erreicht: die *Verführung* zur Soziologie.

Rolf Eickelpasch
im Oktober 1999

Lesehinweis

Dieser Titel aus der Reihe „Grundwissen" weist einige besondere Gestaltungsmerkmale auf:

- **Kurztexte in einer fortlaufenden Randspalte** beleuchten schlaglichtartig die auf der jeweiligen Seite behandelte Thematik, zum Beispiel mit
  - pointierten Nebenbemerkungen,
  - kurzen Zitaten und Aphorismen,
  - Verweisen und gedanklichen Brücken,
  - Zahlen, Daten, Fragen...

- **Beispieltexte** sind durchgehend mit dem Symbol gekennzeichnet.

- **Wichtig-Texte** sind an diesem Zeichen zu erkennen:
  Sie heben Wesentliches hervor, bündeln Vorhergehendes oder ziehen eine Schlussfolgerung.

I. Ausgangsfragen

Ein Mensch sieht ein –
und das ist wichtig:
Nichts ist ganz falsch
und nichts ganz richtig.

EUGEN ROTH

1. Was ist Soziologie?

„Soziologie ist die Kunst, eine Sache, die jeder versteht und die jeden interessiert, so auszudrücken, dass sie keiner mehr versteht und sie keinen mehr interessiert."
(HANS-JOACHIM SCHOEPS)

Mit dem Image der Soziologie scheint es nicht zum besten zu stehen. Unverständliche, mit Fremdwörtern gespickte Äußerungen über Vorgänge, die uns alle angehen, werden nicht selten als „Soziologie-Chinesisch" bespöttelt. Auch als Soziologe muss man zugeben: Dieser Ruf der Soziologie ist nicht ganz unbegründet. Bei manch einem Fachvertreter findet sich tatsächlich die Tendenz, sich hinter einer Fachsprache zu verschanzen, um Kollegen „Kompetenz" anzuzeigen und Laien einzuschüchtern. Nun ist dies aber keine Besonderheit der Soziologie – einen für den Laien unverständlichen Fachjargon gibt es in nahezu jeder Wissenschaft. Auch „wissenschaftliches" Imponiergehabe lässt sich nicht nur in der Soziologie beobachten. Dennoch hört man selten Klagen über das „Kauderwelsch" der Mediziner, Physiker oder Philosophen...

Der zweifelhafte Ruf der Soziologie hat offenbar etwas mit ihrem spezifischen Gegenstandsbereich zu tun. Soziologen beschäftigen sich mit Dingen, von denen jeder etwas versteht oder zu verstehen glaubt. In gewissem Sinne besteht die Gesellschaft aus Millionen von **„Laiensoziologen"**. Für nahezu jede Lebenssituation und jedes soziale Problem hält das **Alltagswissen** mehr oder weniger präzise Standarderklärungen parat: Jeder weiß, warum die Müllers sich scheiden lassen und der Sohn von Schmidts auf die schiefe Bahn geraten ist. Jeder hat eine Meinung zur Massenarbeitslosigkeit, zur Jugendgewalt, zur „Asylantenschwemme" und zu berufstätigen Müttern.
Soziologen begegnen den Gewissheiten des Alltagswissens mit methodischer Distanz. Ihre Perspektive ist die der Zweifler und Skeptiker, die hinter den alltäglichen Selbstverständlichkeiten im Umgang der Menschen miteinander verborgene Motive und Kräfte vermuten.

Soziologen reden also über Sachverhalte, die alle angehen und von denen jeder schon etwas weiß. Sie tun dies allerdings in einer ungewohnten, entlarvenden Perspektive, die die Denkgewohnheiten und Vertrautheiten des Alltags systematisch irritiert und in Frage stellt. Ebendas hat ihnen den Ruf als „notorische Besserwisser" eingetragen. Den Besonderheiten der soziologischen Denkweise sowie des Gegenstandsbereichs der Soziologie soll im folgenden näher nachgegangen werden.

Vor allem gilt es folgende Fragen zu klären:
- Worin besteht die soziologische **„Kunst des Misstrauens"**?
- Was ist die Eigenart des **„Sozialen"**, des Untersuchungsgegenstands der Soziologie?
- Mit welchen Sachverhalten beschäftigt sich die Soziologie als **„Wissenschaft vom Sozialen"**?

1.1 Soziologie und Alltagswissen

1. Die Liebesehe entspricht einem Grundbedürfnis des Menschen. Sie findet sich daher in allen Gesellschaften.

2. Mann und Frau unterscheiden sich in vielen angeborenen Fähigkeiten und Charaktermerkmalen. Die Geschlechterrollen in Familie und Gesellschaft haben daher ein biologisches Fundament.

3. In früheren Zeiten war die Familie eine weit stabilere Einheit als heute, wie der rapide Anstieg der Scheidungszahlen zeigt.

4. Bindungsfähigkeit und Solidarität sind in der Wohlstandsgesellschaft nicht mehr gefragt. Wir entwickeln uns zu einem Volk von Egoisten.

Diese willkürlich zusammengestellten Aussagen sind unserem **Alltagswissen** entnommen. Sie beziehen sich auf Sachverhalte, die jeder kennt und ständig in seiner Alltagserfahrung bestätigt findet – Selbstverständlichkeiten, die kein vernünftiger Mensch bezweifelt.

Aus der Sicht des Soziologen, des „notorischen Besserwissers", sind die zitierten Äußerungen teils schlichtweg falsch (1 – 3), teils stark ergänzungsbedürftig (4). Wir werden in späteren Kapiteln auf die aufgeworfenen Probleme zurückkommen.

Offenbar stehen soziologische Einsichten häufig im Widerspruch zu privaten Überzeugungen. Das heißt nun aber keineswegs, dass die **Alltagstheorien** für den Soziologen gänzlich uninteressant sind. Im Gegenteil: Sie haben wichtige Orientierungsfunktionen für das Alltagshandeln und bilden das Hauptmaterial der soziologischen Analyse. Alltagswissen und soziologisches Wissen haben unterschiedliche Funktionen und basieren auf unterschiedlichen Erkenntnisperspektiven.

SOZIOLOGIE IST DIE KUNST, ZWISCHENMENSCHLICHE PROBLEME MIT UNSCHARFEN DEFINITIONEN ZU BELEUCHTEN
—
HELMAR NAHR

Die „natürliche Einstellung" im Alltag

Das Alltagswissen unterscheidet sich von der wissenschaftlichen Erkenntnis durch einen spezifischen **Erkenntnisstil**, den der österreichisch-amerikanische Soziologe ALFRED SCHÜTZ (1899–1959) als **„natürliche Einstellung"** bezeichnet hat. In der „natürlichen Einstellung" des Alltags erscheint uns die Wirklichkeit als fraglos gegeben. Ausgangspunkt ist jeweils das eigene, für „selbstverständlich" und „natürlich" gehaltene Bezugssystem. Oft werden „Etiketten" verteilt und komplexere Zusammenhänge auf direkte Beziehungen zwischen Personen oder auf deren „Eigenschaften" reduziert. Wir reden vom „Wesen der Frau", von der „aufsässigen" Jugend, von „verwahrlosten" Kindern und „streitsüchtigen" Nachbarn. Jeder Zweifel daran, dass die Welt und ihre Gegenstände anders sein könnten, als sie erscheinen, bleibt im Alltag ausgeklammert. So entsteht eine **Welt der Gewissheit und Vertrautheit**, die in den täglich neuen Entscheidungssituationen entlastend wirkt und uns die notwendige Verhaltenssicherheit im Umgang miteinander gibt.

ES IST VIEL SICHERER, ZU WENIG ALS ZU VIEL ZU WISSEN
—
SAMUEL BUTLER

Die soziologische „Kunst des Misstrauens"

Der Erkenntnisstil der Soziologie ist dem des Alltagswissens diametral entgegengesetzt. Was im Alltag ausgeklammert bleibt, der Zweifel an der „objektiven" Gegebenheit und den **Selbstverständlichkeiten** der sozialen Welt, wird in der Soziologie zum methodischen Prinzip erhoben. Um es mit dem amerikanischen Soziologen PETER L. BERGER (1969, S. 32) zu sagen: „Die erste Stufe der Weisheit in der Soziologie ist, dass die Dinge nicht sind, was sie scheinen."

Die Soziologie stellt alltägliche Vorgänge und Lebenssituationen in einen *breiteren* gesellschaftlichen Zusammenhang. Hinter den gewohnten und vertrauten Deutungen und Handlungen entdeckt sie eine Welt von verborgenen Motiven und Kräften. Sie liefert den für viele schockierenden Beleg, dass das Alltagshandeln bis in die privatesten und intimsten Beziehungen hinein von kulturellen Vorgaben und gesellschaftlichen Normierungen, nicht selten von Machtinteressen und Herrschaftszusammenhängen beeinflusst wird, die sich „hinter dem Rücken" der Menschen durchsetzen. Sie fördert die ernüchternde Erkenntnis zu Tage, dass noch die privateste aller Entscheidungen, die Partnerwahl, von ziemlich strikten sozialen Vorgaben von Klasse, Schicht, Einkommen und Bildung abhängig ist. Selbst „wo die Liebe hinfällt", ist für den unromantischen soziologischen Zweifler also kein unerforschliches Mysterium – jedenfalls nicht ausschließlich.

VORSICHT UND MISSTRAUEN SIND GUTE DINGE, NUR SIND AUCH IHNEN GEGENÜBER VORSICHT UND MISSTRAUEN NÖTIG
—
CHRISTIAN MORGENSTERN

Mit seinem **Sinn für das Demaskieren** und seinem Anspruch, „hinter die Kulissen zu schauen", ist soziologisches Denken eine Art **„Kunst des Misstrauens"** gegenüber den Selbstverständlichkeiten des Alltags. Mit dieser Haltung macht sich die Soziologie gewiss nicht überall Freunde, am wenigsten unter den Herrschenden. Gerade in ihrer kritischen und aufklärenden Funktion liegt aber der Wert soziologischer Erkenntnis.

Laien- und Berufssoziologen

Wenn auch soziologische Einsichten den gewohnten Deutungsmustern oft in schockierender Weise widersprechen, so stehen Soziologie und Alltagswissen doch in einem Verhältnis wechselseitigen Austausches zueinander.
Lebensweltliche Ideen und Deutungen bilden nicht nur den Gegenstand soziologischer Analyse, sondern stellen oft auch Quellen der Einsicht in soziales Verhalten dar. Als **Laiensoziologen** liefern die Menschen mit ihren **Alltagstheorien** – etwa zum Zusammenhang von Armut und Ausgrenzung, zu den Ursachen und Auswirkungen von Arbeitslosigkeit oder zu den Rollenkonflikten der Frau zwischen Familie und Beruf – oft wichtige Hinweise und Anregungen für soziologische Untersuchungen.
Umgekehrt leistet auch die Soziologie einen Beitrag zum Alltagswissen. Über Schule, Erwachsenenbildung, Medien und populärwissenschaftliche Literatur sickern soziologische Einsichten und Deutungsmuster fortwährend in den Alltag ein. Vieles von dem, „was jeder weiß" – auch über die oben erwähnten Zusammenhänge – , ist bereits von sozialwissenschaftlichen Erkenntnissen und Deutungen durchsetzt. Manche reden schon in ironischer Übertreibung von einer schleichenden **„Versozialwissenschaftlichung"** des Alltagswissens. Wie auch immer: Einsichten und Befunde der Soziologie zeigen den Menschen im Alltag, dass in vielen Fällen „mehr im Spiel" ist, als es oberflächlich erscheint.
Soziologisch denken heißt, im Zusammenleben der Menschen keine „Selbstverständlichkeit", keine „Naturtatsache", kein „Schicksal" und keine „Tradition" fraglos anzuerkennen, kurz: sich von nichts und niemandem etwas vormachen zu lassen – auch und vor allem nicht von den eigenen Voreingenommenheiten und Denkklischees. Auf diese Weise kann die soziologische **„Kunst des Misstrauens"** eine Hilfe sein für ein neues, reflektierteres Verständnis von uns selbst und von der Gesellschaft, in der wir leben.

Soziologen sehen keine Phänomene, die andere nicht auch sähen. Aber sie sehen sie mit anderen Augen, da sie aus methodischen Gründen die Gewissheitswelt des Alltags verlassen und die Perspektive des notorischen Zweiflers und Skeptikers einnehmen.
Durch die Beschäftigung mit Soziologie kann man etwas lernen: nicht die Wahrheit, aber neue, anregende, zuweilen auch aufregende Sichtweisen.

ÜBERZEUGUNGEN SIND GEFÄHRLICHERE FEINDE DER WAHRHEIT ALS LÜGEN
—
FRIEDRICH NIETZSCHE

ALLES WISSEN GEHT AUS EINEM ZWEIFEL HERVOR
—
MARIE VON EBNER-ESCHENBACH

ZU WENIG UND ZU VIEL VERTRAUEN SIND NACHBARSKINDER
—
WILHELM BUSCH

1.2 Die Wissenschaft von der Gesellschaft

UM IN DER GESELLSCHAFT FUSS ZU FASSEN, TUT MAN ALLES, UM ZU SCHEINEN, ALS OB MAN IN IHR SCHON FUSS GEFASST HÄTTE

—

LA ROCHEFOUCAULD

Der Eigenart der soziologischen Erkenntnisweise kommt man näher auf die Spur, wenn man sich den Sinn der Wörter „**Gesellschaft**“ bzw. „**gesellschaftlich**“ vor Augen führt, die ja den zentralen Gegenstand soziologischen Fragens bezeichnen. Wie viele Ausdrücke, die Soziologen verwenden, kommen auch diese aus der Alltagssprache, wo ihre Bedeutung keineswegs eindeutig ist.

Manchmal bezeichnen wir mit „Gesellschaft“ die Gesamtheit aller Bürger eines Landes („die französische Gesellschaft“), manchmal eine Organisation, die einen bestimmten Zweck verfolgt („Gesellschaft für bedrohte Völker“), manchmal auch nur einen besonders angesehenen Personenkreis („die feine Gesellschaft“) oder das genaue Gegenteil („er verkehrt in schlechter Gesellschaft“). Von einem „gesellschaftlichen Anlass“ reden wir, wenn wir die Förmlichkeit und den Verpflichtungscharakter eines Zusammentreffens von Personen betonen wollen.

„Gesellschaft“ in soziologischer Sicht

ES TUT MIR LANG SCHON WEH, DASS ICH DICH IN DER GESELLSCHAFT SEH!

—

JOHANN WOLFGANG VON GOETHE

Der soziologische Begriff der „Gesellschaft“ ist zugleich weiter und enger als der umgangssprachliche. Eine **Gesellschaft** ist in soziologischer Sicht jeder nach innen einigermaßen gegliederte und nach außen mehr oder weniger abgegrenzte Komplex zwischenmenschlicher Beziehungen. Um es in der Fachsprache zu sagen: Die Gesellschaft ist ein **Interaktionssystem**. Für die Soziologie ist Gesellschaft überall dort, wo sich im Zusammenleben der Menschen mehr oder weniger dauerhafte Beziehungsformen, Verhaltensmuster und **Netzwerke** ergeben, die eine gewisse Unabhängigkeit von den teilnehmenden Individuen haben.
„Gesellschaftlich“ oder „sozial“ ist letztlich jede Situation, in der Menschen ihr Handeln aufeinander ausrichten, von der Massendemonstration bis zum Schwätzchen an der Straßenecke oder dem Thekengespräch. Das Gewebe aus Bedeutung, Erwartung und Verhalten, das sich aus solchen **sozialen Situationen** ergibt, ist der eigentliche Gegenstand der Soziologie als **Wissenschaft vom Sozialen**.

Gegenstand der Soziologie ist „das Soziale“, d. h. die mehr oder weniger dauerhaften Gewebe und Netzwerke aus immer wiederkehrenden Verhaltensmustern, die aus dem zwischenmenschlichen Handeln hervorgehen und auf dieses zurückwirken.

„Soziale Beziehungen“: Bausteine der Gesellschaft

Die Kernelemente des „Sozialen“, des Materials der soziologischen Analyse, sind **Interaktionen**, also wechselseitig aneinander orientierte Handlungen zwischen Personen. Weisen Interaktionen eine gewisse Regelhaftigkeit und Dauerhaftigkeit auf – wie etwa die zwischen Freunden, zwischen Mutter und Kind oder zwischen Schüler und Lehrer – spricht die Soziologie von **sozialen Beziehungen**. Interaktionen und soziale Beziehungen sind die Bausteine der Gesellschaft und damit die kleinsten Einheiten soziologischer Analyse. Ein Blick auf die spezifischen Merkmale dieses „Gegenstands“ der Soziologie soll helfen, den Besonderheiten und Problemen soziologischen Forschens näher zu kommen:

WER EINSAM IST,
DER HAT ES GUT,
WEIL KEINER DA,
DER IHM WAS TUT
—
WILHELM BUSCH

Nehmen wir als Beispiel die Beziehung zwischen dem Arbeitnehmer A und seinem Vorgesetzten V. Die Interaktionen zwischen A und V sind nicht täglich neu und überraschend, sondern folgen einem eingespielten Muster von **gegenseitigen Erwartungen**. Man weiß, was man voneinander zu halten und zu erwarten hat und stellt sich in seinem Verhalten darauf ein. Beide, A und V, verbinden nicht nur das Tun des anderen, sondern auch ihre Beziehung mit einem bestimmten **Sinn**. Die jeweilige Interpretation der Beziehung – etwa als „Ausbeutungsverhältnis“ oder als „partnerschaftliche Zusammenarbeit“ – hat einen entscheidenden Einfluss darauf, wie die Beziehung tatsächlich ausfällt.

ICH BIN NICHT, WAS
DIE MENSCHEN VON
MIR HALTEN, MICH
DRÜCKEN IHRE
ERWARTUNGEN
—
HEINRICH VON
KLEIST

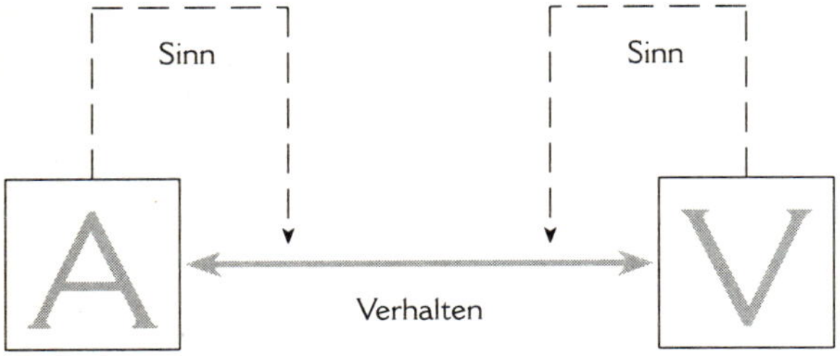

Soziale Beziehungen, der Gegenstand der Soziologie, stellen stets ein Gewebe aus Handlungen und Bedeutungen dar.
Die soziale Wirklichkeit ist immer bereits von den Alltagshandelnden vorinterpretiert und mit „Sinn“ versehen; dies macht die Besonderheit des Gegenstandsbereichs der Soziologie aus.

Beobachten und Verstehen

Angenommen, die eben erwähnte Einzelbeziehung zwischen dem Arbeitnehmer A und seinem Vorgesetzten V wird Gegenstand einer soziologischen Untersuchung. Die einzelnen Untersuchungsschritte und -ebenen sind im folgenden Schema durch nummerierte Linien dargestellt:

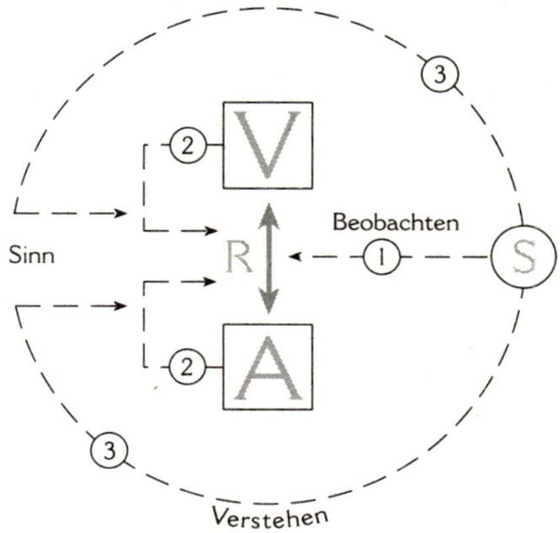

(aus: Arbeitsgruppe Soziologie 1996, S. 15)

1. Der Soziologe S **beobachtet** die Beziehung R. Er sieht, wie A und V miteinander umgehen, entdeckt bestimmte wiederkehrende Verhaltensmuster (z. B. A wird ständig von V kontrolliert und kritisiert).
2. A und V haben selbst eine Meinung über ihre Beziehung R. Sie verbinden sie mit einem **Sinn**. Die Auffassungen über den Sinn und die Bedeutung der Beziehung drücken sich auch in der Art des Umgangs miteinander aus.
3. Um das Handeln von A und V **verstehen** zu können, muss der Soziologe wissen, welche Meinung diese selbst von ihrer Beziehung haben. Er sucht also etwas über 2 herauszufinden.

AM ALLERDÜMMSTEN IST, WER GLAUBT, ALLES ZU VERSTEHEN

—

LEO N. TOLSTOI

Um das Verhalten der im Alltag beobachteten Menschen richtig einordnen und beurteilen zu können, ist es für Soziologen unverzichtbar, etwas über die Motive, Meinungen und Sinndeutungen der Untersuchten zu erfahren.

Die Selbstdeutungen der Menschen bilden das Material der soziologischen Deutungen. Die Deutungen der Soziologie als „verstehender" Wissenschaft sind letztlich immer Deutungen von Deutungen, also Deutungen zweiten Grades.

Unbeabsichtigte Folgen menschlichen Handelns

Die Behauptung, Soziologen müssten die Motive, Absichten und Ideen der von ihnen untersuchten Menschen in Erfahrung bringen, um ihr Handeln richtig einordnen zu können, besagt nun aber keineswegs, die Vorgänge in der sozialen Welt erklärten sich vollständig aus den Zielen und Motiven der Beteiligten.

Für den soziologischen Klassiker MAX WEBER (1864–1921), den Begründer der **verstehenden Soziologie**, war es geradezu ein Wesensmerkmal des Sozialen, dass sich Handlungsziele und Handlungsfolgen in aller Regel sehr deutlich voneinander unterscheiden. Eines seiner Hauptthemen waren die **unbeabsichtigten Folgen** menschlichen Handelns in der Gesellschaft. Menschen handeln, so MAX WEBER, aufgrund eines **subjektiv gemeinten Sinns**, den sie verfolgen. Gleichzeitig verselbstständigen sich die Handlungsfolgen in aller Regel sehr rasch von den ursprünglichen Absichten und Ideen.

So konnte WEBER in einer berühmten Studie nachweisen, dass eine extrem weltverneinende und wirtschaftsfremde religiöse Gesinnung, die Prädestinationslehre des Calvinismus, paradoxerweise zum entscheidenden Motor für die Durchsetzung des Kapitalismus wurde.

ABER HIER, WIE ÜBERHAUPT, KOMMT ES ANDERS, ALS MAN GLAUBT
—
WILHELM BUSCH

Ironie der Geschichte

Ein anderes Beispiel für die **Paradoxie menschlichen Handelns** in Geschichte und Gesellschaft sind die großen historischen Revolutionen, die allesamt zu sozialen Veränderungen geführt haben, die ursprünglich niemand auch nur erahnen konnte.

Ideen sind, so eine bis heute gültige Grundeinsicht MAX WEBERS, nicht nur „Überbau", sondern ein wichtiger Motor sozialen Wandels. Allerdings pflegen sie Folgen zu zeitigen, die in aller Regel von niemandem vorhersehbar waren. Dieses Wissen um die **Ironie der Geschichte** ist übrigens „ein gutes Mittel gegen naiven revolutionären Optimismus" (BERGER 1969, S. 49).

DIE REVOLUTION IST WIE SATURN, SIE FRISST IHRE EIGENEN KINDER
—
GEORG BÜCHNER

Die unbeabsichtigten Konsequenzen unserer Handlungen beeinflussen alle Aspekte und Zusammenhänge des sozialen Lebens.

Die soziologische Analyse erforscht die komplizierten Verflechtungen zwischen den beabsichtigten und den unbeabsichtigten Elementen der sozialen Welt.

1.3 Teildisziplinen der Soziologie

Es war bereits die Rede davon, dass die sozialen Gewebe oder Beziehungsnetze, mit denen jeder tagtäglich gewollt oder ungewollt in Berührung kommt, den Kern des „Sozialen“ ausmachen und daher den eigentlichen Untersuchungsgegenstand der Soziologie bilden.

ACH, DIE WELT IST SO GERÄUMIG, UND DER KOPF IST SO BESCHRÄNKT
— WILHELM BUSCH

Die gesamte soziale Welt ist letztlich nichts anderes als ein riesiges, in höchst komplexer Weise aus unzähligen Gewebsmustern geknüpftes **Beziehungsnetz**. Das soziale Beziehungsnetz ist hierarchisch aufgebaut und lässt sich in verschiedene Ebenen untergliedern, mit denen der einzelne in Austauschprozessen verbunden ist, und die sein Denken und Handeln beeinflussen.

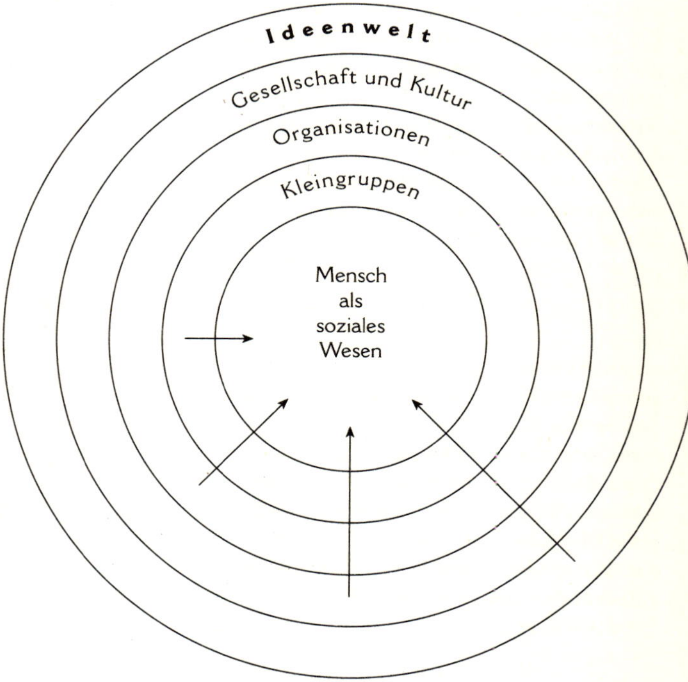

Ebenen der sozialen Wirklichkeit und ihr Einfluss auf das Individuum

Die verschiedenen Ebenen der sozialen Welt werden von unterschiedlichen soziologischen Theorieansätzen und Erklärungsmodellen bearbeitet:

- Die Ebene von **Kleingruppen** wird von der sog. **Mikrosoziologie** untersucht, die sich vor allem mit *face-to-face*-Beziehungen im sozialen Nahbereich (Familie, Freundschaft etc.) befasst.
- Die Ebene der **sozialen Organisationen** wird vor allem von **organisationssoziologischen Ansätzen** bearbeitet, die sich etwa mit Autoritätsstrukturen und Interaktionsmustern in Industriebetrieben oder in Bildungsinstitutionen beschäftigen.
- Der Ebene der **Gesellschaft** wendet sich die sog. **Makrosoziologie** zu. Sie analysiert gesamtgesellschaftliche Vorgänge und Strukturen sowie die Austauschprozesse zwischen den einzelnen gesellschaftlichen Teilsystemen (Wirtschaft, Staat, Bildung etc.).
- Die gesellschaftliche **Ideenwelt** schließlich ist Gegenstand der sog. **Wissenssoziologie** bzw. der soziologischen **Ideologiekritik**.

Die Aufteilung der sozialen Welt in die vier Ebenen Kleingruppe, Organisationen, Gesellschaft und Ideenwelt ist eine in erster Linie analytische Trennung, d. h. ein künstlicher Versuch zur Ordnung des Sozialen. In Wirklichkeit durchdringen sich alle vier Ebenen gegenseitig und lassen sich kaum sinnvoll getrennt bearbeiten. Auch die im Hauptteil dieses Buches beispielhaft vorgestellten „Schlüsselthemen" soziologischer Forschung lassen sich kaum ohne Rest den erwähnten Ebenen und Forschungsfeldern zuordnen.

WENN DIE MENSCHEN NUR ÜBER DAS SPRÄCHEN, WAS SIE BEGREIFEN, DANN WÜRDE ES SEHR STILL AUF DER WELT SEIN
—
ALBERT EINSTEIN

„Bindestrich-Soziologien"

Im Hinblick auf den praktischen Nutzen soziologischer Forschung scheinen ohnehin die sog. **„Bindestrich-Soziologien"** oder **„speziellen Soziologien"** weit interessanter als die obigen, eher künstlichen Unterscheidungen von Forschungsansätzen. Hierbei handelt es sich um soziologische Teildisziplinen, die sich auf die Erforschung unterschiedlicher gesellschaftlicher Teilbereiche spezialisiert haben. „Spezielle Soziologien" sind z. B.

- Familiensoziologie
- Jugendsoziologie
- Erziehungs- und Bildungssoziologie
- Industrie- und Betriebssoziologie
- Rechtssoziologie
- Religionssoziologie
- Freizeitsoziologie
- Musiksoziologie

etc.

2. Mensch und Gesellschaft

Ein junger Mann geht mit einer hübschen jungen Frau durch den Wald. Sie erweckt in ihm – vielleicht zum ersten Male – heftige und leidenschaftliche Gefühle des Begehrens und der Liebe. Er bewundert ihr schönes Haar, ihren Gang, ihren Busen... – tausend Dinge fallen ihm ein.
Oben auf dem Ast sitzt eine Zecke. Sie riecht nur Buttersäure und lässt sich verzückt auf die Schulter der Frau fallen.

Diese – zugegeben etwas skurrile – Situationsschilderung verdeutlicht schlaglichtartig die Sonderstellung des Menschen als **„Kulturwesen“**: An die Stelle des „primitiven“, ererbten Verhaltensprogramms der Zecke, die nur auf Licht, Wärme und den Geruch der Buttersäure reagiert, tritt beim Menschen, dem die angeborene und instinktive Anpassung an eine spezifische Umwelt fehlt, ein weit „komplexeres“, kulturell vorgegebenes Programm mit detaillierten Regieanweisungen für die Szene. Dieses Programm steckt den großen Rahmen ab, in dem die Leidenschaften des Pärchens entflammen, es legt die „Taktik“ und das „angemessene Tempo“ der wechselseitigen Annäherung fest. Selbst die „tausend Dinge“, die dem Verliebten scheinbar spontan in den Sinn kommen – etwa die Idee, sexuelles Begehren in romantisches Sehnen zu kleiden, die Träume von lebenslangem Glück, die Planung eines Einfamilienhäuschens im Grünen – sind Teil jener vorfabrizierten **Grammatik des Denkens, Fühlens und Handelns**, die unsere Kultur für die Phase des Liebesfrühlings bereithält.

Die von ihm selbst geschaffene **Kultursphäre** wird dem Menschen gewissermaßen zur „zweiten Natur“. Wie für das Liebeswerben und die Kontaktanbahnung enthält unser „kulturelles Erbe“ für nahezu jede Lebens- und Alltagssituation mehr oder weniger klar definierte Verhaltensmodelle und Regieanweisungen. Wir wissen, wie „man“ sich in typischen Situationen „als Mann“ oder „als Frau“ zu verhalten hat, wie „man“ sich zu bestimmten Anlässen kleidet, wie „man“ sich bei dieser oder jener Gelegenheit begrüßt, miteinander umgeht und miteinander spricht.

Dieser kulturell vorgegebene Katalog an Spielregeln und Verhaltensmustern verleiht dem Menschen – als eine Art „Instinktersatz“ – jene verlässliche Orientierung und „Sicherheit im Dasein“, über die das Tier durch seine Instinktausstattung verfügt.
Das komplizierte Wechselspiel des Menschen mit seiner gesellschaftlichen und kulturellen Umwelt soll im folgenden näher beleuchtet werden.

Im einzelnen wird es um folgende Themenbereiche gehen:
- der Mensch als „sozial-kulturelle Persönlichkeit“: Das Menschenbild der Soziologie
- der Mensch in der Gesellschaft: Normen, Werte, Institutionen
- die Gesellschaft im Menschen: Sozialisation und Identitätsentwicklung.

2.1 Das Menschenbild der Soziologie

Dem Menschen wird, wie die oben geschilderte Szene gezeigt hat, kaum ein Verhaltensmuster für den zwischenmenschlichen Umgang, kaum eine „Strategie" zur Verfolgung individueller Ziele und Bedürfnisse einfach als erblich verankertes Steuerungsprogramm in die Wiege gelegt. Vielmehr sind in soziologischer Sicht nahezu alle menschlichen Denk-, Gefühls- und Verhaltensstrukturen Ergebnisse von Lernprozessen und Erfahrungen, die das Individuum in einem verwickelten und vielschichtigen Wechselspiel mit seiner gesellschaftlichen und kulturellen Umwelt erwerben muss.

Der Mensch ist „von Natur ein Kulturwesen", wie der Philosoph und Soziologe ARNOLD GEHLEN (1904–1976) sagt. Er allein verfügt über „**Kulturfähigkeit**". Was heißt das aber, und weshalb bedingen sich Menschsein und Kultur gegenseitig – ja, weshalb ist das eine ohne das andere nicht denkbar?

Die biologische Sonderstellung des Menschen

Der Schweizer Biologe ADOLF PORTMANN (1897–1982) hat als erster auf die Besonderheiten des neugeborenen Menschen und auf die Einzigartigkeit des ersten Lebensjahres hingewiesen, das er „extra-uterines Frühjahr" nennt. Der Mensch kommt nach PORTMANN als „**physiologische Frühgeburt**" auf die Welt. Wesentliche Teile seiner Reifung erfolgen außerhalb des Mutterleibes, in engster physischer und emotionaler Abhängigkeit von seinen Eltern.

DIE KULTUR IST EIN SEHR DÜNNER FIRNIS, DER SICH LEICHT IN ALKOHOL AUFLÖST
—
ALDOUS HUXLEY

Dieser Befund kann nun nach zwei Seiten ausgelegt werden,

- als Gefährdung: der Mensch kommt unfertig zur Welt, er bleibt während seiner kindlichen Entwicklung auf andere Menschen angewiesen;
- als Chance: der Mensch kann nur deshalb im Vollsinne „Mensch" werden, weil er es noch nicht ist. Die Unfertigkeit und Hilflosigkeit des Neugeborenen ist nur die Kehrseite der **Weltoffenheit** des Menschen, d. h. seiner auf Lernen, Bildsamkeit und Mitmenschen angelegten Lebensform.

Die „physiologische Frühgeburt" bzw. das „extra-uterine Frühjahr" stempeln den Menschen zum „Lernwesen", das auf andere Menschen und den Reichtum kultureller Sinnvorgaben angewiesen ist. Die „Menschwerdung" erfolgt also als ein sozialer und kultureller Prozess. Der Soziologe RENÉ KÖNIG (1906–1992) spricht in diesem Sinne von einer

„zweiten, sozio-kulturellen Geburt" des Menschen. Erst im „sozialen Mutterschoss" der Familie werden demnach die Voraussetzungen für die Entwicklung grundlegender menschlicher Eigenschaften und Fähigkeiten erworben.

Das Problem der Instinkte

Der Mensch ist im Vergleich zum Tier ein **biologisches Mängelwesen**. Im Gegensatz zu allen Tieren verfügt er über eine geringere instinktive Absicherung seines Verhaltens und über eine geringere Anpassung an eine ihm artgemäße Umwelt. Der Mensch ist das „instinktverunsicherte", das „nicht-festgestellte Tier" (FRIEDRICH NIETZSCHE). Tiere werden in eine bestimmte Umwelt hineingeboren und sind dafür ausgestattet, in dieser Umwelt zu leben. Dies gilt für die Zecke wie für die höchsten Säuger. Der Mensch hat demgegenüber keine artspezifische Umwelt. Er lebt überall, ist geographisch oder klimatisch kaum gebunden. Während die Umwelt der Tiere nahezu konstant bleibt, ist die Welt des Menschen eine kulturelle, eine historische, eine veränderbare.

TUGEND WILL ERMUNTERT SEIN, BOSHEIT KANN MAN VON ALLEIN
—
WILHELM BUSCH

Das Tier ist instinktgesichert und umweltgebunden, der Mensch dagegen instinktmäßig ungesichert und weltoffen.

Der Mensch als Kulturwesen

Gerade weil der Mensch ein organisch unspezialisiertes Wesen ist, kann er nur überleben, wenn er sich – gewissermaßen als „Gegengewicht" gegen die Mängelhaftigkeit seiner Naturausstattung – Kultur schafft. Kultur ist die von Menschen handelnd veränderte Natur, seine „künstliche Natur", seine menschliche Welt. Unspezialisiertheit und Instinktarmut des Menschen einerseits und das Angewiesensein auf Kultur andererseits bedingen sich wechselseitig. In gewisser Weise besteht also die Spezialisiertheit des Menschen gerade in seiner Unspezialisiertheit: Das Besondere des Menschen liegt in seinem Angewiesensein auf und in seiner Fähigkeit zur Produktion von Kultur. Der Mensch ist ein Kulturwesen. In der Soziologie hat sich dafür der Begriff der **„sozial-kulturellen Persönlichkeit"** eingebürgert.

GOTT HAT DEN MENSCHEN ERSCHAFFEN, WEIL ER VOM AFFEN ENTTÄUSCHT WAR. DANACH HAT ER AUF WEITERE EXPERIMENTE VERZICHTET
—
MARK TWAIN

Handlung und Sinn

Die biologische Mängelhaftigkeit stellt für die Daseinsform des Menschen eine erhebliche Belastung dar. Der Mensch steht unter ständigem Handlungsdruck, um sich am Leben zu erhalten, gleichzeitig fehlen ihm als „Mängelwesen" aber verlässliche Orientierungen und Handlungssicherheiten.

Dies wirft die Frage auf: Wie ist ein so unfertiges, nicht-festgestelltes Mängelwesen überhaupt lebensfähig?
Die Antwort Arnold Gehlens hierauf lautet: „Handelnd entlastet sich der Mensch." Im Unterschied zum Tier, das sich **verhält**, also nur auf bestimmte Umweltreize reagiert, ist der Mensch ein **handelndes Wesen**. Er besitzt die Fähigkeit, seinem Tun und seiner Praxis Sinn und Bedeutung zu unterlegen. Jedes Handeln ist letztlich ein Akt der „Stellungnahme zur Welt". Als Kulturwesen ist der Mensch, wie Max Weber sagt, „begabt mit der Fähigkeit und dem Willen, bewusst zur Welt Stellung zu nehmen und ihr einen Sinn zu verleihen".

Es ist letzten Endes unser Nicht-Wissen, das unser Handeln bestimmt, und nicht unser Wissen
—
Yehudi Menuhin

Tier — [Instinkte ⟷ Verhalten] — Situation

Mensch — [Sinn ⟷ Handeln] — Situation

Weltoffenheit und Weltgeschlossenheit
Der Einzelne handelt in jeder Situation aufgrund einer Bedeutung, die er eigentätig der Situation verleiht – die jeweilige „Stellungnahme" ist so gesehen ein kreativer Akt. Andererseits aber steht er auch immer schon in vorgefundenen Sinnzusammenhängen, die gesellschaftlich geschaffen und für den einzelnen relativ verbindlich sind. Er findet **„Kultur"** als seine gesellschaftliche Umwelt vor.
Kulturelle Traditionen, Sinnvorgaben, Symbol- und Bedeutungssysteme grenzen die unübersehbar große Zahl von Handlungsmöglichkeiten ein. Kultur überführt so die Weltoffenheit des Menschen in eine relative Weltgeschlossenheit. Als eine Art „zweite Natur" verleiht sie dem Menschen zumindest annähernd jene „Sicherheit im Dasein", über die das Tier durch seine Instinktausstattung verfügt. In dieser **Entlastungsfunktion** besteht in anthropologischer Hinsicht die wesentliche Leistung von Kultur.

Der Mensch hat eine risikoreiche Sonderstellung in der Natur. Als unfertiges, nicht-festgestelltes Wesen ist er darauf angewiesen, die Gefährdung seiner natürlichen Existenz durch Handeln, d. h. durch kulturell vermittelte sinnvolle Praxis zu meistern.

2.2 Wir in der Gesellschaft

Stellen wir uns einmal vor, wir müßten bei jedem Zusammentreffen unser Verhältnis zueinander jeweils neu bestimmen und die Regeln unseres Verhaltens jeweils selbst festlegen. Es gebe z. B. keinerlei kulturelle Spielregeln und Konventionen für die Begrüßung von Freunden oder von Fremden, für das Verhalten im Zugabteil, am Bankschalter, im Restaurant, am Arbeitsplatz oder im Hochschulseminar. Unter solchen Bedingungen wäre der Umgang miteinander äußerst stressig. Vermutlich würden wir alle sehr schnell einen Nervenzusammenbruch erleiden oder gar den Verstand verlieren.
(vgl. HENECKA 1985, S. 13)

In einem solchen Gedankenexperiment wird deutlich, was uns im üblichen Alltag kaum bewusst ist: Ein Großteil unserer Begegnungen mit anderen folgt eingespielten **Regeln**, **Routinen** und **Ritualen**. Wir haben die Spielregeln unserer Kultur „verinnerlicht", sie sind Teil unseres Selbst geworden. Wir wissen in nahezu jeder Situation, „wo es lang geht" und „was angesagt ist", und praktizieren es in gewohnter Routine.

„Das ist doch ganz normal" – Soziale Normen und die Erwartbarkeit des Handelns

DIE GESELLSCHAFT VERLANGT STÄNDIGE GRIMASSEN, UNTER ANDROHUNG DER SCHMACH BEFIEHLT SIE UNS, IHREN KONVENTIONEN ZU GEHORCHEN
—
HONORÉ DE BALZAC

Die Regeln und Verhaltensvorschriften, die dazu beitragen, dem zwischenmenschlichen Handeln eine gewisse Regelmäßigkeit, Erwartbarkeit und Kalkulierbarkeit zu verleihen, werden in der Soziologie **soziale Normen** genannt. Diese Bezeichnung bringt den mehr oder weniger ausgeprägten „Soll-Charakter" entsprechender Erwartungen zum Ausdruck. Sie legen ein typisches Handeln fest, das in typischen Situationen erfolgen soll. Damit schaffen sie eine wechselseitige Erwartbarkeit menschlichen Handelns und entlasten die Individuen so von der Notwendigkeit, ständig neue Handlungsweisen zu entwerfen.

Normen sind allgemein gültige Erwartungen in Bezug auf das Handeln der Mitglieder einer Gruppe oder Gesellschaft in typischen Situationen.

Muss-, Soll- und Kann-Erwartungen

In der Soziologie werden Normen häufig nach dem **Grad der Verbindlichkeit** der jeweiligen Verhaltenserwartungen unterschieden. Diese findet ihren Ausdruck in den jeweiligen „Sanktionen" („Bestrafungen" bzw. „Belohnungen"), mit denen die Umwelt auf die Befolgung oder Nichtbefolgung der Norm reagiert.

- Die **Muss-Erwartungen** sind im Allgemeinen rechtlich fixiert: Kinder müssen die Schule besuchen, Verkehrsregeln müssen eingehalten werden, Beamte müssen unbestechlich sein. Polizei und Gerichte erzwingen die Einhaltung dieser Normen.
- Weniger verpflichtend ist die Einhaltung der **Soll-Erwartungen**. Man grüßt „selbstverständlich" seinen Vorgesetzten, ist als Nachbar hilfsbereit und überläßt einem Behinderten den Platz in der Straßenbahn. Auf Zuwiderhandlung reagiert die Umwelt mit Druck, Verachtung, Ausgrenzung etc.
- **Kann-Erwartungen** haben den schwächsten Verpflichtungsgrad. Es gehört weder zu den Dienstpflichten eines Sozialarbeiters, seine ganze Freizeit den Klienten zu widmen, noch zu denen einer Lehrerin, sich intensiv um die privaten Probleme ihrer Schüler zu kümmern. Tun sie es dennoch, so dürfen sie mit positiven Reaktionen der Umwelt (Anerkennung, Ansehen) rechnen.

Gewohnheit – Brauch – Sitte – Recht

Eine weitere Unterscheidung sozialer Normen orientiert sich am Grad der Bewusstheit, mit dem Regeln befolgt werden.

Bei **Gewohnheiten** und **Bräuchen** folgt man bestimmten Regeln weitgehend unreflektiert, „in dumpfer Halbbewusstheit", wie MAX WEBER sagt. Der sonntägliche Frühschoppen, der Christbaum zu Weihnachten, das Feuerwerk zu Silvester, die Geburtstagsfeier mit Verwandten sind Selbstverständlichkeiten, über die wir nicht weiter nachdenken. Auf den „Sinn" solcher Rituale angesprochen, reagieren wir verblüfft mit dem Verweis auf die „Tradition": Es war schon immer so.

MAN SCHWÄTZT VOM WERT- UND NORMGEFÜGE UND TUT DER ÄUSSREN FORM GENÜGE
—
HANS PAUL BAHRDT

Als **Sitte** gelten Normen, mit denen sich zumindest ansatzweise die Vorstellung irgendeines „Sinnes" oder einer „moralischen" Verpflichtung verbindet. Hier handelt es sich ebenfalls um Selbstverständlichkeiten, aber das Handeln ist begründbar: Man unterhält gute Nachbarschaft, beteiligt sich an örtlichen Vereinsleben, nimmt im Bekanntenkreis an Beerdigungen teil.

Als **Recht** oder **Gesetz** gelten soziale Normen, deren Zweck jedermann einsichtig ist und deren Befolgung rational begründbar ist. Man erkennt den Zweck von Verkehrsregeln, sieht den Sinn des Diebstahlverbots, der Schulpflicht und des elterlichen Sorgerechts.

NICHT DIE SITTLICHKEIT REGIERT DIE WELT, SONDERN EINE VERHÄRTETE FORM DERSELBEN: DIE SITTE
—
BERTHOLD AUERBACH

Sind wir alle „normiert"?

Normen existieren nicht „an sich", sondern nur in den Köpfen der Menschen. Allgemeingültig sind sie, insofern sie sich an alle Mitglieder einer Gruppe oder Gesellschaft richten und von diesen auch anerkannt werden. Das besagt natürlich nicht, dass jeder jederzeit jede Norm befolgt. Normen sind ja lediglich **Verhaltenserwartungen**. Damit bleibt offen, wie weit Erwartungen und tatsächliches Verhalten übereinstimmen.

AUSNAHMEN BESTÄTIGEN DIE REGEL
—
SPRICHWORT

Gerade in modernen, „individualisierten" Gesellschaften *(vgl. Kap. 5)* ist eine gewisse Spannung zwischen den „offiziellen" Normen und Werten und dem faktischen Verhalten geradezu „normal". Der **Konformitätsdruck** ist hier typischerweise nicht annähernd so stark wie etwa in „primitiven" Stammesgesellschaften, so dass sich Spielräume für individuelle Lebensstile und persönliche Freiheiten eröffnen. Gerade in dieser nur partiellen Wirksamkeit von Normen liegt im übrigen ein Element der gesellschaftlichen Dynamik und der Anpassungsfähigkeit sozialen Handelns.

Helden, Heilige und ganz „normale" Menschen: Das Problem der Werte

DAS TEUFELSPACK, ES FRAGT NACH KEINER REGEL
—
JOHANN WOLFGANG VON GOETHE, FAUST I

Soziale Normen beziehen sich stets auf Leitbilder bzw. auf Vorstellungen der Mitglieder einer Gesellschaft darüber, was als „richtig" oder „wünschenswert" angesehen wird. Diese gemeinsamen Ideen und Ziele einer Gruppe werden in der Soziologie in der Regel als **„Werte"** bezeichnet. Diese Redeweise darf aber nicht so verstanden werden, als ob „Werte" ein eigenes, kultur- und geschichtsunabhängiges „Sein" hätten. Ebenso wie Normen existieren auch Werte – etwa der Wert der „Mutterliebe", der „Nächstenliebe", der „Gerechtigkeit", der „Selbstbestimmung" oder auch des „Heldentodes" – ausschließlich in den Köpfen der Menschen, die sie anerkennen. Darauf zielt der weniger missverständliche Begriff der **Wertvorstellung** ab.

ES GIBT NICHTS GUTES, AUSSER MAN TUT ES
—
ERICH KÄSTNER

Jede Norm bezieht sich auf eine Wertvorstellung. Umgekehrt gilt dies aber keineswegs. Manche Wertvorstellungen sind so weit von den realen Handlungs- und Einflussmöglichkeiten der Menschen entfernt, dass sich aus ihnen kein erwartbares Verhalten ableiten lässt. Die positive Bewertung von „schönem Wetter" etwa lässt sich allenfalls für den Wettermacher in einer Stammesgesellschaft in eine konkrete Verhaltenserwartung übersetzen. Auch die in vielen Gesellschaften als Vorbilder verehrten „Helden" und „Heiligen" taugen kaum als Orientierung für das Alltags-

handeln. Es ist vielmehr von vornherein klar, dass sie Ausnahmen von der „Norm“ sind. Eine allgemeingültige Verhaltenserwartung „Sei heilig!“ oder „Sei ein Held!“ existiert daher nicht.
Zur Norm gehört, dass ihre Befolgung nicht nur erstrebenswert, sondern auch faktisch erwartbar ist. Normen begründen keinen Idealzustand, sondern „Normalität“.

Nichts ist so banal wie ein normaler Zustand
—
Jules Renard

Soziale Normen begründen eine gewisse Regelhaftigkeit und wechselseitige Erwartbarkeit des „normalen“ Alltagshandelns.

Die Befolgung von Normen erfolgt weitgehend unreflektiert und „selbstverständlich“.
Ebenso wie die Befolgung von Normen ist auch ihre partielle Nichtbeachtung der „Normalfall“. Nichtkonformes, abweichendes Verhalten ist ein wichtiges Moment gesellschaftlichen Wandels.

Institutionen: Stützpfeiler der Gesellschaft
Werte sind wie die daraus abgeleiteten Normen von unterschiedlicher gesellschaftlicher Bedeutung und Wichtigkeit. In jeder Gesellschaft gibt es eine Fülle relativ belangloser Gewohnheiten und Rituale, aber auch eine Reihe festgefügter Normenkomplexe und Handlungsmuster in zentralen gesellschaftlichen Bereichen. Die Eltern mit ihren Kindern, die Lehrerin vor ihren Schülern, der Richter bei der Urteilsverkündung, der Pfarrer vor seiner Gemeinde – sie alle sind in Handlungsverläufe gestellt, deren Grenzen exakt festgelegt und von scharfen Kontrollen und Sanktionen bewacht werden.

Nur wer die Regel kennt, darf sie übertreten
—
Redensart

Derartige Normenkomplexe, die das Handeln in strategisch bedeutsamen gesellschaftlichen Bereichen verbindlich und dauerhaft regeln, werden in der Soziologie **Institutionen** genannt. Institutionen befriedigen grundlegende Erfordernisse, die – mit unterschiedlicher Gewichtung und inhaltlicher Ausgestaltung – in jeder Gesellschaft erfüllt sein müssen. Hier eine beispielhafte Auswahl:

Institutionen	**Gesellschaftliches Grundbedürfnis**
Ehe / Familie	Sicherung des Nachwuchses
Schule	Ausbildung, außerfamiliäre Erziehung
Wirtschaft	Produktion und Verteilung von Gütern
Politik / Staat	Treffen bindender Entscheidungen
Religion	Letztbegründung von „Sinn“

Institutionen sind veränderbar

Die Bedeutung der einzelnen Institutionen und ihr Verhältnis zueinander variieren von Gesellschaft zu Gesellschaft:

- In schriftlosen Stammesgesellschaften sind typischerweise Familie und Verwandtschaft die dominanten Institutionen. Sie erfüllen auch politische, wirtschaftliche, religiöse etc. Funktionen.
- In manchen islamischen Gesellschaften (Iran, Afghanistan) wird das Modell des „Gottesstaates" praktiziert: Staat und Religion bilden noch (oder wieder) eine Einheit.
- Für differenzierte Industriegesellschaften ist eine Vielfalt verselbstständigter Institutionen charakteristisch.

Aber auch innerhalb unserer Gesellschaft unterliegen Inhalt und Bedeutung der einzelnen Institutionen und Normenkomplexe einem ständigen Wandel:

- Die **Ehe** hat seit den 60er Jahren einen erheblichen Bedeutungsverlust erlitten *(vgl. S. 62)*.
- Die bürgerliche **„Normalfamilie"** hat im gleichen Zeitraum ihre Monopolstellung eingebüßt und einer Vielfalt familialer und nicht-familialer Lebensformen Platz gemacht *(vgl. S. 63)*.
- Die **Geschlechterrollen** haben im Zuge des gesellschaftlichen Individualisierungsprozesses eine historisch beispiellose Angleichung erfahren *(vgl. S. 72)*.
- Die **Politik** wird im Zuge der wirtschaftlichen Globalisierung zunehmend durch die **Wirtschaft** (den „Markt") „entmachtet" *(vgl. S. 133 f.)*.

Institutionen als „objektive" Tatsachen?

Institutionen sind, wie die Beispiele zeigen, historisch erstaunlich variabel. Dennoch erscheinen sie typischerweise den einzelnen Gesellschaftsmitgliedern als „objektive", unveränderliche äußere Wirklichkeit, als eine Art Naturphänomen. Der soziologische Blick entlarvt diese „Objektivität" und Naturhaftigkeit der Institutionen als gesellschaftlich erzeugten Schein. Es ist gewissermaßen der „Trick", mit dem die Gesellschaft für ein reibungsloses, **konformes Verhalten** in strategisch wichtigen Bereichen sorgt.

VERLOCKEND IST DER ÄUSSRE SCHEIN, DER WEISE DRINGET TIEFER EIN
—
WILHELM BUSCH

Institutionen sind keine unveränderlichen sozialen Tatsachen, sondern Produkte menschlichen Handelns, die auf den Einzelnen als verpflichtende, „objektive" Wirklichkeit zurückwirken. Sie sind jeweils an einen bestimmten gesellschaftlichen Zusammenhang gebunden.

2.3 Die Gesellschaft in uns

Unter dem Aspekt der **Normen- und Kontrollsysteme**, der bisher im Vordergrund stand, erscheinen Individuum und Gesellschaft als zwei getrennte Wesen, wobei die Gesellschaft als äußere Wirklichkeit Druck und Zwang auf den Einzelnen ausübt. Gesellschaft erscheint als eine Art Zwangsanstalt. Dies wirft nun aber die Frage auf: Warum fügen wir uns im normalen Alltag dem gesellschaftlichen Druck? Warum zerren wir nicht unaufhörlich an den Ketten der Gesellschaft?

Die soziologische Antwort auf diese Frage lautet: Weil wir in aller Regel genau das begehren, was die Gesellschaft von uns erwartet. Der gesellschaftliche **Fremdzwang** ist in vielen Bereichen zum **Selbstzwang** geworden: Wir wollen das, was wir sollen. Mit anderen Worten: Unser gesellschaftlicher Ort prägt nicht nur unser Verhalten, sondern auch unser Sein, unsere Identität. (Daß er dies zum Glück nicht vollständig tut, wir also nicht Marionetten der Gesellschaft sind, wird in diesem Buch noch deutlich werden.)

Es wird uns ein fremder Hut aufgesetzt auf einen Kopf, den wir noch gar nicht haben
—
Heimito von Doderer

Diese zweite soziologische Perspektive soll an den Konzepten Sozialisation und Identitätsentwicklung erläutert werden.

Sozialisation: Die „zweite Geburt"

Es war bereits die Rede davon, dass das menschliche Neugeborene als „physiologische Frühgeburt" auf sich allein gestellt nicht lebensfähig ist. Voll lebens- und handlungsfähig wird es erst durch eine viele Jahre währende zweite Geburt, zu der die Hilfe anderer Menschen erforderlich ist. Diese „sozio-kulturelle Geburt", durch die der zunächst nur „biologisch" geborene Mensch zu einem Mitglied seiner Gesellschaft wird, zur „sozial-kulturellen Persönlichkeit" also, wird im soziologischen Sprachgebrauch als Sozialisation bezeichnet.

Sozialisation und Erziehung

Der Begriff der „Sozialisation" ist verwandt mit dem pädagogischen Begriff der „Erziehung", umfasst aber wesentlich mehr. Mit „Erziehung" werden in der Regel vor allem die bewusst geplanten und zielgerichteten Bemühungen von Eltern oder Lehrern bezeichnet, die Persönlichkeit des Kindes in pädagogisch erwünschtem Sinne zu formen. Der Begriff der „Sozialisation" umfasst darüber hinaus auch jene von Pädagogen oft als störend empfundenen Einflüsse von Altersgruppen, Freundes-Cliquen, Massenmedien, Werbung

Der Mensch ist das einzige Geschöpf, das erzogen werden muss
—
Immanuel Kant

etc. Es sind gerade diese ungeplanten, aber dennoch persönlichkeitsprägenden Einflüsse, die den Soziologen besonders interessieren.

„Sozialisation" ist die Gesamtheit aller geplanten und ungeplanten Einflüsse der sozialen Umwelt, durch die das Individuum zum Mitglied einer Gesellschaft wird.

Man unterscheidet in der Soziologie zwischen der **primären Sozialisation** in der frühen Kindheit, die in der Regel in der Familie stattfindet, und der **sekundären Sozialisation** in Kindergarten, Schule, Altersgruppe, Freizeit etc. Die frühkindliche Primärsozialisation ist zweifellos die wichtigste, da in ihr die entscheidende Grundlegung der Persönlichkeitsentwicklung stattfindet, auf der alle späteren Phasen aufbauen. Wir wollen uns daher auf diese Phase konzentrieren.

DAS GRUNDPROBLEM DER KINDERERZIEHUNG BESTEHT DARIN ZU VERHINDERN, DASS DIE KLEINEN WERDEN, WIE WIR SIND
—
ROBERT LEMBKE

Das Spiegel-Ich: Die Basis des Selbst

Im Sozialisationsprozess erfolgt der stufenweise Aufbau des Selbst. Der amerikanische Sozialpsychologe GEORGE HERBERT MEAD (1863–1931) hat deutlich gemacht, dass das menschliche „Ich" sich nur entwickelt, wenn das Kind die Fähigkeit erwirbt, sich von sich selbst zu lösen, sich in der Außenwelt zu „spiegeln" und von außen her zu sich selbst Stellung zu nehmen. Pointiert formuliert: Nur auf dem Umweg über andere findet der Mensch zu sich selbst.

Der wichtigste Teil der Außenwelt ist für das Kind in der ersten Lebensphase seine soziale Nahumwelt mit den Bezugspersonen Mutter, Vater, Geschwister, Großeltern, Kaufmann, Arzt etc. Das Kind steht immer schon in sozialen Bezügen, lernt zunehmend neue Rollen kennen und die von ihm erwarteten Rollen zu übernehmen.

WO KEIN DU IST, IST KEIN ICH
—
LUDWIG FEUERBACH

Die grundlegende Voraussetzung für die Übernahme von Rollen wie für die gesamte Identitätsentwicklung ist die Fähigkeit zur **Perspektivenübernahme**. Sie ermöglicht es dem Individuum, sich mit den Augen anderer zu sehen, d. h. sich zum Objekt seiner selbst zu machen. Den Erwerb dieser Fähigkeit verdeutlicht MEAD am kindlichen Rollenspiel: Das Kind spielt mit einem phantasierten Partner, wobei es abwechselnd in beide Rollen schlüpft. Es spielt „Kaufmann" und ist dabei Verkäufer und Kunde zugleich. Oder es spielt „Polizist" und verhaftet sich selbst. Das Kind sagt etwas in einer Rolle und antwortet darauf in einer anderen. So übt es sich in der grundlegenden Fähigkeit, die Perspektiven anderer zu übernehmen und das eigene Verhalten an den Erwartungen anderer in der sozialen Umwelt auszurichten.

Ich-Identität und gesellschaftliche Normen

Auf der nächsten Stufe muss das Kind lernen, die unzusammenhängenden Rollen und Einstellungen einzelner Bezugspersonen zu einer inneren Einheit zu verbinden. Dies erfordert eine fortschreitende Verallgemeinerung und Abstraktion von **Verhaltenserwartungen**, die man sich an folgendem Beispiel verdeutlichen kann:

Ein Kleinkind panscht beim Mittagessen verspielt mit dem Löffel in der Suppe und verwandelt dabei den Tisch in einen See. Die Mutter reagiert darauf erbost mit der Ermahnung „Verschütte deine Suppe nicht!" Das Kind erfährt „Jetzt ist Mama böse auf mich". Wenn die gleiche Situation sich wiederholt, begreift das Kind „Mama ist immer böse auf mich, wenn ich meine Suppe verschütte". Wenn bei anderen Gelegenheiten Vater, Oma, große Schwester und Tante Mamas Abneigung gegen Suppeverschütten teilen, beginnt das Kind zu erkennen, dass offenbar jedermann das Verschütten von Suppe missbilligt. Es begreift allmählich die allgemeine Regel „Man verschüttet Suppe nicht".

Die hier und jetzt geäußerte Verhaltenserwartung „Verschütte deine Suppe nicht!" wird so zu einer verallgemeinerten Regel, d. h. zu einer **Norm** ausgeweitet. Derartige, sich über die gesamte Kindheit und Jugend erstreckende Verallgemeinerungs- und Abstraktionsprozesse bewirken letztlich, dass der Heranwachsende sich zunehmend von den Erwartungen und Einstellungen konkreter Anderer löst und sich mit den Normen und Werten der Allgemeinheit identifiziert. Nur durch diese allgemeine Identifikation gewinnt die **Selbstidentifikation** des Einzelnen Festigkeit und Dauer. Er hat nun nicht nur wechselnde Identitäten konkreten Bezugspersonen gegenüber, sondern **Identität** überhaupt.

Durch die Verinnerlichung der Normen, Werte und Symbolsysteme einer sozialen Gruppe erwirbt das Individuum eine einheitlich organisierte Ich-Identität.

„Auf den Leib geschrieben" – Die körperliche Seite der Identität

Die Verinnerlichung gesellschaftlicher Normen – also die Hineinnahme von Einstellungen und Erwartungsmustern der sozialen Umwelt ins „Ich" – darf nun keineswegs als ausschließlich oder auch nur vorrangig bewusster Vorgang missverstanden werden. Das Kind erwirbt vielmehr die Grunderfahrungen des sozialen Lebens nicht nur über Spra-

WIE LEICHT SICH DAS SAGT: SICH SELBER FINDEN! WIE MAN ERSCHRICKT, WENN ES WIRKLICH GESCHIEHT
—
ELIAS CANETTI

DAS ICH IST KEIN SELBST; ES IST EINE VIELFALT VON REFLEXEN
—
AUGUST STRINDBERG

Jeder Mensch ist eine kleine Gesellschaft
—
Novalis

che und Bewusstsein, sondern auch über scheinbar ganz bedeutungslose und unterschwellige Botschaften und Signale. Es lernt, dass die Menschen seiner Umwelt jede Alltagssituation – nicht nur das Benehmen bei Tisch – über die ausdrücklichen Anweisungen hinaus durch Blicke, Gesten, Mienen mit einer Bedeutung versehen. Diese **Bedeutungszuschreibungen** sind, gerade weil sie stumm und beiläufig erfolgen, beim Kind um so nachhaltiger wirksam. Sie schreiben sich quasi in seinen Körper ein und verleihen ihm ein oft lebenslang anhaltendes Gespür für das, was man in einer bestimmten Situation zu tun oder zu lassen hat, was schicklich oder unziemlich, normal oder völlig undenkbar ist. Von ihnen hängt ab, wo man sich wohl oder unwohl fühlt, was man als anziehend oder abstoßend, lust- oder angsterregend empfindet. Der französische Soziologe PIERRE BOURDIEU hat diese äußerst dauerhaften Muster des Denkens, Wahrnehmens, Fühlens und Handelns, die in der Kindheit durch „Einverleibung" der Einstellungen und Normen der sozialen Umwelt erworben werden, als **Habitus** (Haltung, Gewohnheit) bezeichnet *(vgl. S. 104)*.

Die Identität eines Menschen hat immer auch ein vorbewusstes Fundament, das durch „Einverleibung" der Haltungen und Deutungsmuster der sozialen Umwelt entsteht.

„Das ist nichts für uns" – Identität und der Sinn für Unterschiede

Über den Habitus ist die Identität eines Individuums zu großen Teilen geprägt von seiner **sozialen Herkunft**. In der Art und Weise, wie jemand in bestimmten Situationen sich verhält, blickt, schweigt oder redet, wie er sich fühlt, spiegeln sich unmittelbar die lebensgeschichtlich „einverleibten" Erfahrungen, Praktiken und Deutungen seines Herkunftsmilieus.

Gleich und Gleich gesellt sich gern
—
Sprichwort

Auch scheinbar spontane Reaktionen der Lust, des Ekels, Abscheus oder Widerwillens haben ihre Wurzel oft nicht in höchst persönlichen Vorlieben oder Abneigungen, sondern in vorbewussten Strategien der Abgrenzung zwischen Gruppen unterschiedlichen sozialen Rangs. Dieser **„Sinn für Unterschiede"** wird dem Kind schon in der Herkunftsfamilie vermittelt durch beiläufige Kommentare wie

- „Das sind andere Leute."
- „Das passt nicht zu uns."
- „Die meinen, sie wären was Besseres."

– „Die da oben machen eh', was sie wollen."
– „Spiel nicht mit den Schmuddelkindern!"
Kaum eine Alltagssituation, eine Anweisung oder Ermahnung, die nicht die unterschwellige Botschaft enthielte: „Vergiss nicht, wo wir hingehören!"
Auch scheinbar belanglose Ermahnungen wie „Verschütte deine Suppe nicht!" – um zu unserem Beispiel zurückzukehren – können durchaus durch die Art der Begründung und die begleitenden Blicke und Gesten den **Sinn für Unterschiede** zum Ausdruck bringen und verstärken. Je nachdem, ob die Aufforderung mit dem Wert des Essens, dem Hinweis auf den hart arbeitenden Vater und der Ermahnung zur Dankbarkeit oder aber mit dem Verweis auf den „schön gedeckten Tisch" und kultiviertes Benehmen verbunden ist, wird Unter- bzw. Mittelschichtkindern ein **Bewusstsein für die soziale Lage** der Familie vermittelt.

Der „Sinn für Unterschiede", die Selbstverortung in der gesellschaftlichen Rangordnung, ist in Schichten- bzw. Klassengesellschaften ein wesentliches Element der Identität eines Menschen.

PACK SCHLÄGT SICH, PACK VERTRÄGT SICH
—
REDENSART

Identität als Balanceakt
Die bisherigen Überlegungen könnten den Eindruck erwecken, das Individuum werde im Laufe des Sozialisationsprozesses zu einem Spiegelbild der Gesellschaft, der gesellschaftliche Ort präge durch und durch nicht nur das Verhalten, sondern auch das Sein des einzelnen: der Mensch als Produkt der Gesellschaft.
Diese düstere Perspektive bedarf nun aber dringend der Ergänzung und Erweiterung. Schon GEORGE HERBERT MEAD hat darauf hingewiesen, dass das Sozialisationsgeschehen immer ein Doppelgesicht hat: als **Vergesellschaftung** und als **Individuierung**. Auf der einen Seite verinnerlicht das Individuum die Normen und Symbole seiner sozialen Umwelt und erwirbt so eine **soziale Identität**. Auf der anderen Seite interpretiert es die Normen und Rollenerwartungen im Sinne seiner eigenen, lebensgeschichtlich erworbenen Erfahrungen, Bedürfnisse und Interessen. Dieses Freiheits- und Gestaltungspotential des Selbst macht die **persönliche Identität** des Individuums aus. Die soziale und die persönliche Identität eines Individuums sind nie vollständig zur Deckung zu bringen. In seiner sozialen Identität wird vom Individuum erwartet, seine gesellschaftlich erwarteten Rollen zu spielen, also „zu sein wie alle anderen". In seiner persönlichen Identität wird ihm zugemutet, „authentisch"

ZEITGENÖSSISCHE SOZIOLOGIE: AM SECHSTEN TAG VORMITTAGS SCHUF GOTT DIE GESELLSCHAFT, NACHMITTAGS, ALS ER SCHON MÜDE WAR, DEN MENSCHEN NACH IHREM BILDE
—
LUDWIG MARCUSE

SEI ENDLICH MAL DU SELBST!
—
SZENE-SPRUCH

und unverwechselbar zu sein, also „zu sein wie kein anderer".

Das Individuum steht vor der schwierigen Aufgabe, die Spannung zwischen diesen widersprüchlichen Polen auszuhalten und ständig neu auszubalancieren. Selbst-Identität ist, so gesehen, keine Eigenschaft und kein fester Besitz, sondern jener aktive, lebenslang unabschliessbare Prozess der Balance, des Austarierens von Widersprüchen, dem alles bewusste soziale Handeln unterliegt.

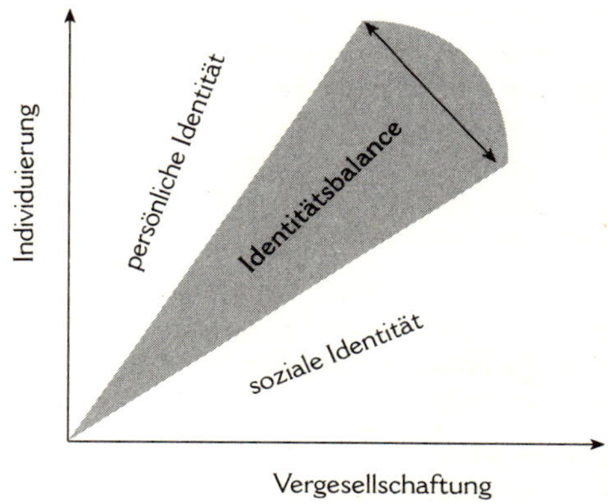

Indem sich der Einzelne in kreativer Weise die Normen, Werte und Symbole seiner sozialen Umwelt aneignet, wird er ein handlungsfähiges und zugleich ein einmaliges, unverwechselbares Individuum.

Kompetenzen der Selbst-Behauptung

Gerade in der modernen Gesellschaft, in der die geschlossenen Herkunftsmilieus aufgebrochen sind und die Menschen zu „Wanderern zwischen den Welten" werden *(vgl. S. 67f.)*, ist die Ausbildung einer **flexiblen Identität** in besonderer Weise gefordert. Soziologische Befunde zeigen nun aber, dass die entsprechenden Kompetenzen – zum Ausbalancieren von Widersprüchen, zum Aushalten von Unstimmigkeiten, zur Verarbeitung von Enttäuschungen, zur kreativen Nutzung von Gestaltungsspielräumen – keineswegs voraussetzungslos sind, sondern an eine ausreichende materielle Absicherung und ein gehobenes Bildungsniveau, sprich: an eine privilegierte soziale Stellung gebunden sind.

JEDER MENSCH TRÄGT STETS EINEN KEIM IN SICH, DER SEINE ORIGINALITÄT AUSMACHT
—
AUGUST STRINDBERG

Die Chancen zur Selbstbehauptung und Identitätsgewinnung sind auch in der modernen Gesellschaft äußerst ungleich verteilt.

3. Wie arbeitet Sozialforschung?

Die Probleme, mit denen sich Soziologen auseinandersetzen, sind oft ganz ähnlich wie jene, die den Menschen im Alltag auf den Nägeln brennen:

- *Wie ist Armut in einer Wohlstandsgesellschaft möglich?*
- *Was sind die Ursachen für Ausländerfeindlichkeit und Rechtsextremismus bei Jugendlichen?*
- *Sind den jungen Frauen heute Beruf und Karriere wichtiger als Familie und Kinder?*
- *Wird sich die Familie als Institution auflösen?*
- *Ist das Fernsehen für Gewaltverbrechen mitverantwortlich?*

Der Unterschied zwischen dem **soziologischen Wissen** und dem **Alltagswissen** liegt weniger in den gestellten Fragen als in der Art der Beantwortung dieser Fragen. Ziel soziologischer Forschung ist es, die oft naiven, spekulativen oder interessegeleiteten Deutungen und Erklärungen des Alltags zu ersetzen durch überprüfbare Aussagen, die durch systematisches und kontrolliertes Beobachten und Erklären sozialer Vorgänge gewonnen werden. In anderen Worten bedeutet das: Die Soziologie ist nicht nur eine theoretische, sondern auch eine empirische, d. h. sich auf Erfahrung gründende Wissenschaft.

Als **Erfahrungswissenschaft** verfolgt die Soziologie das Ziel, Erkenntnisse von einer gewissen lebenspraktischen Bedeutung zu liefern, vor allem aber auch, ihre Aussagen immer wieder an der Wirklichkeit zu überprüfen. Aus der Forderung nach einer empirischen Überprüfbarkeit soziologischer Aussagen folgt, dass das „Wie" der Erkenntnisgewinnung, der Wissensproduktion durchsichtig gemacht werden muss. Forscher müssen präzise und nachvollziehbar Rechenschaft ablegen über die verschiedenen Phasen des Forschungsprozesses – von der Wahl des Ausgangsproblems über die Durchführung der Untersuchung bis zur praktischen Anwendung der Ergebnisse. Vor allem aber sind sie in der Pflicht, die von ihnen verwandten **Forschungsmethoden**, also die Techniken und Instrumente der Datengewinnung und -auswertung (Interview, Befragung, teilnehmende Beobachtung, statistische Verfahren etc.), offenzulegen und dem kritischen Urteil der Interessierten auszusetzen.

Im folgenden Kapitel sollen – nach einigen grundsätzlichen Überlegungen zum Charakter der Soziologie als Erfahrungswissenschaft – die verschiedenen Phasen des soziologischen Forschungsprozesses skizziert werden. Anschließend werden kurz die wichtigsten Forschungsmethoden und Erhebungsverfahren vorgestellt und verglichen – einschließlich ihrer spezifischen Fußangeln und Fallstricke, mit denen der empirisch arbeitende Sozialforscher üblicherweise zu kämpfen hat.

Die Soziologie als Erfahrungswissenschaft beschäftigt sich mit dem systematischen und kontrollierten Beobachten und Erklären von regelmäßig auftretenden sozialen Beziehungen, von ihren Ursachen, Bedingungen und Folgen.

3.1 Soziologie als Erfahrungswissenschaft

Erfahrung heisst gar nichts. Man kann eine Sache auch 35 Jahre lang schlecht machen
—
Kurt Tucholsky

Begriff und Erfahrung

Ein Grundproblem jeder Erkenntnis – nicht nur der wissenschaftlichen – besteht darin, dass die volle Wirklichkeit niemals ganz erfasst werden kann. Wie die alltägliche so ist auch die wissenschaftliche Wahrnehmung, Beobachtung und Erkenntnis immer „selektiv", d. h. sie trifft stets eine Auswahl aus der unübersehbaren Fülle des Wirklichen. Das, wonach wir schauen oder suchen, was uns wichtig oder unwichtig ist, hängt ab von den jeweils benutzten Begriffen. **Begriffe** sind unverzichtbare Instrumente des Begreifens, sprachliche und gedankliche Hilfsmittel, die zur Erfassung, Ordnung und Deutung der Realität dienen. Sie sind gewissermaßen die „Einkaufszettel", die unsere Aufmerksamkeit im unüberschaubaren Supermarkt der Wirklichkeit steuern.

Ob jemand von seiner Umwelt als „krank", „behindert", „asozial", „Alkoholiker" oder „Asylant" eingestuft wird, ist letztlich vom Gehalt des jeweiligen Begriffs abhängig. Da derartige begriffliche Zuordnungen auch den Umgang mit dem Betroffenen bestimmen, wirken sie in entscheidender Weise auf die soziale Wirklichkeit zurück.

Da also Begriffe in hohem Maße unsere Wahrnehmung – und in der Folge auch unser Handeln – steuern, ist für den Sozialforscher die Klärung der Sprache und die sorgfältige **Definition** der verwandten Begriffe unerlässlich. Vor allem wird er sich darum bemühen, Begriffe zu vermeiden, die – wie die in dem obigen Beispiel – einen emotionalen Beigeschmack haben und so eine vorurteilsfreie Sicht auf die soziale Realität versperren.

Begriffe sind Tastversuche des Geistes
—
Otto Michel

Theorie und Empirie

Die forschungsleitenden Begriffe beziehen ihren spezifischen Gehalt und ihre Bedeutung aus soziologischen **Theorien**. Begriffe wie „Klasse", „soziales Milieu", „funktionale Differenzierung" oder „Individualisierung" werden nicht einfach dem Alltagswissen entnommen, sondern erhalten einen (mehr oder weniger) präzisen analytischen Sinn im Rahmen bestimmter theoretischer Begründungszusammenhänge. Andererseits unterliegen sie einem ständigen Prozess der Neu- und Umdefinition, der Ergänzung, Erweiterung und Revision – nicht nur durch theoretischen Fortschritt, sondern auch durch empirische Erprobung an der Wirklichkeit. Dies macht deutlich, wie sehr **soziologische**

Theoriebildung und **empirische Sozialforschung** voneinander abhängen.
Ohne ständige empirische Erprobung bleiben theoretische Entwürfe rein spekulativ und neigen zu dogmatischer Erstarrung. Andererseits bliebe eine theorieblinde Methodengläubigkeit und „Fliegenbeinzählerei" ebenso unfruchtbar, da sie Wichtiges von Unwichtigem nicht unterscheiden und „den Wald vor lauter Bäumen" nicht sehen könnte.
Die sterile Trennung von Theorie und Empirie lässt sich durch folgende spiegelbildliche Aussagen charakterisieren:

- Der reine Theoretiker:
  „Ich weiß nicht, ob das, was ich behaupte, wahr ist, aber es ist jedenfalls wichtig."
- Der einseitige Empiriker:
  „Ob das, was ich behaupte, wichtig ist, weiß ich nicht, es ist aber auf alle Fälle wahr".

Aufgabe der Soziologie wäre es demgegenüber, wie der Heidelberger Soziologe HANS PETER HENECKA (1985, S. 144) betont, „über wichtige Sachverhalte richtige Aussagen zu machen" – gleich weit entfernt von theoretischer „Traumtänzerei" wie von empirischer „Faktenhuberei".

GRAU, TEURER FREUND, IST ALLE THEORIE, UND GRÜN DES LEBENS GOLDNER BAUM
—
JOHANN WOLFGANG VON GOETHE

„Erklären" oder „Verstehen"? – Ein alter Streit
Die Methodendiskussion in den Sozialwissenschaften wird seit mehr als 100 Jahren von zwei Begriffen bestimmt, die für zwei unterschiedliche Denktraditionen stehen: **Erklären** und **Verstehen**.
Die erklärenden Ansätze orientieren sich methodisch an den Naturwissenschaften. Soziales Leben, so die Grundannahme, läuft wie ein Naturvorgang nach bestimmten Gesetzmäßigkeiten ab. Der Forscher kann es gleichsam „von außen" in seinem Ablauf beobachten und prinzipiell erklären. Er ist darum bemüht, mit Hilfe bestimmter Erhebungsmethoden und Messinstrumente beobachtete Sachverhalte auf allgemeine Gesetze zurückzuführen und Ursachen für bestimmte Erscheinungen – etwa den Anstieg der Ehescheidungen – zu ermitteln.

WIR VERSTEHEN UNS, WEIL WIR NICHTS VONEINANDER WISSEN
—
FERNANDO PESSOA

Die Anhänger verstehender Verfahren orientieren sich demgegenüber am Modell der Geisteswissenschaften. Sie gehen von der Grundannahme aus, dass die Menschen im Alltag ihren Interaktionen fortlaufend „Sinn" und „Bedeutung" unterlegen *(vgl. S. 13)*. Soziale Vorgänge könnten daher nicht wie Objekte „von außen", sondern ausschließlich „von innen" erfasst werden, d. h. durch verstehenden Nachvollzug des „subjektiv gemeinten Sinns" (MAX WE-

ZUFALL IST EIN WORT OHNE SINN; NICHTS KANN OHNE URSACHE EXISTIEREN
—
VOLTAIRE

BER) und der Selbstdeutungen der Handelnden. An die Stelle der Suche nach allgemeinen Gesetzen und „objektiven" Ursachen für einen sozialen Vorgang tritt daher bei den verstehenden Ansätzen die interpretierende Beschreibung der Besonderheit einer einmaligen Erscheinung.
Hier eine schematische Gegenüberstellung beider Verfahren:

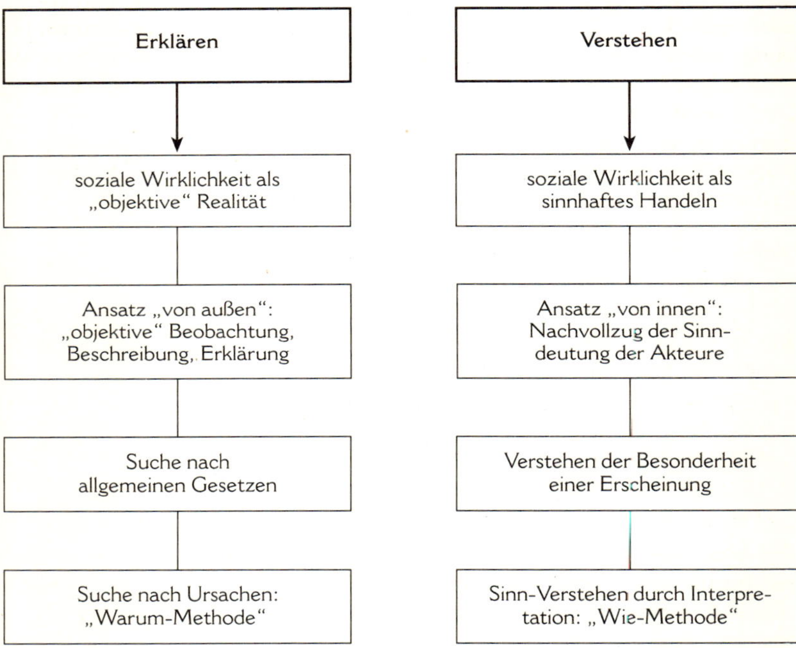

„Erklären" und „Verstehen" im Vergleich

„Quantitativ" oder „qualitativ"?
Der Gegensatz von **Erklären** und **Verstehen** prägt bis heute die Methodendiskussion in den Sozialwissenschaften, am deutlichsten im Streit um zwei unterschiedliche Forschungsrichtungen: die quantitative und die qualitative Sozialforschung. Die erste steht in der Denktradition der „erklärenden" Ansätze, die zweite orientiert sich am Modell des „Verstehens".
Die **quantitative Sozialforschung** verfolgt das Ziel, mit Hilfe bestimmter methodischer Instrumente (repräsentati-

ve Befragungen, statistische Messverfahren etc.) **gesellschaftsweite Trends** – etwa Geburtenrückgang oder Anstieg des Rechtsradikalismus bei Jugendlichen – auf breiter Datengrundlage zu dokumentieren und ursächlich zu erklären.

Die **qualitative Sozialforschung** ist demgegenüber darum bemüht, den Selbstdeutungen, Erfahrungen, Bewältigungsmustern und Lebensperspektiven der Angehörigen ganz bestimmter Problemgruppen oder sozialer Milieus (junge Prostituierte, Langzeitarbeitslose, Alleinerziehende etc.) aus der **Teilnehmerperspektive** nachzuspüren.

Der Unterschied zwischen beiden Forschungsansätzen wird durch den Vergleich zweier typischer Befunde deutlich. Der erste ist einer quantitativen, der zweite einer qualitativen Studie entnommen.

WENN MAN EINMAL SAGT ‚PROZENTSATZ', BRAUCHT MAN SICH WOHL NICHT MEHR ZU BEUNRUHIGEN
—
FJODOR M. DOSTOJEWSKI

- *„Alleinerziehende Väter sind zu 79 %, allein erziehende Mütter zu 57 % berufstätig. In den letzten Jahren ist die Erwerbsquote allein erziehender (insbesondere lediger) Mütter gesunken, und der Anteil an Arbeitslosen unter ihnen ist gestiegen."*
- *„Sexuell missbrauchte Mädchen nehmen sich als Sexualobjekte wahr, die von Männern ‚angemacht' und ‚angebaggert' werden und die mit Tricks und Imponiergehabe von Jungen zum Sexualverkehr gebracht werden. Sie sind nicht in der Lage, eine gefestigte sexuelle Identität aufzubauen."*

Zwischen beiden Forschungsrichtungen bestehen nach wie vor erhebliche Vorbehalte. Die „Quantitativen" werfen den „Qualitativen" mangelnde Vergleichbarkeit und Verlässlichkeit ihrer Befunde vor. Umgekehrt wird den „Quantitativen" vorgehalten, dass sie in blinder Methodengläubigkeit das Wesentliche – die Sinndeutungen der Akteure – verfehlen.

Trotz solcher Kontroversen scheint sich aber in der Forschungspraxis zunehmend die selbstverständliche Kombination quantitativer und qualitativer Verfahren durchzusetzen. In einem **Methodenmix** sehen viele Forscher eine Erweiterung soziologischer Erkenntnismöglichkeiten.

Die „quantitative Sozialforschung" versucht, soziale Sachverhalte aus der Beobachterperspektive „objektiv" zu beschreiben und zu erklären.

Die „qualitative Sozialforschung" ist bemüht, aus der Teilnehmerperspektive die Sinndeutungen und Interpretationen der Handelnden selbst aufzudecken.

3.2 Der Forschungsprozess

Die Planung und Durchführung eines soziologisches Forschungsprojekts folgt – im Idealfall – einem bestimmten logischen und zeitlichen Aufbau, der hier kurz skizziert werden soll. In der tatsächlichen Forschungspraxis wird die dargestellte Abfolge selten so strikt eingehalten. Erfahrene Forscher werden das Stufengerüst oft als Behinderung ihrer Kreativität empfinden, ähnlich wie erfahrene Köche häufig auf die Verwendung von Rezepten verzichten.
In der **qualitativen Sozialforschung** wird ein starres Planungsschema ohnehin als unzulässige Reglementierung abgelehnt, da der Forschungsprozess hier fortlaufend an das untersuchte Feld rückgebunden wird.

DER MENSCH JAGT NACH RÄTSELN, UND KAUM HAT ER DIE LÖSUNG ENTDECKT, SO ÄRGERT ER SICH ÜBER SICH SELBST
—
LUDWIG TIECK

Das Forschungsproblem

Am Anfang des Forschungsprozesses steht immer ein **Forschungsproblem**, gewissermaßen ein ungelöstes Rätsel. Dieses kann sich aus dem persönlichen Interesse des Forschers, aus theoretischen Abhandlungen oder aus vorliegenden Untersuchungen zu einem bestimmten Sachverhalt ergeben. Die Ausgangsfrage ist in jedem Falle: „Was geht hier vor?" Sie entspringt dem **methodischen „Misstrauen"** *(vgl. S. 10)* des Soziologen, seinem Bedürfnis, „hinter die Kulissen zu schauen", statt die Dinge einfach so hinzunehmen, wie sie erscheinen. So könnte sich etwa die soziologische Neugier auf folgende Fragen richten:

- Was steckt hinter dem wachsenden Drogenkonsum von Jugendlichen?
- Welche Ursachen hat der zunehmende Rechtsextremismus bei Jugendlichen?
- Worauf ist der rapide Anstieg der Ein-Eltern-Familien zurückzuführen?

DAS IST DER GANZE JAMMER: DIE DUMMEN SIND SO SICHER UND DIE GESCHEITEN SO VOLLER ZWEIFEL
—
BERTRAND RUSSELL

Literaturstudium

Der zweite Schritt des Forschungsprozesses ist in der Regel die Sichtung der verfügbaren Literatur zu der entsprechenden Fragestellung, um einen Überblick über den jeweiligen **Forschungsstand** zu gewinnen. Haben andere Forscher sich bereits mit dem gleichen Problem beschäftigt? Welche Fragen hat ihre Forschung offen gelassen? Die Auseinandersetzung mit den Ideen anderer hilft dabei, **Forschungslücken** zu erkennen, das Forschungsproblem zu präzisieren und Klarheit über die Methoden zu gewinnen, die an das Problem herangebracht werden können.

Hypothesenbildung

Der nächste Schritt besteht darin, dass das Forschungsproblem in ganz bestimmte **Hypothesen** übersetzt wird. Hypothesen sind überprüfbare Vermutungen des Forschers über einen Ursache-Wirkung-Zusammenhang zwischen verschiedenen Phänomenen. Hier ein Beispiel:

„Frauenerwerbstätigkeit und ein höheres Einkommen der Frau erhöhen das Scheidungsrisiko."

In diesem Fall wird in der Hypothese ein bestimmtes interessierendes Phänomen (Scheidungshäufigkeit) ursächlich auf ein anderes Phänomen (Erwerbstätigkeit der Frau) zurückgeführt. Die angenommene Ursache nennt man **unabhängige Variable**, die angenommene Wirkung **abhängige Variable**.

Die Brauchbarkeit einer Hypothese hängt von ihrer Überprüfbarkeit, d. h. von der Messbarkeit der in ihr enthaltenen Begriffe ab.

Noch relativ unproblematisch sind die in der obigen Hypothese enthaltenen Variablen, also „Scheidungszahl" und „Frauenerwerbstätigkeit", statistisch zu erfassen.

Erheblich schwieriger wird es, wenn ein Forscher einen Zusammenhang zwischen dem „Rechtsextremismus bei Jugendlichen" und „gesellschaftlichen Individualisierungsprozessen" vermutet. Wie lässt sich „Rechtsextremismus" präzise definieren und messen? Noch schwieriger wird es sicher sein, für einen theoretischen Begriff wie „Individualisierung" messbare Merkmale anzugeben.

Das A und O der Hypothesenbildung, mit der jede exakte Forschung beginnt, ist aber die **Schärfung der Begriffe**.

Wahl der Methoden

Zur Erforschung der Wahrheit bedarf es notwendig der Methode
—
René Descartes

Nach der Formulierung einer Hypothese und der Zerlegung der in ihr enthaltenen Begriffe in messbare Merkmale (**Operationalisierung**) muss sich der Forscher für eine geeignete **Messmethode** entscheiden. Hierfür stehen ihm verschiedene Verfahren zur Verfügung *(vgl. S. 43f.)*, beispielsweise

- Beobachtung,
- Befragung (mittels Fragebogen oder Interview),
- Inhaltsanalyse,
- Experiment etc.

Die Wahl der Methode hängt von den allgemeinen Zielen der Studie ab. Für manche Zwecke wird eine **Umfrage** (mit standardisiertem Fragebogen) angebracht erscheinen. Unter anderen Umständen könnte es zweckmäßig sein, **Inter-**

views oder eine systematische **Beobachtung** durchzuführen. In wieder anderen Fällen könnte eine **Inhaltsanalyse** historischer Dokumente notwendig erscheinen.

Durchführung des Forschungsvorhabens
In der sogenannten Hauptuntersuchung („Feldphase") erfolgt dann die **Datenerhebung** mit Hilfe der gewählten Methode. In der tatsächlichen Forschungspraxis können sich leicht unvorhergesehene Schwierigkeiten ergeben: Der Rücklauf der versandten Fragebögen ist unzureichend, die Kontaktaufnahme mit den gewünschten Interviewpartnern gestaltet sich als schwierig, die historischen Dokumente sind weit schwieriger aufzufinden als vermutet, eine Behörde oder ein Unternehmen verweigert die Kooperation.

DER BLICK DES FORSCHERS FAND NICHT SELTEN MEHR, ALS ER ZU FINDEN HOFFTE
—
GOTTHOLD EPHRAIM LESSING

Auswertung der Ergebnisse
In der Auswertungsphase müssen die gesammelten Daten analysiert und zu dem Ausgangsproblem der Studie in Beziehung gesetzt werden. Auch hier stellen sich oft unerwartete Schwierigkeiten ein. Oft müssen die gesammelten Daten noch „bereinigt" werden, indem z. B. unklare Beobachtungsschemata oder Fragebogenmarkierungen ausgeschieden werden.
Die eigentliche **Auswertung** der „sauberen" Daten erfolgt – vor allem bei „quantitativen" Untersuchungen – mit Hilfe ganz spezieller statistischer, heute meist computergestützter Verfahren. Von typischen Schwierigkeiten und „Fußangeln" bei der statistischen Datenanalyse wird weiter unten die Rede sein.

Bericht über die Forschungsergebnisse
Über die Zugänglichkeit und Verbreitung und damit auch über die Wirkung soziologischer Forschungsergebnisse entscheidet nicht zuletzt die Form der Darstellung einer Studie. Die Darstellung des Forschungsprojekts und die Präsentation der jeweiligen Ergebnisse erfolgt in einem abschließenden **Forschungsbericht**, der üblicherweise in einer Fachzeitschrift oder als Buch veröffentlicht wird. Durch die **Veröffentlichung** wird die Untersuchung der Kritik kompetenter Fachkollegen ausgesetzt. Nach bestandener kritischer Prüfung und Diskussion durch die *scientific community* gehen die Ergebnisse der Untersuchung in den allgemeinen soziologischen **Forschungsstand** zu einem bestimmten Problembereich ein, über den sich jeder Forscher, der eine neue Untersuchung plant, zu informieren hat *(vgl. oben)*.

Das Anwendungsproblem

Die praktische Anwendung und **Verwertung** soziologischer Forschungsergebnisse in Politik, Wirtschaft etc. entzieht sich weitgehend der Kontrolle des Forschers. Sie basiert auf **Wertentscheidungen**, die selbst nicht mehr wissenschaftlich begründbar sind.

Erst in des Wissens Verwendung erfüllt sich des Weisen Sendung
—
Jüdisches Sprichwort

Ein Soziologe hat nachgewiesen, dass ein Zusammenhang zwischen der gestiegenen Erwerbstätigkeit der Frauen und dem Anstieg des Scheidungsrisikos besteht. Zähneknirschend muss er zur Kenntnis nehmen, wie die Regierung unter Berufung auf „soziologische Erkenntnisse" durch ein Bündel von Maßnahmen die Frauen- und Müttererwerbstätigkeit zurückzudrängen versucht.

Um eine völlig willkürliche Verfügung über seine Ergebnisse zu verhindern, bleibt dem Soziologen nur die Möglichkeit, auf die wahrscheinlichen Konsequenzen unterschiedlicher Wertentscheidungen und praktischer Maßnahmen aufmerksam zu machen. Soziologische Aussagen haben daher häufig die Form von **Wenn-dann-Aussagen**: Wenn diese oder jene politische oder wirtschaftliche Maßnahme ergriffen wird, dann ist aus soziologischer Sicht mit folgenden gesellschaftlichen Konsequenzen zu rechnen.
Darüber hinaus wird der politisch verantwortungsbewusste Soziologe bemüht sein, die Prozesse der gesellschaftspolitischen Anwendung, Wirkung und Verwertung seiner Untersuchung kritisch zu begleiten.

Dürfen Soziologen werten?

Gundsätzlich bleibt aber festzuhalten, dass der Soziologe in der Durchführung seiner Untersuchung und in der Formulierung der Forschungsergebnisse sich jeder wertenden Parteinahme enthalten sollte. Seit MAX WEBER gilt – wenn auch keineswegs unumstritten – in der soziologischen Forschung das Prinzip der **Werturteilsfreiheit**, d. h. der „strengen Scheidung von Erfahrungswissen und Werturteil". Häufig wird gegen dieses Prinzip eingewandt, es beraube den Wissenschaftler jeder Möglichkeit des politischen Engagements und der verantwortlichen Stellungnahme. Gemeint ist aber etwas anderes: Ein Soziologe, der politisch Stellung bezieht, tut dies nicht als Wissenschaftler, sondern als engagierter Bürger. Er darf aber hoffen, dass sein Urteil ein besonderes Gewicht gerade dann besitzt, wenn es sich auf wertfreie und „objektive" Forschung stützt.

Erfahrung ist die beste Lehrmeisterin
—
Sprichwort

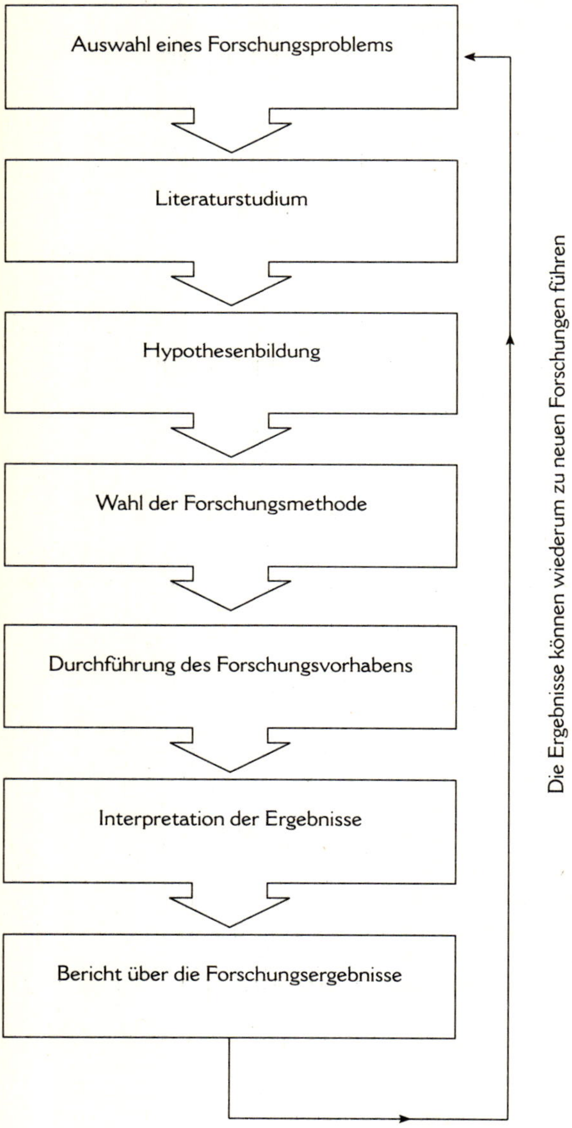

Phasen des Forschungsprozesses
(nach: GIDDENS 1995, S. 717)

3.3 Die wichtigsten Forschungsmethoden

Teilnehmende Beobachtung

Der amerikanische Soziologe Erving Goffman verbrachte im Rahmen einer berühmt gewordenen Untersuchung mehrere Monate in einer psychiatrischen Anstalt und arbeitete als Assistent des Leiters der sportlichen Veranstaltungen. Ein oder zwei Mitglieder des Personals wussten, dass er ein Forscher war, nicht aber die Insassen. Daher konnte Goffman sich unter ihnen frei bewegen und sogar mit den schwerkranken Patienten der geschlossenen Abteilung Kontakt aufnehmen. So war er in der Lage, ein detailliertes Bild des Lebens der Organisation zu zeichnen, einschließlich der Einstellungen und Deutungen jener, die in ihr leben und arbeiten.
Das Leben in der Anstalt war, wie Goffman aufzeigen konnte, keineswegs so „verrückt", wie es von außen erscheint, sondern „sinnvoll, vernünftig und normal, sobald man es aus der Nähe betrachtet".

Goffmans Arbeit „Asyle" ist ein berühmtes Beispiel für diejenige Methode der Sozialforschung, die unter dem Begriff Feldstudie oder **teilnehmende Beobachtung** bekannt ist.

Bevor man beobachtet, muss man sich Regeln für seine Beobachtung machen
—
Jean-Jacques Rousseau

Diese Methode wurde vor 80 Jahren von dem polnisch-englischen Anthropologen Bronislaw Malinowski entwickelt. Sein Ziel war es, das Leben der Trobriander, eines melanesischen Stammes, aus der Innenperspektive der Mitglieder zu erforschen und den verfälschenden Blick des europäischen Forschers so weit wie möglich abzulegen. Zu diesem Zweck lebte und arbeitete er einige Jahre mit ihnen, beobachtete sie bei Arbeit und Spiel, klatschte mit ihnen, besuchte ihre Feste und nahm viele ihrer Gebräuche an.
Auf den Spuren Malinowskis wurde die teilnehmende Beobachtung von Völkerkundlern und Soziologen vielhundertfach angewandt, um fremde Volksstämme oder auch exotische Gesellschaften und Milieus in der eigenen Gesellschaft (Ghettos, Prostituierte, Landstreicher, Migranten, Kliniken etc.) aus der Nähe zu untersuchen.

Die verstehen sehr wenig, die nur das verstehen, was sich erklären lässt
—
Marie von Ebner-Eschenbach

Teilnehmen und Beobachten

Die teilnehmende Beobachtung besteht aus einem zweiteiligen Erkenntnisprozess, einer Kombination von teilnehmender und beobachtender Forschungsperspektive.
Diese beiden Perspektiven entsprechen dem Gegensatz von **Verstehen** und **Erklären**, von dem bereits die Rede war *(vgl. S. 36)*. Der eine Teil des Erkenntnisprozesses be-

steht aus dem Versuch des Forschers, „von innen" die Erfahrungen, Vorstellungen, Werte und Selbstdeutungen der Untersuchungspersonen nachzuvollziehen, um dem „subjektiv gemeinten Sinn" ihrer Handlungen auf die Spur zu kommen.
Im anderen Teil des Forschungsprozesses (der gleichzeitig mit dem ersten ablaufen kann) tauscht der Forscher die **Teilnehmerperspektive** gegen die **Beobachterperspektive** aus. Er nimmt die Rolle des distanzierten Beobachters und Analytikers ein, vergleicht das Beobachtete mit anderen Befunden und versucht, „Ursachen" und „Funktionen" zu ermitteln.

Vorzüge der teilnehmenden Beobachtung
Die teilnehmende Beobachtung liefert wesentlich reichere Informationen über das soziale Leben als die meisten anderen Forschungsmethoden. Die gut ausbalancierte Kombination von Teilnehmer- und Beobachterperspektive erlaubt es, einerseits die Motive und Selbstdeutungen der Betroffenen zu verstehen, andererseits „objektive" Mechanismen und Zusammenhänge aufzudecken, die „hinter dem Rücken" der Teilnehmer ihr Handeln bestimmen.

ES IST EIN GLÜCK FÜR DIE WELT, DASS DIE WENIGSTEN MENSCHEN ZU BEOBACHTERN GEBOREN SIND
—
JOHANN WOLFGANG VON GOETHE

Probleme der teilnehmenden Beobachtung
Die teilnehmende Beobachtung hat auch ihre Grenzen und Gefahren:
- Es können nur kleine Gruppen untersucht werden. Sehr viel hängt davon ab, ob es dem Forscher gelingt, das Vertrauen der Mitglieder zu gewinnen.
- Oft ist es sehr schwierig, die Balance zwischen Teilnehmer- und Beobachterrolle zu wahren. Viele Forscher berichten von der großen Gefahr, zu tief hineingezogen und zum „Eingeborenen" zu werden.
- Ein weiteres Problem betrifft die Verallgemeinerbarkeit der Ergebnisse. Zwei Gruppen sind niemals genau denselben Einflüssen ausgesetzt.
- Der offen auftretende Beobachter beeinflusst zwangsläufig den Untersuchungsgegenstand. Menschen verhalten sich anders, wenn sie wissen, dass sie von einem „Fremden" beobachtet werden.

WENN MAN EIN SEHER IST, BRAUCHT MAN KEIN BEOBACHTER ZU SEIN
—
MARIE VON EBNER-ESCHENBACH

Die teilnehmende Beobachtung liefert durch die Kombination von Innen- und Außenperspektive reichhaltige Tiefeninformationen über das soziale Leben einer Gruppe.

Die Befragung

Wir schlagen morgens die Tageszeitung auf – und werden mit einer Fülle mehr oder weniger interessanter oder wichtiger Ergebnisse von Meinungsumfragen zu jedem nur vorstellbaren Gebiet überschüttet.
Wir erfahren, dass die Deutschen mehrheitlich den Doppelpass für Ausländer und die Todesstrafe ablehnen, an ein Leben nach dem Tode, nicht aber an die Existenz des Teufels glauben, dass die Sachsen genauso lang duschen wie die Bayern, dass in Freiburg Energiesparlampen beliebter sind als in Straßburg und dass die Partei X nicht in den Bundestag käme, wenn am nächsten Sonntag Wahl wäre.

Die **Umfrage** ist sicher die Form der Sozialforschung, die in der Öffentlichkeit am bekanntesten ist. Und auch faktisch wird heute der weitaus größte Teil der Daten, die in der empirischen Sozialforschung verarbeitet werden, mit Umfragetechniken erhoben. Befragungen liefern weit weniger detaillierte Informationen als die teilnehmende Beobachtung, doch stellen sie eine Möglichkeit dar, ausgewählte Aspekte des sozialen Lebens auf breiter Basis zu untersuchen.

Je mehr Leute es sind, die eine Sache glauben, desto grösser ist die Wahrscheinlichkeit, dass die Ansicht falsch ist
—
Søren Kierkegaard

Standardisierte Fragebögen

Bei schriftlichen Befragungen werden zwei Arten von Fragebögen verwendet: standardisierte und offene Fragebögen. Standardisierte Fragebögen enthalten eine festgelegte Fragenbatterie mit vorgegebenen Antwortkategorien, z. B. „ja / nein / weiß nicht" oder „sehr wahrscheinlich / wahrscheinlich / unwahrscheinlich". Solche geschlossene Befragungen haben den Vorteil, dass die Antworten leicht zu vergleichen und tabellarisch zu erfassen sind.

Offene Fragebögen

Andere Fragebögen enthalten offene Fragen. Dies gibt den Befragten die Möglichkeit, ihre Stellungnahmen mit eigenen Worten zu formulieren: Sie sind nicht darauf beschränkt, Antwortvorgaben anzukreuzen. Offene Fragen liefern weit reichhaltigere Informationen als geschlossene. Andererseits erschwert die fehlende Standardisierung erheblich den Vergleich und die Auswertung der Antworten.

Man hat behauptet, die Welt werde durch Zahlen regiert: das aber weiss ich, dass die Zahlen uns belehren, ob sie gut oder schlecht regiert werde
—
Johann Wolfgang von Goethe

Fragebogenkonstruktion

Fragebögen müssen sorgfältig entworfen werden, wenn sie brauchbare Ergebnisse liefern sollen. Dabei sind einige Regeln zu beachten:

Nie sollst du mich befragen!
—
Richard Wagner, Lohengrin

- Die Fragen müssen einfach und leicht verständlich formuliert sein.
- Die Fragen müssen eindeutig sein und präzise das erfassen, was abgefragt werden soll. Die Frage „Was halten Sie von der Bundesregierung?" ist wertlos, da sie viel zu vage ist.
- Suggestive Fragen – also Fragen, die dem Befragten eine bestimmte Antwort „in den Mund legen" – sind in jedem Fall zu vermeiden. Suggestiv sind Fragen, die zur Zustimmung einladen („Stimmen Sie zu, dass ...?"), aber auch Fragen, die eine Ablehnung nahelegen („Sind Sie ausländerfeindlich?").

Die Stichprobe

Oft interessieren sich Soziologen für die Auffassungen oder Verhaltensmerkmale sehr vieler Individuen, etwa für die Freizeitgewohnheiten und Lebensstile bestimmter Bevölkerungsgruppen *(vgl. S. 98f.)*. Da es unmöglich oder zu aufwendig wäre, alle Leute direkt zu befragen, konzentriert sich die Forschung in solchen Fällen auf eine **Stichprobe** der Gesamtheit. Man befragt z. B. 200 Menschen, um ein Bild von der betreffenden Gesamtpopulation zu erhalten.

Wenn du eine weise Antwort verlangst, musst du vernünftig fragen
—
Johann Wolfgang von Goethe

Um zuverlässige Ergebnisse zu liefern, muss die Stichprobe repräsentativ sein: Es muss durch die Auswahl der Stichprobe sichergestellt sein, dass die untersuchte Gruppe für die Grundgesamtheit typisch ist. Eben hier liegt aber die häufigste Fehlerquelle bei Stichprobenumfragen.

Nicht selten sind bei Umfrageergebnissen, die in die Schlagzeilen der Presse kommen, verzerrte Stichproben im Spiel. So geht etwa die in der Presse verbreitete Meldung, Hausgeburten seien weit sicherer als Entbindungen im Krankenhaus, ganz offenkundig auf eine verzerrte Stichprobenauswahl zurück: Eine schwangere Frau bleibt bei drohenden Komplikationen nicht gern daheim, so dass fast alle „kritischen" Fälle im Krankenhaus versammelt sind. Kein Wunder also, dass „im Durchschnitt" Krankenhausgeburten weniger glatt verlaufen als Hausgeburten.

Man kann mit der Statistik alles beweisen, aber nur jemandem, der von der Statistik keine Ahnung hat
—
Hans Jürgen Eysenck

Um derartige Verzerrungen bei der **Stichprobenziehung** zu vermeiden, sind eine Reihe statistischer Verfahren entwickelt worden, die die richtige Größe und Zusammensetzung von Stichproben sicherstellen sollen. Im allgemeinen sind heute die Ergebnisse von Stichprobenbefragungen erstaunlich präzise, wie wir an jedem Wahlabend demonstriert bekommen.

Vorteile der Befragung

In der empirischen Sozialforschung sind Umfragen aus verschiedenen Gründen die verbreitetste Forschungsmethode:

- Umfragen gestatten die effiziente Sammlung von Daten, die sich auf eine große Zahl von Individuen beziehen.
- Sie ermöglichen es, die Fragebogenantworten zu quantifizieren und in präziser Weise miteinander zu vergleichen.

Schwächen der Befragungsmethode

In letzter Zeit ist die Befragungsmethode unter Soziologen einer wachsenden Kritik ausgesetzt. Folgende Einwände erscheinen besonders bedenkenswert:

- Die Ergebnisse sind oft oberflächlich. Bei standardisierten Fragebögen können wichtige Unterschiede zwischen den Einstellungen der Befragten verwischt werden. Die ganze Komplexität der sozialen Wirklichkeit, wie der Befragte sie erlebt, kann mit einem Fragebogen niemals erfasst werden.
- Oft geben die Antworten eher wieder, was die Leute zu glauben behaupten, als das, was sie tatsächlich glauben.
- Durch Befragungen werden nur Aussagen, eventuell auch Einstellungen und Meinungen, nicht aber das tatsächliche Verhalten der Befragten abgebildet.

Die Befragung ist die am weitesten entwickelte und am häufigsten eingesetzte sozialwissenschaftliche Forschungsmethode. Sie liefert auf breiter Datenbasis messbare und vergleichbare Informationen über ganz bestimmte Aspekte der sozialen Wirklichkeit.

Ich glaube nur an Statistiken, die ich selbst gefälscht habe
—
Winston Churchill

Die Inhaltsanalyse

Sozialforscher ziehen oft aufgezeichnete Zeugnisse sozialen Lebens heran, um sich ein Bild von bestehenden Einstellungen, Meinungen, Werthaltungen oder Vorurteilen in Vergangenheit oder Gegenwart zu machen. Zur Auswertung in Schrift, Bild oder Ton vorliegender Dokumente hat die Sozialforschung ein systematisches Messverfahren entwickelt, die sogenannte **Inhaltsanalyse**.

Gegenstand der Inhaltsanalyse können praktisch alle schriftlichen, photographischen, auf Tonträger gespeicherten oder sonstwie aufgezeichneten Dokumente verschiedenster Art sein: Reden, Parteiprogramme, Schulaufsätze, Schullesebücher, Tagebücher, Zeitungen, Illustrierten-, Fernseh- oder Plakatwerbung, Fernsehfilme etc.

Zweck der Inhaltsanalyse ist es, das oberflächliche Urteil

über die Bedeutung des Inhalts eines Dokuments durch eine exakte Messung zu ersetzen. Interessanter als die offenliegende Aussage ist für Soziologen dabei zumeist die unter der Oberfläche versteckte „geheime Botschaft" eines Textes, Filmes, Bildes oder Tondokuments. Analyseeinheiten sind in der Regel bestimmte Wörter, Symbole, Bildmotive, Schlagzeilen etc., deren Auftreten und Häufigkeit, Umfang und Intensität gemessen wird.
Eines der wichtigsten Anwendungsgebiete der Inhaltsanalyse ist in letzter Zeit die Geschlechterforschung *(vgl. S. 77f.)*. Typische Forschungsthemen sind dabei beispielsweise:

- Der Wandel des Männerbildes in der Illustriertenwerbung
- Das Bild der berufstätigen Frau in Schullesebüchern
- Die Inszenierung der Geschlechter in Fernseh-Seifenopern

Vorteile der Inhaltsanalyse

Das inhaltsanalytische Verfahren hat im Vergleich mit den anderen Forschungsmethoden vor allem zwei Vorzüge:

- Im Unterschied zur Beobachtung oder zum Interview bewirkt die Inhaltsanalyse keine Veränderung beim Untersuchungsgegenstand.
- Die Messungen sind beliebig oft wiederholbar. Ergebnisse von Inhaltsanalysen sind daher relativ einfach überprüfbar.

Probleme der Inhaltsanalyse

Den Vorzügen der Inhaltsanalyse stehen einige charakteristische Schwächen dieser Methode gegenüber:

- Das Untersuchungsmaterial ist oft sehr umfangreich. Dadurch stellt sich in besonderer Schärfe das Problem der Stichprobenauswahl.
- Bestimmte Merkmale des Text-, Bild- oder Tondokuments – wie Ironisierung, verfremdete Darstellung, Situationsabhängigkeit der Aussage etc. – lassen sich analytisch nur schwer fassen.

Die Inhaltsanalyse ist ein wichtiges Verfahren der empirischen Sozialforschung zur Auswertung aufgezeichneter Zeugnisse sozialen Lebens in Bezug auf offene oder verdeckte Einstellungen, Werthaltungen und Vorurteile.

Das Experiment

In einem wichtigen Punkt bietet das **Experiment** große Vorteile gegenüber anderen Forschungsmethoden: In einer künstlich hergestellten experimentellen Situation lassen sich die interessierenden Einflussfaktoren (**Variablen**) direkt kontrollieren.

In der Sozialforschung sind die Anwendungsmöglichkeiten von Experimenten jedoch äußerst begrenzt. Ethische Maßstäbe und gesetzliche Vorschriften verbieten es dem Forscher, Experimente an Menschen heimlich oder gegen ihren Willen durchzuführen. Wenn Menschen aber wissen, dass sie beobachtet werden, verhalten sie sich häufig anders als sonst.

Dennoch kann sich das Experiment zuweilen auch in der Soziologie als nützlich erweisen. Hier ein Beispiel:

ERNST ZU NEHMENDE FORSCHUNG ERKENNT MAN DARAN, DASS PLÖTZLICH ZWEI PROBLEME EXISTIEREN, WO ES VORHER NUR EINES GEGEBEN HAT

—

THORSTEIN VEBLEN

Soziologen wollten herausfinden, ob die Einstellungs- und Verhaltensmuster von Gefängniswärtern und Gefangenen von den Persönlichkeitsmerkmalen der Betroffenen oder aber von der Beschaffenheit der Gefängnissituation und den entsprechenden Rollen abhängen. In einem Experiment wurden daher die Rollen der Wärter und der Gefangenen auf studentische Freiwillige verteilt. Das Ergebnis war schockierend: Die Studenten, die die Rolle der Wärter spielten, zeigten sehr bald autoritäres Verhalten und echte Feindseligkeit gegenüber den „Gefangenen". Umgekehrt zeigten diese jene Mischung aus Apathie und Rebellion, wie sie für echte Gefangene typisch ist. Die Stimmung war bald so aufgeheizt, dass das Experiment vorzeitig abgebrochen werden musste.

(vgl. GIDDENS 1995, S. 736)

Vorteile des Experiments

- Der Einfluss bestimmter Faktoren kann vom Forscher kontrolliert werden.
- Die Experimente können leicht von anderen Forschern wiederholt werden.

Nachteile des Experiments

- Die soziale Wirklichkeit lässt sich im Laborversuch nur sehr begrenzt nachahmen.
- Das Verhalten der Versuchspersonen kann von der experimentellen Situation verändert werden.

Das sozialwissenschaftliche Experiment verfolgt das Ziel, unter künstlich hergestellten Bedingungen den Einfluss bestimmter Faktoren auf das Sozialverhalten von Menschen zu testen.

3.4 Die schwierige Suche nach Ursachen

Eine der Hauptaufgaben der Sozialforschung ist die Identifizierung von Ursachen und Wirkungen. Wie die Naturwissenschaft geht die Soziologie von der Annahme aus, dass alle Ereignisse Ursachen haben. Das gesellschaftliche Leben ist keine zufällige Ansammlung von Ereignissen ohne Sinn und Struktur.

Der Nachweis eines ursächlichen Zusammenhangs zwischen verschiedenen Phänomenen (**Kausalität**) ist nun aber methodisch weit schwieriger als die bloße Feststellung einer statistischen Beziehung zwischen zwei Mengen von Ereignissen (**Korrelation**). Häufig wird bei der Interpretation von Statistiken der Fehler gemacht, aus einer engen Beziehung zwischen zwei Merkmalsmengen auf einen ursächlichen Zusammenhang, also von einer Korrelation auf eine Kausalität zu schließen. Hier ein Beispiel:

... DASS DIE STATISTIK EINE GANZ BESONDERE, EINE GANZ KURIOSE WISSENSCHAFT IST

—

WILHELM RAABE

Ehemänner leben länger

Eingefleischte Junggesellen zwischen 45 und 54 Jahren sollten doch den Sprung ins Abenteuer Ehe wagen. Laut Statistik der Epidemiologischen Fakultät an der Universität Kalifornien werden nämlich 23 Prozent der ledigen Männer dieser Altersgruppe in den nächsten 10 Jahren sterben. Das Todesrisiko verheirateter Männer liegt dagegen nur bei 11 Prozent.

Die reinen Zahlen in dieser Meldung treffen durchaus zu: Ehemänner leben – wenn wir den Demographen glauben dürfen – tatsächlich länger als Junggesellen, in der Bundesrepublik etwa um fünf Jahre.

Nicht zutreffend ist aber der Schluss, dass die Ehemänner länger leben, *weil* sie Ehemänner sind. Eher schon scheint das Gegenteil zuzutreffen: Männer werden Ehemänner, weil sie länger leben. Aber auch diese Kausalbeziehung trifft bei näherem Hinsehen nicht zu. Es sind vielmehr zwei weitere, zunächst verborgene Hintergrundfaktoren, die sowohl die Lebenserwartung als auch die Heiratsneigung von Männern positiv beeinflussen: Wohlstand und Gesundheit. Umgekehrt verkürzen Armut und Krankheit das Leben und sind zugleich der Ehe abträglich.

ES TRIFFT NICHT ZU, DASS EHEMÄNNER LÄNGER LEBEN ALS JUNGGESELLEN. ES KOMMT IHNEN NUR LÄNGER VOR

—

JUNGGESELLENSPRUCH

Nicht das Eheleben ist also für Männer lebensverlängernd, sonder ihre soziale Situation. Die Genugtuung, die die Presseschlagzeile „Ehemänner leben länger“ jedem verheirateten Mann bereitet, erweist sich daher bei näherer Betrachtung als unbegründet.

Die Sache mit den Klapperstörchen

Zu welch offensichtlichen Nonsensergebnissen der direkte Schluss von einer Korrelation auf einen Kausalzusammenhang unter Vernachlässigung von **Hintergrundeinflüssen** führen kann, zeigt ein berühmter Statistiker-Witz: Die Zahl der in Deutschland nistenden Störche korreliert, wie sich leicht statistisch nachweisen lässt, hoch positiv mit der Geburtenrate. In beiden Fällen weist der Trend seit Beginn des Jahrhunderts steil nach unten. Für den Volksglauben liegt die Erklärung auf der Hand: keine Klapperstörche – keine Babys.

Der nüchterne Sozialforscher führt allerdings beide Trends auf eine gemeinsame Ursache, den Grad der Industrialisierung und Verstädterung, zurück.

Die Suche nach Ursachen

KEINE WIRKUNG OHNE URSACHE
—
VOLTAIRE

Die Beispiele zeigen, dass statistisch ermittelte Zusammenhänge oder Parallelentwicklungen noch nichts über ursächliche Beziehungen aussagen. Die Bestimmung von Ursache-Wirkung-Beziehungen zwischen unterschiedlichen Phänomenen oder Trends ist in der Soziologie ein schwieriger Prozess, der die Verbindung von empirischer Analyse mit theoretischem Denken erfordert.

In modernen Gesellschaften besteht z. B. eine hohe Korrelation zwischen Schulbildung und Einkommen. Je höher der schulische Erfolg einer Person, einen umso besser bezahlten Job wird sie schließlich bekommen. Wie kann dieser Zusammenhang erklärt werden? Belegt er die gängige These, dass Bildung sich in barer Münze auszahlt?

WÄHREND EINER NUR ZAHLEN UND ZEICHEN IM KOPF HAT, KANN ER NICHT DEM KAUSALZUSAMMENHANG AUF DIE SPUR KOMMEN
—
ARTHUR SCHOPENHAUER

Forschungen – empirische wie theoretische – haben gezeigt, dass schulischer und beruflicher Erfolg unabhängig voneinander vom familiären Hintergrund der betreffenden Person beeinflusst werden, von der im Elternhaus vermittelten Lern- und Leistungsbereitschaft. Die „Ursache" für Schul- wie Berufserfolg sind hier also die Einstellungen der Eltern gegenüber ihren Kindern gemeinsam mit den zur Verfügung gestellten Mitteln und Möglichkeiten.

Kausalfaktoren sind im sozialen Leben, wie das Beispiel zeigt, oft die Einstellungen der Menschen und der „Sinn", den sie mit ihrem Handeln verbinden *(vgl. S. 21)*.

Kausale Zusammenhänge lassen sich in der Soziologie nicht rein „rechnerisch" und statistisch, sondern nur in Verbindung mit theoretischem Denken ermitteln. Unverzichtbar ist bei soziologischen Kausalanalysen der ständige Rückbezug auf die Sinndeutungen der Menschen.

II. Schlüsselthemen

Die fast unlösbare Aufgabe besteht darin,
weder von der Macht der anderen
noch von der eigenen Ohnmacht
sich dumm machen zu lassen.

THEODOR W. ADORNO

4. Ehe und Familie im Umbruch

Zwei alte Freunde treffen sich in der Kneipe:

A: Mann, ist das dufte, mal wieder im Lande zu sein. Wie geht's euch Ganoven denn allen? Was machen denn zum Beispiel die Krögers?

B: Die haben sich lange getrennt. Er lebt mit einer anderen Frau in Sachsenhausen und wo sie hin ist, weiß ich gar nicht.

A: Ah ja, und die Zierfelds?

B: Da hat's neulich geknallt. Er ist ausgezogen und lebt jetzt in 'ner WG. Sie wohnt noch in Bornheim mit Volker – 's is 'n Lehrer. Weiß nicht, ob du den noch kennst. Was macht ihr denn?

A: Na ja, es ging halt nicht mehr. Susi wohnt jetzt woanders mit 'nem sympathischen Typ und ich lebe in der alten Wohnung mit Karin. 's is 'ne Diplompsychologin. Und bei euch? Was is da?

B: Wir, tja, wir sind noch zusammen, aber verstehst du, wir haben uns das auch schon überlegt, wirklich. Aber dann der Junge, und überhaupt, verstehst du, und komischerweise immer wieder, ich weiß nicht, ob du das verstehst, läuft's prima zwischen uns. Komisch, aber 's ist so, verstehst du?

A: Brauchst dich doch nicht zu entschuldigen, Junge, ich versteh dich doch, mach dir nichts draus.

Diese Karikatur von CHLODWIG PLOTH (zit. in BECK/BECK-GERNSHEIM 1990, S. 126) bringt in ironischer Übertreibung eine heute verbreitete Alltagserfahrung zum Ausdruck: Das Bild von der heilen Welt der Familie hat tiefe Risse bekommen. Als „normal“ erscheint eher der ständige Wechsel von Beziehungen, die Aufrechterhaltung einer Ehe oder Partnerschaft dagegen als begründungsbedürftige Ausnahme. Es herrscht das „ganz normale Chaos der Liebe“ (ebd.).

Was macht das Zusammenleben von Mann und Frau heute so schwierig? Ist die Familie ein „auslaufendes Modell“, das sich zunehmend von den Erfahrungen und Erwartungen der jüngeren Generation entfernt?

Ein Blick auf die Vergangenheit soll helfen, diese Fragen zu beantworten. Die „heile Welt“ der bürgerlichen Familie war, wie gezeigt werden wird, nie mehr als eine Fassade. Tatsächlich enthielt die **moderne Kleinfamilie** von Anfang an, d. h. seit mehr als 200 Jahren, fundamentale Widersprüche und „Konfliktherde“, die vor allem im Geschlechterverhältnis begründet waren. Diese Spannungspunkte und Konfliktpotentiale sollen genauer beleuchtet werden, um dann die Spur zu verfolgen, wo und wie die über lange Zeit verdeckten Widersprüche erst in jüngster Zeit aufbrachen und die aktuellen Krisenerscheinungen hervorriefen.

4.1 Die „Familie“ in der alten Gesellschaft

Um die gesellschaftliche Stellung sowie die speziellen Probleme und Konflikte der modernen Kleinfamilie zu verstehen, empfiehlt sich ein Blick auf die Formen des Zusammenlebens und Haushaltens in der vorindustriellen Zeit.
Die dominierende Sozialform der vorindustriellen Agrargesellschaft war die des **„ganzen Hauses“**. Der Begriff „Haus“ bringt besser als die häufig benutzte Bezeichnung „Großfamilie“ zum Ausdruck, dass es vorrangig nicht die Größe, sondern die Art des Wirtschaftens und Zusammenlebens ist, die diese Sozialform von der modernen Familie unterscheidet.

Die wichtigsten Kennzeichen des „ganzen Hauses“ waren:
- die Einheit von Produktion und Haushalt,
- die lohnlos mitarbeitenden „Familienangehörigen“,
- das in den Hausverband einbezogene Gesinde,
- die Herrschaft des Hausvaters über alle Angehörigen.

Größe und Zusammensetzung
Die Lebensweise im „ganzen Haus“ war durch und durch von den Erfordernissen des Hauses und des gemeinsamen Wirtschaftens bestimmt. Das „ganze Haus“ war im Unterschied zur modernen Familie nicht eine **Gefühlsgemeinschaft**, sondern eine **Wirtschaftsgemeinschaft**.
Auch die Größe und Zusammensetzung des „ganzen Hauses“ hing von ökonomischen Faktoren ab. So richtete sich die Zahl des Gesindes (Knechte, Mägde) nach der Größe des Hofes sowie der Zahl und dem Alter der Kinder. Waren die Kinder noch klein, wurde viel Gesinde benötigt. Dagegen nahm die Zahl des Gesindes mit zunehmender Arbeitsfähigkeit der Kinder ab.

Ich und mein Haus wollen dem Herrn dienen
—
AT, Josua 24,15

Autorität und Abhängigkeit
Wesentliches Kennzeichen des „ganzen Hauses“ war die absolute Dominanz des **Hausvaters** und die Unterordnung nicht nur der Kinder und des Gesindes, sondern auch der **Hausmutter** unter seine Autorität. Allein der Hausvater war politisch-rechtlich handlungsfähig. Er vertrat die anderen Hausgenossen nach außen, war für ihr Tun und Handeln verantwortlich und hatte die Funktion der „Hauspolicey“, einschließlich des körperlichen Züchtigungsrechts.
Die innere Herrschaftsstruktur des „ganzen Hauses“ spiegelte die Herrschaftsstruktur der patriarchalischen Gesellschaft: Die Hausgemeinschaft wurde vom Hausvater „regiert“, die Summe der Häuser vom Landesvater, und über allen thronte „Gott, der himmliche Haußvatter“.

Ehe, Liebe, Sexualität in der alten Gesellschaft

Heirat und Ehe waren im „ganzen Haus" von ökonomischen und sozialen Zwängen bestimmt. Mitgift, Arbeitsfähigkeit und Gesundheit der Frau waren die wesentlichen Kriterien, die die Brautsuche des Bauern oder Handwerkers beherrschten.

DRUM PRÜFE, WER SICH EWIG BINDET, WIE SICH DIE WIES' ZUM ACKER FINDET
—
SCHWÄBISCHES SPRICHWORT

Ehe, Liebe und Sexualität waren in der vormodernen Gesellschaft noch nicht zu einer Sinneinheit verschmolzen. Sie bildeten vielmehr drei relativ unabhängige Verhaltenskomplexe.

Ehe : Liebe

Die Ehe galt bis zur frühen Neuzeit als Zweckverband zur Erzeugung von Nachkommen. Erotische Liebe galt nicht, wie in der Moderne, als „Kitt", sondern als „Sprengstoff" für die Ehe. Auch die kirchliche Ehelehre missbilligte die leidenschaftliche Liebe zwischen Eheleuten, da sie sich negativ auf die Pflichten gegenüber der Hausgemeinschaft und gegenüber Gott auswirken könne. „Der Mann soll sich seiner Frau nicht als Geliebter, sondern als Gatte nähern", mahnte schon der Kirchenlehrer HIERONYMUS.

Ehe : Sexualität

Der eheliche Beischlaf war in der alten Gesellschaft als „keusche Liebe", d. h. als vernünftiges und geregeltes Verhalten definiert. Er war auch nach kirchlicher Lehre nur zu bestimmten Zeiten, an bestimmten Orten und zu einem bestimmten Zweck (Zeugung von Nachkommen) erlaubt. Die Befriedigung sexueller Lust (jedenfalls der des Mannes) fand, wenn überhaupt, außerhalb der Ehe statt: mit den Dienstboten, in Bade- und Freudenhäusern oder (im Adel) bei der Mätresse.

NICHTS IST SCHÄNDLICHER, ALS SEINE EIGENE FRAU WIE EINE MÄTRESSE ZU LIEBEN
—
KIRCHENVATER HIERONYMUS

Liebe : Sexualität

Sexualität war, wie viele Quellen belegen, in der alten Gesellschaft auf die rasche und unmittelbare Triebbefriedigung gerichtet. Demgegenüber basiert die zuerst in höfischen Kreisen aufkommende Idee der romantisch verfeinerten Liebe („höfische Minne") gerade auf Triebverzicht. Zielgehemmte Anbetung der „edlen Dame" auf der einen Seite, unmittelbare Befriedigung sexueller Lust auf der anderen Seite: Liebe und Sexualität gehörten in der Vormoderne zwei getrennten Bereichen an – dem der „Kultur" und dem der „Natur".

Die Ehe war in der vormodernen Ständegesellschaft in erster Linie eine Zweckgemeinschaft. Persönliche Ansprüche und Bedürfnisse traten hinter die Zwänge der Familienwirtschaft zurück.

Kindheit und Erziehung

Die Geschichte der Kindheit ist ein Albtraum, aus dem wir gerade erst erwachen
—
Lloyd de Mause

Kinder waren in der vormodernen Hausgemeinschaft vorrangig als potenzielle Arbeitskräfte oder als künftige Erben von Bedeutung. **„Erziehung“** gab es nur als Erziehung zur Arbeit. Was die Kinder lernten, lernten sie durch Einübung, Nachahmung und Mitarbeit, nicht durch gezielte Bildung und Ausbildung.

Arbeit und Leben

Charakteristisch für den feudalen Herrschafts- und Wirtschaftsverband des „ganzen Hauses“ war die Verflechtung von herrschaftlichen, produktiven, religiösen, kulturellen und erzieherischen Funktionen.

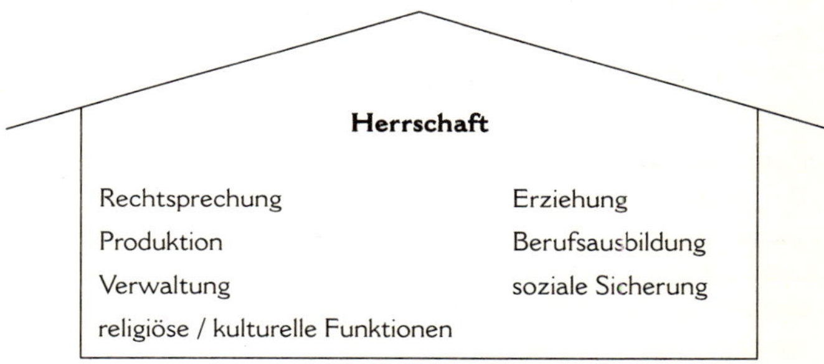

Funktionen des „ganzen Hauses“

In einem Steuerverzeichnis der Stadt Florenz aus dem Jahre 1427 wird ein 6-jähriges Mädchen als „Dienstmagd“ bezeichnet.

Die Aufzählung verschiedener Funktionen darf jedoch nicht über Gleichzeitigkeit und Ununterscheidbarkeit der Handlungen im Alltag der Menschen hinwegtäuschen. Eben dies ist mit Einheit von Arbeit und Leben, Produktion und Reproduktion gemeint. In einer historischen Darstellung heißt es:

„Das Herstellen von Gebrauchsgegenständen ist immer auch Kunst; Spinnen und Weben geht einher mit Sich-Treffen, Erzählen, Singen; aber Spinnen ist gleichzeitig auch Aufpassen auf das Feuer, Herstellen der Herrschaftsordnung etc.“

4.2 Die moderne Kleinfamilie

„Gemeinsamkeit der Freuden des ehelichen Lebens, gegenseitige Rücksichtnahme, Anstand, Interesse füreinander, Teilnahme, Duldsamkeit, Selbstbeherrschung, kurz die Aufgabe, sich gemeinschaftlich und wechselseitig zu veredeln und vervollkommnen."
(Hannöversches Magazin, 1786)

Diese Auflistung der gegenseitigen Pflichten der Ehegatten bringt ein Familienideal zum Ausdruck, das in scharfem Kontrast steht zum sachlich-unpersönlichen Herrschafts- und Wirtschaftsverband des „ganzen Hauses": Familie wird im aufkommenden Bürgertum seit der zweiten Hälfte des 18. Jahrhunderts entworfen als Gefühls- und geistige Gemeinschaft.

Trennung von Produktion und Reproduktion
Zum „Grundriss" der bürgerlichen **Industriegesellschaft** gehört die Aufspaltung in zwei Bereiche, die im „ganzen Haus" noch eine Einheit gebildet hatten: Arbeit und Leben, Produktion und Reproduktion. Die zunehmende Unpersönlichkeit der Berufs- und Arbeitswelt erforderte eine Gegenwelt, einen Bereich der Privatheit und Intimität, der einen Ausgleich schaffen sollte zu den Belastungen der Erwerbsarbeit. Das Heim wurde im Bürgertum zu einem Ort jenseits der Öffentlichkeit, zum „Hafen in einer herzlosen Welt" stilisiert, abgeschottet vom „feindlichen Leben" (SCHILLER) des Draußen.

DAS FAMILIENLEBEN IST EIN EINGRIFF IN DAS PRIVATLEBEN
—
KARL KRAUS

Produktion (Arbeit)	**Reproduktion (Leben)**
Konkurrenz	Nähe, Solidarität
Mobilität	Dauer
Spezialisierung	Vielseitigkeit
Orientierung an „Rollen"	Orientierung an der ganzen Person
Zeit „sparen"	Zeit „haben"

Familie als Teilsystem der Gesellschaft
Die Entstehung der modernen Familie als Ort der Privatheit und Intimität wird nur verständlich, wenn man sie vor dem Hintergrund des umfassenden gesellschaftlichen Differen-

zierungsprozesses betrachtet. Zu Beginn der Neuzeit haben sich verselbstständigte gesellschaftliche Teilbereiche (Politik, Wirtschaft, Religion, Bildung etc.) herausgebildet, die sich auf bestimmte Funktionen spezialisiert haben, die in der vorindustriellen Hausgemeinschaft noch eng miteinander verwoben waren. Im Zuge dieses Prozesses der **funktionalen Differenzierung**, d. h. der Verselbstständigung spezialisierter gesellschaftlicher Teilbereiche, bildet sich die moderne Kleinfamilie gewissermaßen als **Spezialort für Intimität und frühkindliche Erziehung** heraus.

Die Familie wird im Zuge des gesellschaftlichen Modernisierungsprozesses zu einem relativ autonomen und spezialisierten Teilsystem neben anderen verselbstständigten Teilsystemen.

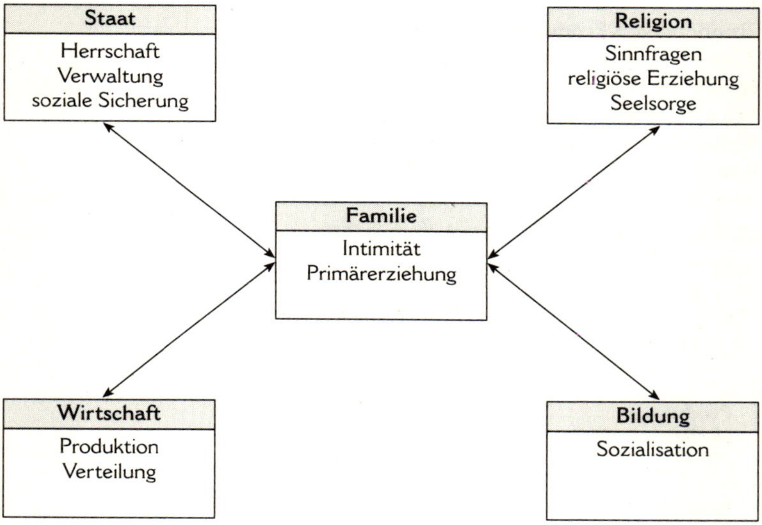

GANZ AUFGEHEN IN DER FAMILIE HEISST GANZ UNTERGEHEN
—
MARIE VON EBNER-ESCHENBACH

Liebe – Ehe – Elternschaft

Die Ausbildung einer familialen Privat- und Intimsphäre hatte zur Voraussetzung, dass die ehemals weitgehend getrennten Verhaltensbereiche Sexualität, Liebe, Ehe, Elternschaft, Haushalt *(s. o.)* zu einem selbstverständlichen und verbindlichen Sinnzusammenhang zusammengeschweißt wurden. Im **bürgerlichen Familienmodell** verweist romantische Liebe „selbstverständlich" auf Ehe, Ehe ebenso selbstverständlich auf Sexualität, Elternschaft und gemeinsame Haushaltsführung.

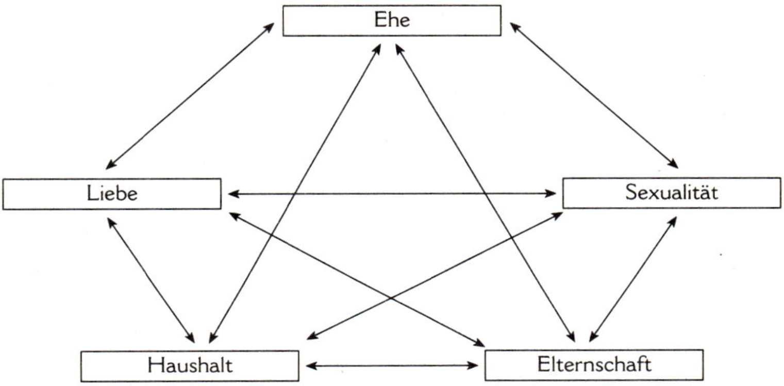

Die bürgerliche Gesellschaft weist ihren Mitgliedern die ehelich-familiale Lebensweise nicht als eine unter anderen, sondern als die „allein selig machende" Lebensform zu, als den ausschließlichen Ort, in dem man „glücklich werden" kann. Abweichungen werden leicht zum Gegenstand der Diskriminierung. Man denke nur an die „sitzen gebliebene Jungfer".

Kennzeichen des neuen Familienleitbilds

Die wichtigsten Kennzeichen des bürgerlichen Familienleitbilds, das sich vor ca. 200 Jahren herausgebildet hat, waren

- die räumliche Trennung von Heim und Welt;
- eine geschlechtliche Aufgabenzuteilung, die dem Mann die Erwerbsarbeit und der Frau die Hausarbeit zuwies;
- eine Intimisierung der Ehebeziehung;
- eine Intimisierung und Intensivierung der Eltern-Kind-Beziehung.

DAS WORT „FAMILIENBANDE" HAT EINEN BEIGESCHMACK VON WAHRHEIT
—
KARL KRAUS

Die veränderte Eheauffassung

„Ach Agnes! Agnes! Welch eine Zukunft öffnet ihre Pforte! du wirst mein Weib, mein Weib! Weißt du denn auch, wie groß das Maß des Glücks?"
(HEINRICH VON KLEIST, „Die Familie Schroffenstein")

Gegen die Dominanz sachlich-wirtschaftlicher Überlegungen bei der Partnerwahl in der alten Gesellschaft wurde seit dem 18. Jahrhundert in der Literatur zunehmend die **„Liebe"** als ehestiftendes Motiv, ja als Substanz der Ehe herausgestellt. Mit „Liebe" war zunächst unter dem Einfluss der

Aufklärung noch **vernünftige Liebe** gemeint, d. h. Zuneigung aus Freundschaft und Einsicht in die Tugendhaftigkeit des anderen. Später, in der Romantik, wurde die erotische Geschlechtsliebe, die psychische Verschmelzung der beiden Partner ins Zentrum gerückt.

> DRUM PRÜFE, WER SICH EWIG BINDET, OB SICH DAS HERZ ZUM HERZEN FINDET!
> —
> FRIEDRICH SCHILLER, „LIED VON DER GLOCKE“

Das bürgerliche Ideal der Liebesehe setzte ein hohes Maß an **Individualisierung** *(vgl. Kap. 5)* voraus, d. h. die Personen gewannen unverwechselbare Züge. Liebe wurde verstanden als „das Verlangen dieses Mannes nach dieser Frau und umgekehrt“.

Die Herausbildung des bürgerlichen Eheleitbilds lässt sich somit als Entwicklung von der **Sachehe** zur **Personehe** kennzeichnen.

Daß die Realität der bürgerlichen Ehe nur selten dem Ideal der Liebesehe entsprach, darf nicht übersehen werden. Die Tendenz, bei der Planung einer Ehe zuerst auf den Geldbeutel zu achten, hielt sich bis weit ins 19. Jahrhundert.

Entdeckung der Kindheit

„Leide nicht, dass das Gesinde ihm allerley abergläubisches Zeug vorsage. Bringe ihm einen angenehmen Begriff vom Guten und einen abscheulichen vom Bösen bei. Gib wohl acht auf die kleinsten Anzeigen der Vernunft , die sich in demselben zu zeigen anfängt …“
(Die vernünftigen Tadlerinnen, 1748)

> ALSO LAUTET DER BESCHLUSS, DASS DER MENSCH WAS LERNEN MUSS
> —
> WILHELM BUSCH

Diese Erziehungsanweisung aus einer „Moralischen Wochenschrift“ zeigt den krassen Wandel in der Auffassung von Kindheit und Erziehung im frühen Bürgertum. Kinder galten jetzt, unter dem Einfluss der Aufklärung, nicht mehr als „kleine Erwachsene“, sondern als unschuldige und bildungsfähige Wesen, die zu ihrer Entwicklung intensiver Zuwendung und emotionaler Wärme bedürfen. Die Eltern-Kind-Beziehung bekam dadurch eine neue Qualität.
Gleichzeitig wurde die Trennung der Kinder von den **Dienstboten** gefordert, um sie vor deren „verderblichem“ Einfluss zu schützen. Diese wurden zunehmend vom Binnenraum der Kleinfamilie ausgeschlossen. Damit ging eine allmähliche Abwertung des Gesindes zum „Gesindel“ einher.
Die geforderte „Erziehung durch die Eltern“ hieß praktisch: verstärkte Verantwortung der Eltern für den Erziehungsprozess, verstärktes Sich-Kümmern um die Kinder und Teilnahme an ihrer Entwicklung.

Der gefühlsintensive Binnenraum der Kleinfamilie war zum Spezialort für frühkindliche Erziehung geworden.

Geschlechtsrollen und Lebensläufe

„Der Frauen Bestimmung von Jugend an ist ein einziges großes Opfer ... Sie entäußert sich ihres Selbst, sie hat keine Freuden und keine Schmerzen als die der Ihrigen."
(HENRIETTE FEUERBACH, 1839)

Kern des bürgerlichen Ehe- und Familienideals waren die unterschiedlichen Rollen von Mann und Frau, abgeleitet aus der angenommenen „Natur" der Geschlechter *(vgl. S. 83 f.)*. Er wird zuständig für Außenwelt, Beruf, Öffentlichkeit; sie für Heim, Haushalt, Familie.
Den unterschiedlichen Geschlechtsrollen entsprechen unterschiedliche Lebensläufe von Mann und Frau in der aufkommenden Industriegesellschaft.
Die **Arbeitsmarktbiografie** des Mannes ist zugeschnitten auf die individuelle Durchsetzung am Markt, d. h. auf Leistung und Disziplin, Zielstrebigkeit und Selbstentfaltung. Das Prinzip der weiblichen **Familienbiografie** lautet demgegenüber „Dasein für andere", Selbstzurücknahme und Selbstaufgabe. Ihre Bestimmung ist es, „dass sie leben mag nur im anderen" (SCHILLER).
Selbstbehauptung für ihn, Selbstaufgabe für sie: Die unteilbaren Prinzipien der Moderne – individuelle Freiheit und Gleichheit – werden in der bürgerlichen Familie dem einen Geschlecht zugesprochen, dem anderen vorenthalten.

DAS RECHT DES MANNES HEISST: ICH WILL. DAS RECHT DES WEIBES HEISST: ER WILL
—
FRIEDRICH NIETZSCHE

Im bürgerlichen Ehe- und Familienmodell werden die Prinzipien der Moderne halbiert. Ein „moderner", selbstentworfener Lebenslauf (der des Mannes) wird mit einem „vormodernen", fremdentworfenen Lebenslauf (dem der Frau) verkoppelt.

Durch ihren Charakter als „Zwitter zweier Zeitalter" (BECK/BECK-GERNSHEIM 1990, S. 8) birgt die bürgerliche Familie von Anfang an einen Konflikt- und Sprengstoff, der wie eine Art „Zeitbombe" lange Zeit latent blieb.
Diese Spannung konnte sich erst dann konflikthaft entladen, als sich auch für die Frau Lebensmöglichkeiten außerhalb der Familie eröffneten.

4.3 Abschied von der bürgerlichen Familie?

Soll die Frau berufstätig sein, ja oder nein, ganz oder nur halbtags? Soll der Mann gradlinig Karriere machen, partnerschaftlich Berufs- und Familienaufgaben teilen, oder gar die Position des Hausmanns übernehmen? Will man Kinder, ja oder nein, wann und wie viele? Wenn ja, wer sorgt dann für die Erziehung, wenn nein, wer muss dann verhüten?
(BECK-GERNSHEIM 1990, S. 77)

EINE ANSTÄNDIGE EHE WÄRE ERST EINE, IN DER BEIDE IHR UNABHÄNGIGES LEBEN FÜR SICH HABEN
—
THEODOR W. ADORNO

Nahezu jedes junge Paar sieht sich heute mit einem derartigen Bündel von konfliktträchtigen Fragen konfrontiert. In ihnen zeigt sich, dass der Widerspruch zwischen Arbeitsmarkt und Familie, Beruf und Elternschaft inzwischen seine Sprengkraft im Zentrum der Familie entfaltet. Die „heile Welt" der **bürgerlichen Normalfamilie** ist, so scheint es, zu einem höchst riskanten Experiment geworden. Wo liegen die Ursachen?

Wandel der Frauenrolle

Die vergangenen Jahrzehnte brachten vor allem für junge Frauen einen historisch beispiellosen Bruch mit den Traditionen und Selbstverständlichkeiten der vorhergehenden Generation. Für diesen Wandel der Frauenrolle sind vorrangig zwei Rahmenbedingungen verantwortlich:

- Durch die „Revolution der Mädchenbildung" in den 60-er Jahren haben Mädchen erstmals massenhaft Zugang zu höherer Bildung und damit zu Inhalten und Denkweisen erhalten, die Selbständigkeit und Selbstbewusstsein herausfordern.
- Durch die verbesserten Möglichkeiten der Geburtenkontrolle gewinnen Frauen mehr Selbstbestimmungsrecht über ihren Körper und damit über die Gestaltung ihres Lebens.

ALS EINE FRAU LESEN LERNTE, TRAT DIE FRAUENFRAGE IN DIE WELT
—
MARIE VON EBNER-ESCHENBACH

Die genannten Veränderungen bewirken zusammen mit anderen in der Summe einen tiefgreifenden Wandel der Frauenrolle vom „Dasein für andere" zum „Anspruch auf ein Stück eigenes Leben" (BECK-GERNSHEIM 1984, S. 35). Unter diesem Anspruch auf ein „Stück eigenes Leben" bekommen Wahl- und Entscheidungssituationen im Leben der Frau zunehmende Bedeutung. An die Stelle der weiblichen **„Normalbiografie"** (Liebe – Ehe – Mutterschaft) tritt eine **„Wahlbiografie"**. Die Lebensform Ehe hat im Zuge dieser Entwicklung deutlich an Bedeutung verloren; gleichzeitig ist, wie Untersuchungen zeigen, der Berufswunsch für jun-

ge Frauen immer wichtiger geworden.
Mit der Auflösung der weiblichen Normalbiografie und der zunehmenden Erwerbsbeteiligung der Frau wächst in der Familie das Konfliktpotential. Die Frage liegt auf der Hand: Kann man zwei „**selbstentworfene Biografien**" überhaupt noch miteinander verbinden, oder wird damit so viel Sand ins Getriebe der ‚Normalfamilie' geschüttet, dass das Stottern von vornherein programmiert ist?

BIS 1977 (!) WAR DIE EHEFRAU NACH § 1356 BGB NUR ZUR ERWERBSTÄTIGKEIT BERECHTIGT, „SOWEIT DIES MIT IHREN PFLICHTEN IN EHE UND FAMILIE VEREINBAR IST".

Die neue Vielfalt der Lebensformen
Im Konflikt zwischen den Anforderungen der Familie und dem Anspruch auf ein „eigenes" Leben entscheiden sich immer mehr Menschen (vor allem Frauen) dafür, ihr Privatleben nach anderen, nicht-traditionellen Mustern zu gestalten: Sie leben als „Single", sie verzichten auf die Heirat oder auf Kinder, leben in getrennten Haushalten oder in Ein-Eltern-Familien, oder sie versuchen nicht-familiale Arrangements.

Formen des Zusammenlebens

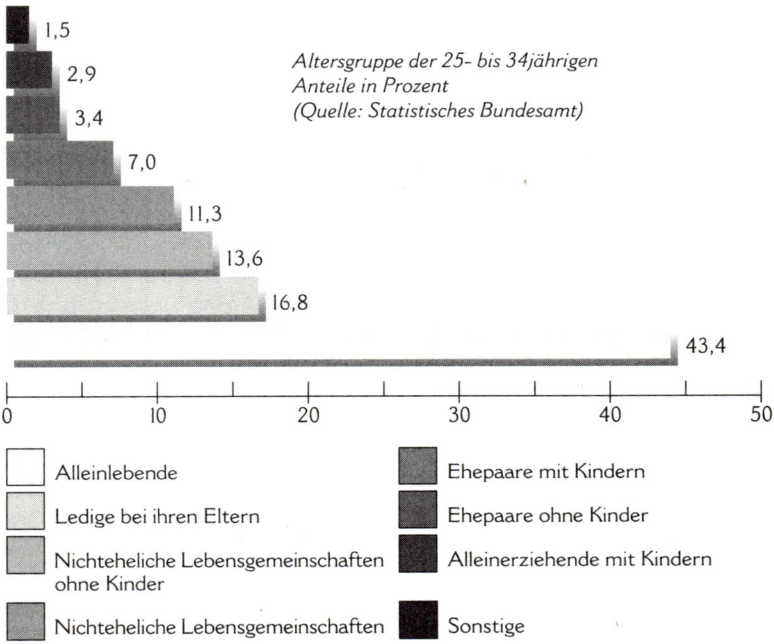

„Familien“ ohne staatlichen Schutz?

Die aufbrechende Vielfalt von Lebensformen ist sicher ein Ausdruck neuer Freiheiten und gewachsener Wahlmöglichkeiten, sie wirft aber auch neue Probleme auf, die nach politischen Lösungen verlangen.

In Großstädten fehlt, wie eine neue Studie ergeben hat, in jeder dritten Familie Vater oder Mutter. Etwa 20 % der allein erziehenden Eltern leiden wirtschaftlich Not, sind auf Sozialhilfe angewiesen. Die meisten würden lieber arbeiten, scheitern aber an fehlenden Hortplätzen für die Kinder.

Ehe und Familie stehen unter dem besonderen Schutz der staatlichen Ordnung — Art. 6 Grundgesetz

Angesichts derartiger Fakten stellt sich die Frage, ob der Artikel 6 des Grundgesetzes, der allein die auf Ehe gegründete Familie unter staatlichen Schutz stellt, noch zeitgemäß ist. Wir haben es heute nicht mehr mit *der* **Normalfamilie** im Singular, sondern mit **Familien** im Plural zu tun. Wir haben wachsende Zahlen von Alleinerziehenden, nichtehelichen Lebensgemeinschaften, Zweit- und Stieffamilien. In all diesen Lebensformen wird gesellschaftlich notwendige Erziehungsarbeit geleistet, die öffentlicher Unterstützung bedarf. Die Frage, welche Lebensform als „Familie“ im Rechtssinne gelten soll und daher staatliche (z. B. steuerliche) Förderung verdient, muss sich an diesen soziologischen Einsichten orientieren. Das heißt:

1939 betrug der Anteil der Einpersonenhaushalte in Deutschland noch keine 10 %, 1950 knapp 20 % und 1991 über 35 %.

Nicht die Ehe als solche sollte der Maßstab für staatliche Förderung sein, sondern die in unterschiedlichen Lebensformen (mit oder ohne Ehe) tatsächlich geleistete Erziehungs- und Betreuungsarbeit.

Politik für die Familie

Die Familie wird nur eine Zukunft haben, wenn Staat und Gesellschaft den veränderten Lebensentwürfen der jungen Generation und der gewachsenen Vielfalt der Lebensformen Rechnung tragen. Eben hier gibt es aber einen erheblichen Nachholbedarf. Soziologen sprechen sogar von der **strukturellen Rücksichtslosigkeit** der modernen Gesellschaft gegenüber den Erfordernissen von Familie, Partnerschaft und Erziehung.

Frauen wird es noch immer schwer gemacht zu leben, was für Männer selbstverständlich ist: Familie und Beruf miteinander zu verbinden. Es fehlen familienfreundliche Arbeitsplätze und Arbeitszeiten, es fehlen Ganztagsschulen, es fehlt ein ausreichendes Betreuungsangebot für Kinder.

Stattdessen wären endlich die Voraussetzungen dafür zu schaffen, dass es Frauen und in zunehmendem Maße auch Männern möglich wird, beides zu verbinden – Kind *und* Beruf.

NUR JEDE 20. BERUFSTÄTIGE FRAU IN DEUTSCHLAND WÜRDE „EIGENTLICH LIEBER NUR IHREN HAUSHALT MACHEN"
—
ALLENSBACH 1993

Kinder brauchen Kinder!
In der öffentlichen Diskussion um die außerhäusliche Betreuung von Kindern wird häufig eins übersehen: Es geht bei der Kinderbetreuung nicht nur um die Entlastung berufstätiger Mütter, es geht auch um die Bedürfnisse der Kinder. Die meisten Kinder werden in Zukunft als Einzelkinder aufwachsen. Sie werden immer weniger Gelegenheiten haben, mit Geschwistern zu streiten, sich zu versöhnen und zu verbünden, auf der Straße und auf Bolzplätzen soziale Erfahrungen zu machen.
Dann aber stellt sich die Frage: Wo eigentlich sind in dieser Gesellschaft jene Orte, wo Kinder mit Kindern aufwachsen und soziale Tugenden einüben können? *Kinder brauchen Kinder!* Eine konstruktive, zukunftsorientierte Familienpolitik wird auf dieses Defizit eine Antwort geben müssen.

Politik der „Nachhaltigkeit"
Neben Betreuungsangeboten fehlen aber auch entlastende Einrichtungen in der Nachbarschaft, Jugendzentren, Mütterzentren etc. Kurz: Es fehlt immer noch die Einsicht, dass die in Familien geleistete Erziehungs- und Betreuungsarbeit nicht voraussetzungslos ist, sondern der Unterstützung von Staat und Gesellschaft bedarf. Es wäre an der Zeit, den Gedanken der **„Nachhaltigkeit"** aus der Umweltpolitik auf den sozialen Bereich zu übertragen. Wie die natürlichen sind auch die sozialen Grundlagen unserer Lebensform begrenzt.

FÜR JEDES 6. KIND EINER ALLEINERZIEHENDEN STEHT IN DEUTSCHLAND EIN HORTPLATZ ZUR VERFÜGUNG.

Eine „nachhaltige" Politik für die Familie würde erfordern,
- alle sozialen, politischen und wirtschaftlichen Maßnahmen auf ihre „Familienverträglichkeit" zu überprüfen, sowie
- die Regeln des Marktes (Mobilität, Konkurrenz, Karriere) den Erfordernissen von Familie, Partnerschaft und Kinderbetreuung unterzuordnen.

Das aber heißt umgekehrt: Wer die schrankenlose Freigabe des Marktes und den Um- oder gar Abbau des Sozialstaats fordert, betreibt die Auflösung der Familie. Die zu Ende gedachte Marktgesellschaft erfordert den **„vollmobilen Single"**, wie ULRICH BECK sagt.

5. Individuum und Individualisierung

Wer heute in den westlichen Wohlstandsgesellschaften die Menschen fragt, was ihnen wirklich wichtig ist, wofür sie kämpfen, der wird „Wohlstand", „Macht" und „Ansehen" zur Antwort bekommen, vor allem aber „Selbstverwirklichung" und „persönliches Glück". Hatten die Menschen in der Nachkriegszeit vor allem ein glückliches Familienleben, den Bau des Eigenheims, das Auto und die Ausbildung der Kinder im Sinn, so hat heute zunehmend das Projekt des „eigenen Lebens", die Suche nach der persönlichen Identität oberste Priorität. „Ich bin ich!" lautet die Maxime der Menschen um die Jahrtausendwende.

Was ist der Grund für diesen Umbruch im Selbstverständnis und in den Glückserwartungen der Menschen? „Was um alles in der Welt treibt die Menschen dazu, ausgerechnet nach den Sternen des ‚eigenen Lebens' zu greifen?", fragt der Münchener Soziologe ULRICH BECK (1995, S. 9).
Für Öffentlichkeit und Medien scheint die Antwort festzustehen: Die zunehmende Ich-Bezogenheit der Menschen ist Ausdruck eines „Werteverfalls", der sich in grassierendem Anspruchsdenken, in überschäumendem Erlebnishunger und in abnehmender Bindungs- und Verzichtsbereitschaft äußert.
„Wir sind ein Volk von Egoisten", so die verbreitete Kulturkritik, „unser persönlicher Wohlstand und unser persönliches Glück liegen uns sehr viel mehr am Herzen als das Schicksal anderer."

Die Soziologie kann sich mit derartigen Schnellerklärungen nicht zufriedengeben, zumal diese neue, tiefer greifende Fragen aufwerfen:
- Welche gesamtgesellschaftlichen Krisen und Umbrüche stehen hinter dem, was sich an der Oberfläche als **„Ich-Kult"** und „Egoismus-Epidemie" zeigt?
- Welche gesellschaftlichen Prozesse bringen den Zwang und die Möglichkeit, ein **eigenes Leben** zu führen, hervor?
- Von welchen neuen gesellschaftlichen Vorgaben, Kontrollen und Zwängen hängt das „eigene Leben" in spätmodernen Gesellschaften ab?
- Welche biografischen Chancen und Risiken birgt für den Einzelnen der paradoxe gesellschaftliche Zwang, sein Leben auf eigene Rechnung zu führen?
- Welche neuen Formen der **persönlichen Identität** werden von den Menschen in der individualisierten Gesellschaft gefordert?
- Welche Anforderungen stellen die neuen Formen der „**Identitätsarbeit**" an die Individuen und die Gesellschaft?

Diesen und ähnlichen Fragen soll im vorliegenden Kapitel nachgegangen werden.

5.1 Das Ich als Wanderer zwischen den Welten

In soziologischer Sicht ist die Suche nach dem Selbst und dem Lebenssinn, das Ringen um Selbstverwirklichung, nicht einfach eine modische Zeitgeistblüte, sondern Ausdruck tiefgreifender Veränderungen im Verhältnis von Individuum und Gesellschaft.
Die Wurzeln dieser Umbrüche reichen bis in die Anfänge der Moderne zurück. Ein kurzer Vergleich wesentlicher Strukturmerkmale der vormodernen Feudalgesellschaft und der modernen Industriegesellschaft soll helfen, die Hintergründe der aktuellen Herausforderungen und Krisensymptome zu verstehen.

ALLES, WAS FÜR ZWEI MENSCHEN GILT, IST FALSCH
—
HEINER MÜLLER

Vervielfältigung der sozialen Welten
In der alten Ständegesellschaft war der Einzelne Teil einer festgefügten, eindeutigen und überschaubaren Umwelt, in der sein Platz bereits mit der Geburt festgelegt war. Das galt prinzipiell für Bauern und Handwerker ebenso wie für den Adel.
Im „ganzen Haus" *(vgl. S. 56)* bildeten Arbeit und Leben noch eine Einheit. Der Einzelne war in ein Geflecht unmittelbarer Beziehungen eingebunden, in denen wirtschaftliche, soziale, politische und religiöse Aspekte eng miteinander verwoben waren.

JE WENIGER INDIVIDUEN, DESTO MEHR INDIVIDUALISMUS
—
THEODOR W. ADORNO

Mit der Auflösung der Ständegesellschaft und der beginnenden Industrialisierung im Laufe des 18. Jahrhunderts kam es zu einer Untergliederung der Gesellschaft in eine Vielzahl von Teilbereichen, die auf die Erledigung bestimmter Aufgaben spezialisiert waren: Politik, Wirtschaft, Verwaltung, Wissenschaft etc. Die Soziologen sprechen von **funktionaler Differenzierung** der Gesellschaft. Für immer mehr Menschen – zuerst für den Mann aus dem gehobenen Bürgertum – wurde es nun möglich, die Geschlossenheit ihres Herkunftmilieus zu durchbrechen und in Kontakt zu kommen mit einer Vielfalt von unterschiedlichen Lebensformen und Daseinsmöglichkeiten. Die in den verschiedenen Teilbereichen geltenden Beziehungen und Verhaltensformen waren nun nicht mehr von persönlicher Bekanntschaft und Vertrautheit, sondern von den „sachlichen" Anforderungen der jeweiligen Funktion geprägt: Produktion, soziale Kontrolle, Herrschaft, Kinderaufzucht etc.

Zerfall der Sinnwelten

Die Individualität eines Menschen ist ein wunderlich Ding!
—
Johann W. von Goethe

Die **Pluralisierung der Lebenswelten** im Zuge der gesellschaftlichen Modernisierung war begleitet von einem Zerfall der alten sinnstiftenden Traditionen und Weltbilder. „Alles Stehende und Ständische verdampft, alles Heilige wird entweiht", wie der zeitgenössische Beobachter KARL MARX feststellt. Unter den „alten" Verhältnissen waren alle Bereiche des Alltagslebens in eine einheitliche, in aller Regel religiöse Sinnwelt eingebettet. Ob der Einzelne im Kreise seiner Familie war oder bei der Arbeit, ob er an politischen Geschehnissen teilnahm oder an Festen und Zeremonien: Er befand sich stets in der gleichen „Welt".

Die typische Situation der Menschen in einer modernen Gesellschaft ist völlig anders: Im Alltagsleben wechselt das moderne Individuum ständig zwischen höchst unterschiedlichen und oft widersprüchlichen Bedeutungs- und Erfahrungswelten hin und her. In einer derart fragmentierten Welt ist es für das Individuum schwierig, zu Gewissheiten irgendwelcher Art zu gelangen. Ein Verhalten, das am Arbeitsplatz gefordert ist, gilt in der Kindererziehung als völlig verfehlt. Was in der Politik als legitimes Mittel der Interessendurchsetzung gilt, ist im Privatbereich als „unmoralisch" verpönt.

Der Zerfall einer einheitlichen, alles integrierenden Sinnwelt ruft das für den modernen Menschen charakteristische Gefühl der existenziellen Unsicherheit hervor, das Soziologen treffend als **„Unbehagen in der Modernität"** bzw. als „Heimatlosigkeit" bezeichnet haben.

Die Geburt des Individuums

Sie reden dem Menschen so lange Individualismus ein, bis er in kein öffentliches Verkehrsmittel mehr passt
—
Werner Mitsch

Mit der Vervielfältigung der Lebensformen und der Sinnwelten im Verlaufe des Modernisierungsprozesses ändert sich die Einbindung des Einzelnen in die Gesellschaft in fundamentaler Weise.

In der alten Gesellschaft war der Einzelne als Gesamtperson zugleich Teil der Sozialordnung. Als ganzer Mensch, gewissermaßen „mit Haut und Haaren", war er Hausvater, Handwerksmeister oder Mönch. In die moderne Gesellschaft, die in einzelne Funktionsbereiche zerfällt, werden die Menschen nur in ihrer jeweiligen Rolle – als permanente Wanderer zwischen den Funktionswelten – eingebunden: als Steuerzahler, Patientin, Autofahrer, Konsumentin, Wähler, Religionsangehöriger etc. Als ganze Person kommt der Einzelne in der modernen Gesellschaft nicht vor. Die Ausbildung der **persönlichen Identität**, die in der alten Gesellschaft weitgehend sozial und kulturell vorgeprägt war, wird jetzt dem Individuum als Eigenleistung abverlangt. Gefordert ist jener von FREUD eingehend beschriebene Persönlichkeitstypus, der gewissermaßen mit einem „inneren Kreiselkompass" ausgestattet ist, der es ihm erlaubt, alle Rollen „unter einen Hut zu bringen" und sich auch in wechselnden sozialen Bezügen als Einheit zu empfinden.

JE ÄHNLICHER WIR UNS WERDEN, DESTO STÄRKER BETONEN WIR UNSERE INDIVIDUALITÄT
—
JOHN NAISBITT

Paradoxerweise beginnt der Mensch gerade in der zersplitterten Sozialwelt der Moderne, die ihn gewissermaßen in eine Vielzahl von Rollen und Funktionen zerlegt, sich als Individuum zu erleben, d. h. als unteilbares, einheitliches, eindeutiges Ich. Für das Bürgertum, für das die soziale Welt ihre Eindeutigkeit verloren hatte, wurden Individualität, Ich-Autonomie und Selbstbestimmung zu den obersten Leitwerten und Persönlichkeitsidealen.

	vormoderne Gesellschaft	**moderne Gesellschaft**
Sozialstruktur	einheitliche, wenig gegliederte Sozialordnung; unmittelbare ‚face-to-face'-Beziehungen	Gesellschaft ist in spezialisierte Teilsysteme aufgeteilt: „funktionale Differenzierung"; versachlichte, anonyme Rollenbeziehungen
Kultur	einheitliche religiös-symbolische Sinnwelt	unterschiedliche, z. T. widersprüchliche Sinnwelten der einzelnen Teilsysteme
Person	Der Einzelne ist als Gesamtperson Teil der Sozialordnung. Die persönliche Identität ist sozial und kulturell vordefiniert.	Der Einzelne ist für die Gesellschaft nur als Träger spezialisierter Rollen von Interesse. Der Aufbau persönlicher Identität wird zur Eigenleistung des Einzelnen. Der Mensch erfährt sich als Individuum.

Individuum und Gesellschaft in der vormodernen und in der modernen Welt

5.2 Vagabund und Sinnsucher

„Heutzutage scheint sich alles gegen ... lebenslange Entwürfe, dauerhafte Bindungen, ewige Bündnisse, unwandelbare Identitäten zu verschwören. Ich kann nicht langfristig auf meinen Arbeitsplatz, meinen Beruf, ja nicht einmal auf meine eigenen Fähigkeiten bauen. ... Auch auf Partnerschaft oder Familie ist Zukunft nicht mehr zu gründen: ... die Bindung gilt von vornherein nur ‚bis auf weiteres', die intensive Bindung von heute macht Frustrationen morgen nur um so heftiger."
(BAUMAN 1993, S. 17)

Der britisch-polnische Soziologe ZYGMUNT BAUMAN beschreibt hier eine verbreitete Grunderfahrung der Menschen in fortgeschrittenen Industriegesellschaften. Er vergleicht die Situation des Menschen in der Spätmoderne mit der Lebensform des **„Vagabunden"**, der ruhe- und orientierungslos seine Aufenthaltsorte wechselt, fortgetrieben von der „nie versagenden Hoffnung, der nächste Ort ... möchte frei sein von den Mängeln, die ihm die bisherigen verleidet haben".
Welches sind die gesellschaftlichen Ursachen für diese chronische Rastlosigkeit der Menschen um die Jahrtausendwende, ihre geradezu fieberhafte Suche nach Glück und Lebenssinn?

DER ZWECK DES LEBENS IST DAS LEBEN SELBST
—
HEINRICH HEINE

Für ULRICH BECK ist die **„Landstreicher-Moral"** der Menschen in der Spätmoderne Ausdruck eines historisch neuen Umbruchs im Verhältnis von Individuum und Gesellschaft, den er mit dem Begriff der **„Individualisierung"** belegt. Individualisierung ist dabei keineswegs gleichbedeutend mit Befreiung oder Emanzipation. Sie hat vielmehr ein Doppelgesicht: Neuen Freiheiten und Handlungsspielräumen auf der einen Seite stehen neue Zwänge und soziale Kontrollen auf der anderen Seite gegenüber *(vgl. S. 97f.)*.

Verlorene Sicherheiten

Individualisierung bedeutet zunächst und vor allem die **Freisetzung** der Menschen aus den hergebrachten Lebensformen und Traditionen von Klasse, Schicht, Geschlechtsrollen, Familie, dörflicher Gemeinschaft etc. Schon der Übergang von der Stände- zur Industriegesellschaft war, wie wir sahen, von der Herauslösung des Einzelnen aus überkommenen Traditionen begleitet. Die dadurch entstehenden Unsicherheiten und Risiken wurden aber in der bürgerlichen Gesellschaft immer wieder abgefedert durch die Bindungen und Solidaritäten von Familie, Klasse, Geschlecht und Religion.

Diese in der entfalteten Moderne selbst schon wieder zur Tradition gewordenen Bindungen lösen sich nun nach BECK seit den 50er Jahren kontinuierlich auf. Vor allem durch die Steigerung des Lebensstandards und die zunehmende Bildungs- und Erwerbsbeteiligung (vor allem von Frauen) setzt sich in immer breiteren Bevölkerungsschichten der Anspruch auf ein **„eigenes Leben"** durch, der die Fesseln der überkommenen Traditionen und Normalbiografien sprengt. Das historisch Neue an diesem zweiten **Individualisierungsschub** im Vergleich zur ersten, „bürgerlichen" Individualisierung besteht für BECK darin, „dass das, was früher wenigen zugemutet wurde – ein eigenes Leben zu führen –, nun mehr und mehr Menschen, im Grenzfall allen abverlangt wird" (BECK 1994, S. 21).

LEBEN, DAS IST DAS ALLERSELTENSTE IN DER WELT – DIE MEISTEN MENSCHEN EXISTIEREN NUR
—
OSCAR WILDE

Zum „eigenen Leben" verdammt

Individualisierung meint nicht die Befreiung des Einzelnen von den Fesseln der Gesellschaft, sondern eine bestimmte, historisch neue Form der **Vergesellschaftung**. „Individualisierung" bezeichnet eine gesellschaftliche Zumutung, einen paradoxen Zwang: „Du darfst und du kannst, ja du sollst und du musst eine eigenständige Existenz führen, jenseits der alten Bindungen von Familie und Sippe, Herkunft und Stand." (BECK 1994, S. 25)

Auch hinsichtlich seiner Rahmenbedingungen ist das **eigene Leben** bei Licht besehen gar kein eigenes Leben. Es hängt vielmehr ab von Bedingungen, die sich weitgehend der Kontrolle des Einzelnen entziehen: von Arbeitszeiten, Schulzeiten, Kindergartenöffnungszeiten, Verkehrsanbindungen, Einkaufsmöglichkeiten; von Ausbildung, Arbeitsmarkt, Sozialstaat, Wirtschaftskrisen ganz zu schweigen. Schon eine Erkrankung der Oma, die die Kinder hütet, reicht manchmal aus, um das mühsam errichtete Kartenhaus des eigenen Lebens zum Einsturz zu bringen.

Auch in der **individualisierten Gesellschaft** ist die Lebensgestaltung also – was häufig übersehen wird – in eine Vielzahl von Kontrollen und Vorgaben eingeschnürt. Der Unterschied zur **traditionalen Gesellschaft** besteht aber darin, dass die Vorgaben – des Bildungssystems, des Arbeitsmarktes, der Bürokratie – heute nicht mehr ganze **„Normalbiografien"** festlegen und vordefinieren. Sie laufen vielmehr auf die Aufforderung hinaus, das Leben in eigener Regie zu gestalten – und auf eigene Rechnung.

BEI MANCHEN MENSCHEN IST ES SCHON EINE UNVERSCHÄMTHEIT, WENN SIE ICH SAGEN
—
THEODOR W. ADORNO

„Die einzelnen werden zu Akteuren, Konstrukteuren, Jongleuren, Inszenatoren ihrer Biografie, ihrer Identität, aber auch ihrer sozialen Bindungen und Netzwerke", wie BECK (1995a, S. 11) sagt.

WER SICH ERFÜLLEN KANN, WAS ER MAG, WEISS BALD NICHT MEHR, WAS ER WILL
—
ROBERT MUSIL

Tyrannei der Möglichkeiten

Mit dem Zerfall haltgebender und sinnstiftender Traditionen verliert das Leben seine **Selbstverständlichkeit**. Buchstäblich alles gerät in die Mühlen dessen, was bedacht, reflektiert, geplant, entschieden, arrangiert, ausgehandelt werden muss: von Schultyp bis Ausbildungsplatz, von Wohnort bis Partnerwahl und Mutterschaft. ELISABETH BECK-GERNSHEIM (1988) hat anschaulich gezeigt, wie dieser neue Reflexions- und Entscheidungsdruck immer spürbarer auch in das Verhältnis von Frauenleben und Mutterschaft eindringt. Was einst die natürlichste Sache der Welt war, wird bei den **„neuen Frauen"** zu einer äußerst komplizierten. Die neue Frau „hinterfragt" und „problematisiert" ihren Kinderwunsch, die inneren Gründe und Abgründe werden einer inquisitorischen Prüfung unterzogen. In einem Erfahrungsbericht heißt es: „Ich begann mich zu fragen, ob ich selbst eigentlich wirklich um jeden Preis ein Kind wollte, oder – ob ich es mir hatte einreden lassen. Was waren eigentlich meine Motive?"

DURCHGRÜBLE NICHT / DAS EINZIGE GESCHICK! / DASEIN IST PFLICHT / UND WÄR'S EIN AUGENBLICK
—
JOHANN WOLFGANG VON GOETHE

Wo die **„Barbarei der Reflexion"** (ARNOLD GEHLEN) derart jede Spontaneität erstickt, werden Kinder immer mehr zu Planungskindern oder, wie BECK-GERNSHEIM mit GRASS sagt, zu „Kopfgeburten".

Es ließe sich an vielen anderen Beispielen zeigen, dass das Zerbrechen der alten Sicherheiten und das Aufbrechen der neuen Freiheiten für die Individuen eine erhebliche Belastung oder gar Überforderung darstellen kann.

Individualisierung bedeutet in fortgeschrittenen Industriegesellschaften weder Ich-Sucht noch schrankenlose Selbstbestimmung. Vielmehr handelt es sich um eine historisch neue, geradezu paradoxe Form der Einbindung des Einzelnen in die Gesellschaft. Individualisierung ist zugleich der Zwang und die Möglichkeit, ein eigenes Leben zu führen – auf eigene Rechnung und unter nicht selbstgewählten Bedingungen. Diese gesellschaftliche Forderung erweist sich angesichts des Zerfalls haltgebender Traditionen und Bindungen nur allzu oft als *Über*forderung.

5.3 Auf der Suche nach Identität

„Ich habe oft das Bedürfnis, zu jemandem hinzugehen und zu fragen, du sag' mal, wer bin ich eigentlich? ... Manchmal erschrecke ich Freunde, weil ich so vieles bin. Sie halten mich für so oder so. Im nächsten Moment denken sie, ich bin ein Umspringbild. Von mir könnte jemand, wenn ich spazieren gehe, alle zehn Meter ein anderes Bild bekommen."
(HANDKE, in: DIE ZEIT, 3.3.1989, S. 79)

JEDER VON UNS IST MEHRERE, IST VIELE, IST EIN ÜBERMASS AN SELBSTEN
—
FERNANDO PESSOA

Beim ersten Lesen ist man geneigt, diese Aussage des Schriftstellers PETER HANDKE für den etwas spleenigen Einfall eines exzentrischen Künstlers zu halten. Vieles spricht aber dafür, dass HANDKE hier etwas von der schwierigen und verwirrenden Suche nach einer **persönlichen Identität** zur Sprache bringt, die für den modernen Menschen so typisch geworden ist. „Was bin ich?" – das ist in einer Gesellschaft, die in eine Vielzahl widersprüchlicher Lebensformen, Werte und Sinnwelten zersplittert ist, zu einer belastenden Frage geworden. Begriffe wie **Identitätsstress** oder **Identitätsterror** machen die Runde.
Die klassischen Identitätsmodelle, die unter „Identität" ein einheitliches, eindeutiges, lebenslang gültiges Selbstbild, einen „inneren Besitzstand" verstehen, werden den veränderten Verhältnissen nicht mehr gerecht. In den Sozialwissenschaften werden daher in letzter Zeit Ansätze diskutiert, die sich um ein Identitätsverständnis bemühen, das eher auf den nie abschließbaren, belastenden und stets gefährdeten Prozess der **„Identitätsarbeit"** zielt.

Bastel-Identitäten
Für den modernen Menschen, der sich wie ein **Vagabund** in wechselnden Sinnsystemen bewegen und bewähren muss, wäre ein starres, lebenslang stabiles Selbstbild eine Fessel. Der moderne Landstreicher darf sich nicht festlegen, sondern muss beweglich bleiben, offen und anpassungsfähig. Er kann seine Gruppenzugehörigkeiten, seinen Beruf, seine Partei und seine Religion wechseln. Er kann umziehen, sich scheiden lassen, neue Lebensformen erproben. Er kann sich einen neuen Lebensstil, ein neues Outfit und ein anderes Image zulegen. Sein Tages- und Lebenslauf ist gleichsam eine unstete und oft riskante Wanderung durch eine Vielzahl von Welten und Sinnprovinzen.
Wesentlich dabei ist: Die Verarbeitung der verschiedenen Rollen, Lebensformen und Sinnelemente zu einem Sinn-Ganzen wird den Einzelnen als permanente Eigenleistung

zugemutet. Das Individuum wird in der Spätmoderne zum **„Sinnbastler"**, der sich aus den vorhandenen Lebensstilen und Sinnelementen sein eigenes Lebensstil-Paket, seine **„Patchworkidentität"** zusammenstellt. Das Sinnbild des „Bastlers" für den zeitgenössischen Menschen soll nun keineswegs nahelegen, dass die Einzelnen bei der Gestaltung ihres Lebens, ihrer Identität und ihrer Biografie völlig frei sind. Im Gegenteil: Wie der „Bastler" oder „Heimwerker" im Baumarkt vorgefertigte Bausätze angeboten bekommt, so gibt es für den individualisierten Menschen den Markt vorgefertigter Sinnangebote und „Stil-Pakete", die ihm einen Spielraum zur mehr oder weniger originellen Kombination lassen.

Wie viele Leute bin ich? Wer ist ich? Was ist der Zwischenraum, der zwischen mir und mir steht?
—
Fernando Pessoa

„Ich bin viele": Vielfalt der Selbste?

Noch radikaler als das Bild der **„Bastel-Identität"** bringt das in letzter Zeit im Zeitgeist-Journalismus, aber zunehmend auch in Sozialpsychologie und Soziologie in Mode gekommene Konzept des **„multiplen Selbst"** die innere Zerrissenheit, aber auch die neuen Entfaltungsspielräume des modernen Individuums auf den Begriff. Die Erfahrung einer widersprüchlichen, zersplitterten Alltagswelt, so die Grundannahme, erzwingt ein Bewusstsein und ein Selbstbild, das Widersprüchliches toleriert und nicht mehr von einem „Identitätszwang" beherrscht wird.

Aus Erfahrungsberichten wissen wir, dass viele Frauen mit einer Mehrfachorientierung auf Familie, Beruf, soziales Engagement etc. ständig darum bemüht sind, die verschiedenen bereichsspezifischen „Selbste" auszubalancieren, ohne sie in eine stabile Rangfolge zu bringen. Mal setzen sie eine Zeit lang den Schwerpunkt eher hier, mal eher dort. Sehr aufschlussreich ist, dass sie die Vielfalt ihrer sozialen Selbste in aller Regel eher als Bereicherung denn als Belastung und innere Zerrissenheit erleben.

Innere Vielfalt und Beweglichkeit, so die Verfechter eines „multiplen Selbst", sind die notwendige Antwort auf die Vielfalt von Lebensformen, Werten und Kulturen in der Moderne sowie auf die Geschwindigkeit gesellschaftlicher Veränderungen. Eine starre und eindeutige Ich-Identität wäre unter diesen Bedingungen eine Beschneidung an Daseinsmöglichkeiten, ein Verlust an **„Möglichkeitssinn"** (Robert Musil). Sie würde im Extremfall das Individuum zur Handlungsunfähigkeit verdammen.

Identitätsarbeit als „riskante Chance"

Viele Verfechter von „Bastel-Existenzen", „Patchwork-Identitäten" oder „multiplen Identitäten" im Umkreis der Postmoderne sehen in den neuen Formen der Subjektbildung einen Zugewinn an Lebensmöglichkeiten oder gar einen Aufbruch zu neuen Ufern. Vertreter des konservativen Lagers sehen eher die Verlustseite dieses Prozesses. Sie beklagen den „**Werteverfall**" und die zunehmende „Orientierungslosigkeit" in der jungen Generation. Sozialwissenschaftliche Beobachter sehen demgegenüber in den aktuellen Veränderungen einen höchst zwiespältigen Prozess mit einer Gewinn- *und* einer Verlustseite. Sie begreifen die neuen Formen der Identitätsarbeit als „**riskante Chance**".

Die gesellschaftliche Forderung, sich aus vorgefertigten Fragmenten und Versatzstücken einen eigenen Lebenssinn und eine Identität zu „basteln" (zudem ohne Bastelanleitung), stellt für den Einzelnen ein anstrengendes, störungsanfälliges, riskantes Unterfangen dar. Die Ausbildung einer offenen und **flexiblen Identität**, in der immer wieder neue Lebensformen erprobt werden, stellt hohe Anforderungen an die Individuen und die Gesellschaft.

Gefordert sind vor allem
- ausreichende materielle Absicherung,
- Beziehungs- und Kommunikationsfähigkeit,
- Fähigkeit zum Aushandeln,
- kreative Gestaltungskompetenz.

Letztlich setzen all diese Bedingungen die soziale Anerkennung des Einzelnen und seine Teilhabe am gesellschaftlichen Lebensprozess in Form sinnvoller Tätigkeit und angemessener Bezahlung voraus. In einer Gesellschaft, die allein auf die Regulationskraft des Marktes vertraut und immer größere Bevölkerungskreise von der sozialen Teilhabe ausschließt, wird für viele Menschen die Suche nach Identität und Lebenssinn zur Überforderung, zur Zerreißprobe.

Die Sehnsucht nach Eindeutigkeit

Für das Leben als „Landstreicher" in einer zersplitterten Sozialwelt ohne schützendes Sinn-Dach sind viele Menschen schlecht gerüstet. Die Forderung, permanent zwischen Alternativen abzuwägen und mit Vielfalt und Widersprüchen umzugehen, kann zur unerträglichen Belastung werden. Viele suchen sich der „**Tyrannei der Möglichkeiten**" (HANNAH ARENDT) und der belastenden **Identitätsarbeit** zu entziehen – z. B. durch Flucht in die Therapiegruppe, die Sekte oder die Mystik. In einer längst unüberschaubar ge-

FOLGT MIR, ICH KENNE DEN WEG DER VERNUNFT, DER SICHERHEIT UND DES HEILS
—
MARSHALL APPLEWHITE, ANFÜHRER DER SEKTE „HEAVEN'S GATE"

In Situationen, in denen sich das Individuum politisch ohnmächtig fühlt, ist der Griff zu esoterischen, d. h. einfachen Lösungen, verführerisch nahe
—
Mario Erdheim

wordenen esoterischen Subkultur entschädigen sich die überforderten Individuen mit Pendeln und Heilsteinen, bei Bachblütentherapie und Eigenurinbehandlung für die Zumutungen des Lebens und die „Fröste der Freiheit" in der Spätmoderne.

Die Auflösung hergebrachter Gewissheiten und Sinnwelten und die Vervielfältigung der Daseinsmöglichkeiten schafft ein Bedürfnis nach Orientierung und Lebenssinn, das von religiösen, politischen und kommerziellen Sinnlieferanten befriedigt oder auch ausgebeutet wird. Es entsteht ein Sinn-Markt, eine Art kultureller Supermarkt für Sinnangebote und **Identitätsschablonen** aller Art und jeglicher Preislage. Das bedeutet, dass der mental „obdachlose" moderne Mensch berieselt, beregnet, überschüttet wird mit religiösen, esoterischen, chauvinistischen, nationalistischen, klassenkämpferischen, konsumistischen, ökologischen, sexistischen und dergleichen Ideen mehr.

Bei allen Differenzen im Einzelnen haben die diversen Sinnangebote eines gemeinsam: Sie geben auf schwierige Fragen einfache Antworten. Sie schaffen eine Form von Eindeutigkeit, die von dem permanenten **Reflexions- und Entscheidungsdruck**, der das Leben heute so anstrengend macht, entlastet.

Glaubt denen, die die Wahrheit suchen. Zweifelt an denen, die sie finden
—
André Gide

Der Jugendliche, der auf die Frage nach seinem Beruf antwortet „Ich bin Deutscher" (der also sonst nichts ist), hat sich ebenso wie der Fußball-Hooligan, der „geil auf Gewalt" ist, eine stabile, eindeutige Identitätsplattform verschafft. Diese garantiert ihm jene **soziale Anerkennung** (jedenfalls in seiner Subkultur), die ihm in einer radikal individualisierten Gesellschaft verweigert wird.

Die Vervielfältigung von Sinnwelten und Daseinsmöglichkeiten in der spätmodernen Gesellschaft erzwingt und ermöglicht den Aufbau einer persönlichen Identität, die es erlaubt, mit Unbestimmtheit und Offenheit, mit Vielfalt und Widersprüchen umzugehen. Identität wird damit zu einem offenen und unabschliessbaren Projekt, das eine lebenslange, oft äußerst belastende Identitätsarbeit erfordert.

6. Geschlechterverhältnisse

Sexualorgane ausgetauscht
PEKING, 9. März (dpa). Einem Mann und einer Frau sind in Peking erfolgreich die Sexualorgane ausgetauscht worden. In einer 19stündigen Operation seien bereits im vergangenen Sommer dem Mann die Eierstöcke der Frau und der Frau die Hoden des Mannes eingesetzt worden, berichtete am Dienstag die amtliche chinesische Nachrichtenagentur Xinhua. Beide Patienten seien wohlauf und hätten sich ohne Sexualhormone in ihre neue Rolle eingefunden. ....
Der frühere Mann entwickele feine Haut, Körperformen und ein „sanftes Gemüt", die frühere Frau zeige einen „kühnen und ungezwungenen Charakter" und habe bereits einen Schnurrbart, schrieb Xinhua.
(Frankfurter Rundschau, 10.3.1993)

Warum schmunzeln wir über diesen Bericht aus China? Vermutlich, weil uns hier in entwaffnender Schlichtheit eine Auffassung über das Wesen der Geschlechter begegnet, die wir längst überwunden zu haben glauben.
Im fernen China scheint alles noch so einfach und übersichtlich wie bei uns in früheren Zeiten: Es gibt „Männer" und „Frauen", mit typisch „männlichen" und typisch „weiblichen" Charaktermerkmalen, die durch die körperliche Ausstattung vorgegeben sind und nur durch einen Eingriff in diese verändert werden können.
Dieser Schein der „Natürlichkeit" der **Geschlechterdifferenz** ist trotz aller Geschlechterdebatten der letzten Jahrzehnte auch in unserer Alltagserfahrung noch tief verwurzelt.
Die soziologische Geschlechterforschung begegnet dem Alltagswissen über „Männlichkeit" und „Weiblichkeit" mit kritischer Skepsis. Sie geht von der Grundannahme aus, dass das Geschlecht beim Menschen nicht eine natürliche, sondern eine soziale Kategorie ist. Die Identität als Junge oder Mädchen, Mann oder Frau wird uns demnach nicht als biologisches Erbe in die Wiege gelegt, sondern gesellschaftlich zugeschrieben und im sozialen Austausch fortlaufend bestätigt (oder auch verändert).

Geschlecht ist, auf eine Formel gebracht, nicht etwas, das man „hat", sondern etwas, das man „erwirbt".

Diese Grundannahme lenkt den Blick auf die gesellschaftlichen und kulturellen Faktoren, die der Herausbildung von Geschlechtsunterschieden zugrundeliegen.
Im Einzelnen stellen sich die folgenden Fragen:
- Sind die uns vertrauten Rollen von Mann und Frau universell verbreitet?
- Von welchen gesellschaftlichen Faktoren hängt der soziale Status der Frau ab?
- Ist Anatomie Schicksal?
- Wie wird die **Geschlechtsidentität** im Alltag fortlaufend hergestellt und bestätigt?

6.1 „Mann“ und „Frau“ in fremden Kulturen

Zur Klärung der strittigen Frage, ob die uns vertrauten Geschlechterrollen ihre Grundlagen eher in der „Natur“ von Mann und Frau oder eher in der „Kultur“ haben, empfiehlt sich ein Blick auf fremde Kulturen. Der Kulturvergleich erlaubt es, die eigenen, tief in der Alltagserfahrung verwurzelten Vertrautheiten und Selbstverständlichkeiten aus einer „verfremdeten“ Perspektive wahrzunehmen und kritisch zu hinterfragen.

Frauenwelten – Männerwelten

Auf den ersten Blick scheint der Kulturvergleich starke Argumente dafür zu liefern, dass die Rollen von Mann und Frau biologisch verwurzelt sind. In so gut wie allen bekannten Kulturen sind Frauen mit dem Haushalt und der Kinderaufzucht beschäftigt, während Männer für das Jagen von Großwild, die Hochseefischerei sowie für politische und kriegerische Aktivitäten zuständig sind.
Auf die Frage nach den Ursachen für diese (nahezu) universell verbreitete Rollenteilung, die stets auch mit einer Dominanz der Männer verbunden ist, gibt es zahlreiche Antworten; die plausibelste scheint aber folgende zu sein: Am Anfang stehen die biologischen Tatsachen, dass nur Frauen Kinder gebären und stillen können und dass der menschliche Nachwuchs aufgrund seiner Hilflosigkeit („Neotenie“) eine intensive und lange Pflege erfordert. Diese biologischen Vorgaben legen die in fast allen Kulturkreisen anzutreffende **geschlechtsspezifische Arbeitsteilung** nahe, die den Frauen den Bereich der Häuslichkeit, den Männern den der Öffentlichkeit (Jagd, Krieg, Politik, Handel) zuweist.

Die Frau aber ist der Abglanz des Mannes
—
Paulus, 1 Kor. 11,7

Die bessere und die schlechtere Hälfte

Zwar begründet die Arbeits- und Rollenteilung von Mann und Frau an sich noch keine männliche Vorherrschaft – im Allgemeinen als **Patriarchat** bezeichnet – doch bringt die dauerhafte Übernahme der sorgenden und nährenden Rolle die Frau in ein historisch folgenreiches Abhängigkeitsverhältnis vom Mann. Wer durch die Rolle als Mutter und Betreuerin an den Nahbereich des Hauses gefesselt ist, befindet sich in Abhängigkeit von dem, der beweglich bleibt und die Kontrolle über die Vorgänge in der Außenwelt besitzt. Fast zwangsläufig werden die Frauen so durch ihren Ausschluss von den öffentlichen Bereichen zu dem, was Simone de Beauvoir das „zweite Geschlecht“ nannte.
Beinahe überall auf der Welt wird die horizontale Arbeits-

teilung nach Geschlecht in ein vertikales Machtgefälle zwischen Mann und Frau übersetzt. Stets wird der männliche Dominanzanspruch ideologisch abgesichert, indem der Wirkungsbereich der Männer mystifiziert, religiös überhöht und mit einer Aura des „Außergewöhnlichen" ausgestattet wird. Jagd, Krieg, weite Reisen und Kult sind stets Männersache und von eminentem Prestigewert. So gilt Fleisch selbst in Gesellschaften, in denen der Beitrag der Jagd zum Unterhalt kaum ins Gewicht fällt, als die begehrteste Kost. Bei den Ao Naga in Assam z. B. pflegten nach einem geglückten Jagdunternehmen die Frauen des Dorfes vor dem Männerhaus Preislieder zu Ehren der erfolgreichen Jäger anzustimmen *(vgl. MÜLLER 1984, S. 249)*.

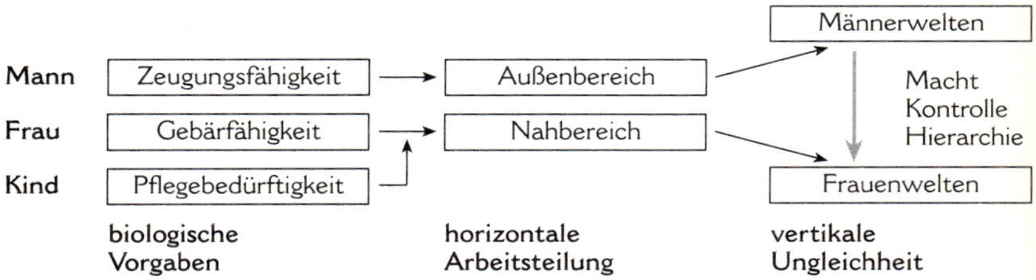

Menschen von zweierlei Art

Die Arbeitsteilung und das Machtgefälle zwischen den Geschlechtern werden stets dadurch legitimiert, dass ihnen der Schein der „Natürlichkeit" und damit Unveränderlichkeit verliehen wird. Schon in **Jäger- und Sammler-Gesellschaften** (eigentlich müßte es heißen: Jäger und Sammlerinnen) gelten die unterschiedlichen Aufgabenbereiche von Mann und Frau als Ausdruck ihrer „Natur". Frauen betreuen den Nachwuchs und sammeln Früchte, weil dies ihrem „Wesen" entspricht, während Männer sich der Jagd und dem Hochseefischfang widmen, weil vorgeblich nur sie über die erforderlichen Voraussetzungen – Kühnheit, Ausdauer, Einfallskraft etc. – verfügen. Dieses Deutungsmuster, das die üblichen Formen der Rollentrennung zwischen Mann und Frau in ihrem jeweiligen „Wesen" begründet, scheint universell verbreitet und nahezu unausrottbar zu sein; es findet sich im Volksglauben altsteinzeitlicher Wildbeuter wie in pseudowissenschaftlichen Abhandlungen unserer Tage.

Ein Blick auf die Steinzeit kann für das heutige Leben kein Maßstab sein. Erstens weiß niemand genau, wie unsere Vorfahren gelebt haben, und zweitens kann keiner sagen, dass ihr Verhalten besonders vorbildlich war
—
Deborah Blum

Frauen gelten aber in praktisch allen traditionellen Gesellschaften nicht nur als andersartige, sondern auch als minderwertige Geschöpfe. Überall findet das **männliche Dominanzstreben** seine verlässlichste Stütze in der ideologischen Abwertung alles Weiblichen. Frauen gelten in der Mehrzahl aller Stammesgesellschaften als „wesenhaft“ unvollkommen, unrein, schwach und gefährlich. In vielen Kulturen findet sich die Abwertung der Frau zum bloßen „Naturwesen“, während der Mann als Vertreter der **„Kultur“** und des Geistes gilt. Aufgrund ihrer angenommenen Nähe zur **„Natur“** werden Frauen vielfach mit Tieren oder Kindern gleichgestellt. Die Zuordnung der Frau zur „Natur“ und des Mannes zur „Kultur“ scheint ein nahezu universell verbreitetes Muster zu sein:

SELBST DIE GERADESTE FRAU IST IMMER NOCH KRUMM WIE EINE SICHEL
—
SPRICHWORT DER ALGERISCHEN ARABER

NATUR	:	KULTUR
Tier	:	Mensch
Kind	:	Erwachsener
Frau	:	Mann

Ihren barbarischen Höhepunkt hat die Abwertung der Frau zum „Naturwesen“ sicher in den Hexenpogromen zu Beginn der europäischen Neuzeit erreicht. Im Zentrum des Verdachts gegen die Hexen (Hebammen, Kräuterfrauen, weise Frauen) stand bezeichnenderweise der Vorwurf der Komplizenschaft mit den geheimnisvollen Kräften der Natur.

Männlicher Minderwertigkeitskomplex?

Wie lässt sich die in nahezu allen Kulturkreisen anzutreffende Diskriminierung des weiblichen Geschlechts erklären? Unterstellt man einmal, dass **Macht- und Dominanzstreben** eine anthropologische Konstante ist und somit zum „Wesen“ beider Geschlechter gehört, dann befinden sich die Männer aufgrund der erwähnten biologischen Vorgaben (Gebärfähigkeit der Frau, Pflegebedürftigkeit des Nachwuchses) sicherlich in einer strategisch vorteilhafteren Ausgangslage. Das erklärt aber noch nicht die beinahe überall anzutreffende, geradezu wahnhafte Erniedrigung des weiblichen Geschlechts. Eine Macht über unvollkommene, abhängige, kindhafte „Naturwesen“ ist doch eine höchst zweifelhafte Quelle männlicher Würde.

DER INSTINKT MACHT DAS WEIB TIERÄHNLICH, UNSELBSTÄNDIG, SICHER UND HEITER
—
PAUL J. MÖBIUS

Plausibler scheint eine andere Erklärung: Der Umstand, dass Frauen die Kinder gebären, stillen und pflegen, also das Leben weitergeben, musste von den Männern als eine Bedrohung ihrer Identität empfunden werden. Die wahnhafte Diskriminierung der Frau gründet demnach paradoxerweise

auf einem tiefsitzenden **Minderwertigkeitskomplex der Männer**, gegen den diese immer schon ein probates Gegengift bereit hatten: „Niemand ist den Frauen gegenüber aggressiver oder herablassender als ein Mann, der seiner Männlichkeit nicht ganz sicher ist", sagt SIMONE DE BEAUVOIR.
Die Erniedrigung der Frau entspringt, so gesehen, einem Größenwahn verunsicherter Männer, ebenso die überall anzutreffende Mystifizierung von Jagd und Krieg, das spezifisch männliche Imponiergehabe mit Ahnen, Geistern, Maskenaufzügen und Mysterienkulten. „Wären die Männer tatsächlich alle so machtvoll", hat die Anthropologin MARGRET MEAD dazu bemerkt, „hätten sie den ganzen Hokuspokus nicht nötig."

Frauen – das „erste Geschlecht"

„Vor langer Zeit, sagt man, war die Frau die höchste Herrscherin im Land. Wie die Erde, die alles hervorbringt, so ist sie die Mutter von allen. Deshalb hat man immer Frauen an die Spitze gewählt. Eine Clan-Mutter muss dieselben Fähigkeiten mitbringen wie ein Häuptling. Aber sie ist höher als die Männer, in vieler Hinsicht. Sie bestimmt den Häuptling. Sie sucht unter den Männern einen aus, der ihr am geeignetsten erscheint ... Das ist auch gut so, denn eine Frau kennt die Bedürfnisse ihres Volkes besser."

Eine Clanmutter der Irokesen erläutert hier die herausgehobene Stellung der Frau im traditionellen Leben ihres Stammes. Die Irokesen (im Norden des Staates New York) zählen neben den Hopi-Indianern (in Arizona), den Trobriandern (in Melanesien) und den Minangkabau (auf Sumatra) zu den „klassischen", besonders gut dokumentierten Gesellschaften mit einem annähernden Gleichgewicht zwischen den Geschlechtern oder gar einem Übergewicht der Frau. Die Ethnologie spricht von **„geschlechtsegalitären Gesellschaften"**.

WENN ICH EIN FRAUENZIMMER KENNEN LERNE, GEBE ICH NUR DARAUF ACHT, WO SIE HERRSCHT; DENN DASS SIE HERRSCHE, SETZE ICH VORAUS
—
JOHANN WOLFGANG VON GOETHE

Typische Merkmale derartiger nichtpatriarchalischer Gesellschaften sind
- ein erheblicher Beitrag der Frauen zur Nahrungsbeschaffung und Verfügung über die Arbeitsprodukte,
- eine Mitentscheidung über die Ehe und das Kindergebären,
- eine eigenständige Bestimmung über die Sexualität und den Körper.

Schlüssel zur Frauenmacht

Sucht man nach ursächlichen Schlüsselfaktoren, so zeigt sich, dass regelmäßig die soziale Situation von Frauen dann am besten ist, wenn sie in kollektiven Gruppen arbeiten, wie in Gesellschaften mit Garten- oder Hackbau.

Aus der **weiblichen Gruppenarbeit** entwickelt sich, da jedes Arbeitskollektiv den häufigen Wechsel scheut, vielfach die Regel, dass die Männer nach der Heirat in das Dorf ihrer Frauen ziehen („**Matrilokalität**"). Daraus wiederum entsteht fast zwangsläufig die Regel, dass die Kinder zu diesem Dorf, zur Verwandtschaft der Frau gehören, ganz einfach deshalb, weil sie dort aufwachsen („**Matrilinearität**"). Die wesentliche Ursachenkette, die die gesellschaftliche Stellung der Frau günstig beeinflusst, lautet also:

BEI ETWA 46 % ALLER STAMMESGESELLSCHAFTEN WIRD DIE VERWANDTSCHAFT NUR ÜBER DIE VÄTERLICHE LINIE GERECHNET (PATRILINEARITÄT), BEI 14 % NUR ÜBER DIE MÜTTERLICHE LINIE (MATRILINEARITÄT).

Weibliche Arbeitskollektive → Matrilokalität → Matrilinearität

Daraus lassen sich zwei Regeln ableiten:

- Ein großes gesellschaftliches Gewicht haben Frauen immer da, wo sie in Kollektiven zusammenarbeiten und wo starke mütterliche Verwandtschaftsgruppen ihnen Autonomie und wirtschaftliche Unabhängigkeit vom Ehemann gewähren.
- Umgekehrt lässt sich die Regel aufstellen, dass die soziale Situation der Frauen stets da besonders ungünstig ist, wo diese mit der Heirat die Herkunftsgruppe verlassen, sich in die Abhängigkeit vom Ehemann begeben und Privatarbeit in vereinzelten Haushalten leisten.

Aber auch bei den Hopi, Irokesen, Minangkabau etc. gibt es keine Frauenherrschaft, sondern nur eine annähernde Balance zwischen den Geschlechtern. Matriarchalische Gesellschaften, geschweige denn eine ganze Kulturstufe des Matriarchats, hat es nicht gegeben (vgl. WESEL 1981).

Dennoch zeigen die genannten Beispiele eines unabweislich:

Aus den biologischen Differenzen von Mann und Frau ergibt sich keineswegs zwingend ein gesellschaftliches Übergewicht des Mannes. Einen **biologischen Determinismus** gibt es nicht.

6.2 Männerwelt Beruf – Frauenwelt Familie

Zurück in die eigene Gesellschaft: Daß Männer und Frauen „von Natur aus“ unterschiedlich sind, dass sie unterschiedliche Charaktereigenschaften haben, die sie für unterschiedliche gesellschaftliche Aufgaben und Rollen qualifizieren, gehört auch bei uns zu den Gemeinplätzen des Alltagswissens. Die Soziologie fragt nach den historischen und gesellschaftlichen Hintergründen derartiger Selbstverständlichkeiten.

Der weibliche Charakter und das Ideal der Weiblichkeit, nach dem er modelliert ist, sind Produkte der männlichen Gesellschaft
—
Theodor W. Adorno

Geschlechtscharaktere

„Der Mann ist stark im Handeln, Mittheilen und Befruchten, das Weib im Dulden, Empfangen und Gebären ... Für das consequente logische Denken des Mannes hat das Weib sein instinctartiges und ahnungsvolles Auffassen zum Ersatz.“
(Allgemeine deutsche Real-Encyklopädie für die gebildeten Stände, 1865)

Derartige Aussagen über das „Wesen“ und die „natürliche Bestimmung“ von Mann und Frau traten seit dem letzten Drittel des 18. Jahrhunderts in Nachschlagewerken sowie in philosophischen, medizinischen und pädagogischen Abhandlungen auf. Sie wurden durch Romane und Periodika wie die „Moralischen Wochenschriften“ rasch gesellschaftsweit verbreitet und prägten bis weit ins 20. Jahrhundert die Männlichkeits- und Weiblichkeitsklischees.

Mann	Frau
Rationalität Sachlichkeit Durchsetzungsvermögen Risikobereitschaft Erfolgsorientierung	Emotionalität Einfühlungsvermögen Konfliktvermeidungsvermögen Sicherheitsbedürfnis Fürsorglichkeit

Die Bestandteile der weiblichen Herzensgüte sind Geduld, Sanftmut, Biegsamkeit und Selbstverleugnung
—
Joachim Heinrich Campe, 1789

Berufsmenschen und Familienmenschen

Nicht zu übersehen ist, dass die den beiden Geschlechtern zugeschriebenen Merkmalsgruppen und Tugenden exakt auf die beiden entgegengesetzten Sphären von Familie und Beruf, von Heim und Welt zugeschnitten sind *(vgl. Kap. 4.2)*.

Die der Frau zugeschriebenen Charaktermerkmale des Altruismus, der Emotionalität, der Opferbereitschaft qualifizieren sie eindeutig für das häusliche Leben; sie bilden das spiegelbildliche Kontrastprogramm zu jenen Verhaltenserwartungen, die im Bereich der Erwerbsarbeit an den Mann gerichtet werden: Aktivität, Rationalität, Durchsetzungsvermögen.

... DA ICH FÜR KEINER CREATUR IN DER WELT MEHR ABSCHEU HABE, ALS FÜR EINEM GELEHRTEN FRAUENZIMMER
—
JOHANN GOTTFRIED HERDER

Die Aussagen über den „Geschlechtscharakter“ von Mann und Frau stellten den Versuch dar, die Aufspaltung der Gesellschaft in eine „Männerwelt Beruf“ und eine „Frauenwelt Familie“, die sich mit beginnender Industrialisierung durchsetzte, im „Wesen“ der Geschlechter zu verankern und sie dadurch unangreifbar zu machen.

Wechselseitige Ergänzung statt Gleichheit

„Der Mann muss hinaus ins feindliche Leben, ... und drinnen waltet die züchtige Hausfrau“, heißt es in SCHILLERS „Lied von der Glocke“.

Der enorme „wissenschaftliche“ Begründungsaufwand für dieses Leitbild war erforderlich, weil das fortbestehende männliche Regiment in Konflikt geraten war mit den neuen Gleichheitsidealen der Aufklärung. Die **Geschlechterphilosophie** reagierte darauf, indem sie das aufklärerische Ideal der „vernünftigen Persönlichkeit“ in die unterschiedlichen Charaktere von Mann und Frau aufspaltete, die erst in ihrer wechselseitigen Ergänzung das Ideal vollkommener Menschlichkeit ermöglichten. Noch einmal die „Glocke“:

„Denn wo das Strenge mit dem Zarten,
wo Starkes sich und Mildes paarten,
da gibt es einen guten Klang.“

Mädchenbildung – Jungenbildung

Gleichzeitig mit der gesellschaftsweiten Verbreitung des Aussagesystems der **„Geschlechtscharaktere“** von Mann und Frau wirkte die Bildungspolitik darauf hin, die Unterschiede zwischen den Geschlechtern zu vertiefen, besser: sie erst hervorzubringen.

Während den Söhnen des Bürgertums in Schule und Hochschule die für das Erwerbsleben notwendigen Kompetenzen vermittelt wurden, zielte das Mädchenschulwesen darauf ab, die Töchter auf ihre künftige Rolle als Ehefrau und Mutter vorzubereiten.

NUR AUF IHREN MANN UND IHRE KINDER KANN EINE VERNÜNFTIGE UND TUGENDHAFTE FRAU STOLZ SEIN, NICHT AUF SICH SELBST, DENN SIE VERGISST SICH IN JENEN
—
JOHANN GOTTLIEB FICHTE

Das nach Geschlechtern getrennte Bildungswesen produzierte systematisch jene Charaktermerkmale und Kompetenzen, die in der Geschlechterideologie als „natürliches Wesen“ von Mann und Frau unterstellt wurden: klassisches Beispiel einer „sich selbst erfüllenden Vorhersage“.

6.3 Natürliches und soziales Geschlecht

Die überkommene Auffassung von der **natürlichen Ungleichheit** zwischen den Geschlechtern, die bis weit in die Mitte des 20. Jahrhunderts noch selbstverständlich bleibt, ist durch den rapiden Wandel der Geschlechterrollen – vor allem der Frauenrolle – in den letzten Jahrzehnten ins Wanken gebracht worden. Um die gesellschaftliche Bedingtheit und die historische Veränderbarkeit des Geschlechterverhältnisses zu erfassen, unterscheidet die soziologische Geschlechterforschung zwischen dem **„natürlichen Geschlecht"** (engl. *sex*) und dem **„sozialen Geschlecht"** (engl. *gender*). Diese Unterscheidung soll den Blick dafür schärfen, dass die Begriffe „Weiblichkeit" und „Männlichkeit" eine Vielfalt von Bedeutungen aufweisen, die nicht biologisch vorgegeben, sondern kulturell vermittelt sind.

DIE MÄNNER SIND DAS NEBENSÄCHLICHE GESCHLECHT. IM TIERREICH BRAUCHT MAN SIE BEI VIELEN ARTEN NICHT EINMAL ZUR FORTPFLANZUNG
—
ORSON WELLES

Zwei oder mehr Geschlechter?

Die meisten von uns gehen in ihrem Denken wie selbstverständlich davon aus, dass es „von Natur aus" zwei und nur zwei Geschlechter gibt und ein Mensch dementsprechend als Junge oder als Mädchen geboren wird. Nach der Geburt stellt der Arzt „durch Augenschein" das Geschlecht eines Kindes fest und definiert es als männlich oder weiblich – eine für das gesamte weitere Leben sehr folgenreiche Definition.

Das Geschlecht eines Menschen ergibt sich keineswegs ausschließlich durch die Geschlechtschromosomen (XX; XY), sondern entwickelt sich in einem komplexen, durch zahlreiche Wirksubstanzen gesteuerten Prozess, der sich über verschiedene Stadien erstreckt. In der Biologie lässt sich das Geschlecht keineswegs so eindeutig definieren, wie dies im Alltag ganz selbstverständlich geschieht. Es wird unterschieden zwischen

- dem Chromosomengeschlecht (XX; XY),
- dem Keimdrüsengeschlecht (Hoden, Eierstöcke),
- dem morphologischen Geschlecht (äußere Geschlechtsmerkmale) und
- dem Hormongeschlecht (Testosteron, Östrogen).

DAS Y-CHROMOSOM IST, VERGLICHEN MIT DEM X-CHROMOSOM, EIN MINICHROMOSOM. AUCH DAS WEIBLICHE EI IST 85.000 MAL GRÖSSER ALS DIE MÄNNLICHE SAMENZELLE.

Diskrepanzen zwischen den o. g. Geschlechterbestimmungen bringen nicht selten Individuen hervor, die als **Zwitter** oder **Hermaphroditen** Merkmale beider Geschlechter aufweisen.

MÄDCHEN, DIE PFEIFEN, UND HÜHNERN, DIE KRÄHEN, SOLL MAN BEIZEITEN DIE HÄLSE UMDREHEN
— SPRICHWORT

Die Natur kennt also nicht nur zwei entgegengesetzte, einander ausschließende Kategorien von „männlich" und „weiblich", sondern bildet diverse Zwischenformen aus. Die feministische Geschlechterforschung hat daraus den Schluss gezogen, dass **Zweigeschlechtlichkeit** kein biologischer Tatbestand, sondern ein „kulturelles System" ist. Das besagt: In unserer Kultur gilt die Zweigeschlechtlichkeit als „naturgegeben"; alle Abweichungen gelten dementsprechend als Abnormitäten oder Krankheiten, die es zu therapieren gilt. Die Kulturabhängigkeit dieser Auffassung zeigt sich darin, dass es durchaus Gesellschaften gibt, die mehr als zwei Geschlechter zulassen und ihren Mitgliedern ein Leben nicht nur als Mann oder Frau ermöglichen.

Natürliche Unterschiede?

Neben dem Problem der **Zweigeschlechtlichkeit** wird in der neueren Geschlechtersoziologie eine weitere Frage intensiv diskutiert: Gibt es Unterschiede in den Eigenschaften und Fähigkeiten von Mann und Frau, die biologisch bedingt, also auf das „natürliche" und nicht auf das „soziale Geschlecht" zurückzuführen sind?

Neuere Untersuchungen zu unterschiedlichen Eigenschaften von Mann und Frau (Intelligenz, sprachliche und mathematische Fähigkeiten, Raumorientierung, Aggressivität etc.) haben ergeben, dass
- in allen Bereichen keine oder nur geringe Unterschiede anzutreffen sind;
- die Streubreite der jeweiligen Ausprägung des Merkmals innerhalb der jeweiligen Gruppe (Männer bzw. Frauen) größer ist als die Differenz der Mittelwerte;
- in keinem Verhaltensbereich der Anteil biologischer und sozialer Faktoren exakt zu messen ist.

Mit anderen Worten:

Eigenschaften und Fähigkeiten wie mutig, risikobereit, dominant, aggressiv, ängstlich, egoistisch, sanft etc. sind allgemein-menschliche Merkmale, keine spezifisch männlichen oder weiblichen.

Die häufig zum „Beweis" angeborener Unterschiede zwischen Mann und Frau herangezogenen Ergebnisse der Primatenforschung sind im Übrigen aus zwei Gründen verfehlt: Zum einen bestehen schon zwischen einzelnen Primatentypen große Unterschiede (z. B. hinsichtlich der Dominanz der Männchen), zum anderen erlauben Mensch-Tier-Vergleiche grundsätzlich keine Rückschlüsse auf die „Natur" des Menschen. Es gibt keinen direkten Zugang zur „Natur" des Menschen, da diese stets sprachlich, symbolisch, kulturell überformt ist. Die im Alltag verbreitete Annahme „natürlicher Unterschiede" zwischen Mann und Frau bewegt sich also wissenschaftlich auf äußerst schwankendem Boden.

DER MENSCH IST VON NATUR EIN KULTURWESEN
—
ARNOLD GEHLEN

Biologie und Geschlechtsrollen
Der Verhaltensforscher IRENÄUS EIBL-EIBESFELDT behauptet, Männer und Frauen seien „für die arbeitsteilige Differenzierung der Geschlechtsrollen biologisch vorbereitet". Eine solche, weit verbreitete Argumentation ist aus soziologischer Sicht in mehrfacher Hinsicht nicht zulässig:

- Es gibt – wie gesehen – keine nachweisbaren, genetisch bedingten Kompetenz- und Charakterunterschiede zwischen Mann und Frau.
- Selbst wenn es derartige Unterschiede gäbe, wäre es nicht legitim, daraus eine bestimmte gesellschaftliche Rollenverteilung abzuleiten. Der Mensch ist in seiner kulturellen Existenz kein Sklave seines biologischen Erbes.
- Es ist prinzipiell nicht möglich, aus einem biologischen „Sein" ein gesellschaftliches „Sollen" abzuleiten. Die Philosophen sprechen in diesem Fall von einem „naturalistischen Fehlschluss".

WAS DIE PROTOZOEN IN PRÄHISTORISCHEN ZEITEN BESCHLOSSEN HABEN, KANN NICHT DURCH EINEN AKT DES PARLAMENTS AUSSER KRAFT GESETZT WERDEN
—
PATRICK GEDDES

Festzuhalten bleibt, dass das **„natürliche Geschlecht"** eine äußerst vage und kaum greifbare Kategorie ist. Soziologische wie biologische Befunde sprechen für den überwältigenden Einfluss gesellschaftlicher und kultureller Faktoren auf die Geschlechtsidentität des Menschen.

6.4 Inszenierung des Geschlechts

„Es heißt immer, der soziale Unterschied zwischen den Geschlechtern nehme heutzutage ständig ab. Doch meine Erfahrungen in beiden Geschlechtern haben mich gelehrt, dass es offenbar keinen Bereich unseres Daseins, keinen Augenblick, keinen Kontakt, keine Abmachung und keine Reaktion gibt, die nicht für Mann und Frau verschieden sind. Schon allein der Ton, in dem man zu mir sprach, die bloße Körperhaltung eines Menschen, der neben mir in derselben Schlange stand, die gan-

ze Atmosphäre, wenn ich einen Raum betrat oder mich in einem Restaurant an einen Tisch setzte, brachten mir meine veränderte Stellung zu Bewusstsein.
Aber nicht nur die Reaktionen der anderen Menschen veränderten sich, sondern auch meine eigenen. Je mehr man mich als Frau behandelte, desto mehr wurde ich zur Frau.“

Die Reiseschriftstellerin JAN MORRIS beschreibt hier ihre Erfahrungen mit der Geschlechtsumwandlung. Sie gibt damit einen guten Einblick in die verschiedenen Welten, in denen die Geschlechter beheimatet sind, und in den sanften, aber hartnäckigen Druck, mit dem uns eine Identität als Mann oder Frau aufgenötigt wird.

WENN ES EINES TAGES KEINE ROLLE MEHR SPIELT, OB ICH EIN MANN ODER EINE FRAU BIN, ERST DANN HABE ICH MEINE ZUKUNFTSVISION VOM ZUSAMMENLEBEN DER GESCHLECHTER ERREICHT
—
ALICE SCHWARZER

Drehbücher des Alltags

Die erste Frage nach der Geburt eines Kindes „Was ist es denn?“ bezieht sich ganz selbstverständlich auf das Geschlecht. Erst die eindeutige Zuordnung eines Neugeborenen zu einem Geschlecht bereitet ihm gewissermaßen den Weg in unsere Gesellschaft.
Die Klassifikation männlich / weiblich verleiht dem gesamten sozialen Leben seine Struktur. Sie wird im kleinen und vertrauten Kreis, in einer Vielzahl von Alltagsszenen eingeübt und bestätigt. Es gibt kaum eine Alltagssituation – kein Gespräch, keine Begrüßung, keine Verabredung – die nicht unterschiedliche „Regieanweisungen“ für männliches und weibliches Rollenspiel enthielte.

Wahrnehmungen und Etikettierungen

Säuglinge werden, wie eine Studie ergab, bereits am ersten Tag ihres Lebens je nach ihrem Geschlecht unterschiedlich wahrgenommen. Männliche Neugeborene wurden von den Eltern als „kräftig“, „groß“, „stark“, weibliche Neugeborene als „zart“, „süß“, „lieb“ geschildert, obwohl objektiv keine Unterschiede in Größe und Gewicht bestanden. In einer anderen Studie wurde Erwachsenen die Videoaufzeichnung eines schreienden Säuglings gezeigt. Es zeigte sich, dass die Zuschauer verschiedene Ursachen des Schreiens (Ärger bzw. Angst) vermuteten, je nachdem, ob sie das Kind für einen Jungen oder ein Mädchen hielten.

Das Etikett „männlich“ oder „weiblich“, das einem Kind nach der Geburt zugewiesen wird, bildet den ersten Schritt in einem endlosen Sortierungsvorgang, der Jungen und Mädchen einer unterschiedlichen Behandlung unterwirft.

„Von Anfang an werden die der männlichen und die der weiblichen Klasse zugeordneten Personen unterschiedlich behandelt, sie machen verschiedene Erfahrungen, dürfen andere Erwartungen stellen und müssen andere erfüllen", stellt der amerikanische Soziologe ERVING GOFFMAN fest. Im Laufe dieses Prozesses entwickelt das Individuum ein Gefühl dafür, was und wie es ist, es beurteilt sich selbst am Maßstab der Idealvorstellungen von Männlichkeit und Weiblichkeit und erwirbt so seine **Geschlechtsidentität**.
Das Geschlecht ist sicher eine der wichtigsten Quellen der Selbstidentifikation, die unsere Gesellschaft zur Verfügung stellt, wichtiger vielleicht noch als die Altersstufen. Die **Geschlechtsrolle** prägt und überlagert alle anderen Rollen. Was immer wir tun oder sind, wir tun oder sind es als Mann oder Frau.

Die Botschaft der Medien

Das geheime „Drehbuch" für die alltäglichen Inszenierungen des Geschlechts, die Kindern wie Erwachsenen fortwährend die „Spielregeln" für männliches bzw. weibliches Denken, Fühlen und Verhalten vor Augen führen, liefern in zunehmendem Maße die allgegenwärtigen Medien: Fernsehen, Zeitschriften, Bücher.

Fernsehen

Dass das Fernsehen – für Kinder weltweit die Freizeitbeschäftigung Nummer eins – bei der Vermittlung und Verbreitung von **Geschlechtsrollen-Stereotypen** eine Schlüsselrolle spielt, ist weitgehend unstrittig. Es liefert gebrauchsfertige und problemlos konsumierbare Abziehbilder für „typisch männlich" und „typisch weiblich" frei Haus. Jungen werden durchgängig – wie auch in Kinder- und Schullesebüchern – als aktiv, unabhängig, abenteuerlustig und wettbewerbsorientiert, Mädchen als passiv, abhängig, furchtsam und inkompetent dargestellt.
Über die genaue Wirkungsweise der stereotypen Bilder von Jungen und Mädchen, Männern und Frauen ist wenig bekannt. Sicher ist jedoch, dass die gezeigten **Geschlechterklischees** die Vorstellungswelt von Jungen und Mädchen prägen und ihnen Identifikationsmaterial liefern.

88 % DER JUNGEN AUF DER GANZEN WELT KENNEN ARNOLD SCHWARZENEGGER ALS DEN „TERMINATOR". MEHR ALS JEDER DRITTE JUNGE MÖCHTE SO SEIN WIE ER, IN KRISENGEBIETEN JEDER ZWEITE
—
UNESCO

Werbung

Gut erforscht ist in der Soziologie die Inszenierung der Geschlechter in der Werbung. Überraschenderweise zeigt sich, dass der oft beschworene Wandel in der Reklamedarstellung der Geschlechter („sanfte" Männer, „starke" Frauen) sich in sehr engen Grenzen hält. Jungen erscheinen nach wie vor in der Regel als diejenigen, die Wettkämpfe gewinnen, richtige Antworten geben und – in Vorwegnahme ihrer Erwachsenenrolle – Mädchen führen, belehren, beschützen.

Die dramaturgisch ausgeprägte Wettbewerbs-, Geltungs- und Siegermentalität der Jungen verweist auf jene Fähigkeiten, die als Erfolgsbedingungen im Beruf gelten.

Im Gegensatz dazu bleiben den Mädchen in der Werbung Konkurrenzkämpfe und Erfolgszwänge – jedenfalls im beruflichen Bereich – weitgehend erspart.

Die in der Medienwerbung inszenierten Geschlechterrollen folgen nach wie vor dem in der Lebenspraxis weitgehend überholten Schema **„Männerwelt Beruf – Frauenwelt Familie"**.

Sage mir, Kind, hat denn die Seele ein Geschlecht?
—
Jean-Jacques Rousseau

Die Werbung spiegelt also nicht einfach die Lebenswirklichkeit der Geschlechter, andererseits ist sie keineswegs eine bloße Scheinwelt. Sie wiederholt vielmehr in dramaturgisch vereinfachter und übersteigerter Form die im Alltag vorfindlichen Männer- und Frauenbilder und verwandelt sie so in höchst einprägsame und wirksame **Identifikationsschablonen**.

Die wenigen Beispiele einer kulturellen **Inszenierung des Geschlechts**, die sich beliebig vermehren ließen, verdeutlichen unabweislich, dass die im Alltag verbreitete Vorstellung eines unwandelbaren „Wesens" der Geschlechter einen (kulturell erzeugten) Trugschluss darstellt. Festzuhalten ist vielmehr:

- Die „Objektivität" der Geschlechtsunterschiede ist eine durch fortlaufende Inszenierungen von Männer- und Frauenbildern auf den diversen Bühnen des Alltags (Familie, Freizeit, Beruf, Peer-Gruppe) hergestellte und durch die Medien bestätigte und verstärkte Schein-Objektivität.
- Was uns (beinahe) unentrinnbar eine Geschlechtsidentität als Mann oder Frau aufnötigt, ist nicht die Biologie, sondern die Gesellschaft, in China wie bei uns.

7. Alte und neue Ungleichheiten

In allen bekannten Gesellschaften gibt es Unterschiede in den Lebensbedingungen und Lebenschancen zwischen verschiedenen Gruppierungen von Menschen: In der Antike oder in den amerikanischen Südstaaten waren die Sklaven buchstäblich Eigentum der freien Bürger. In Stammesgesellschaften haben bestimmte Personen einen höheren Rang, weil man glaubt, sie könnten Kontakt zu Ahnen, Geistern und Dämonen aufnehmen. In heutigen Industriegesellschaften finden wir auch da, wo das Gleichheitsgebot der Aufklärung Verfassungsrang hat, verschämte Armut neben schamlosem Luxus. Wir erleben etablierte „Normalbürger" und ausgegrenzte Asylbewerber oder Behinderte. Wir sehen sichere Arbeitsplätze neben entmutigender Arbeitslosigkeit, privilegierte Männer neben benachteiligten Frauen etc.

Die angesprochenen Verhältnisse der Über- und Unterordnung, der Besser- und Schlechterstellung werden in der Soziologie als **soziale Ungleichheit** bezeichnet. Dieser Begriff will die Aufmerksamkeit darauf lenken, dass die Lebensbedingungen von Menschen aufgrund ihrer gesellschaftlichen Position (z. B. ihres Berufs, ihres Geschlechts, ihres Alters) nicht einfach unterschiedlich sind, sondern Vor- und Nachteile mit sich bringen, also ungleich sind.
So sind die Lebens- und Arbeitsbedingungen einer Kassiererin in einem Supermarkt und eines Prokuristen in derselben Firma nicht einfach anders, sondern ungleich: Der Prokurist hat mehr Macht, einen höheren Verdienst, eine selbstständigere Arbeit, mehr Urlaub, eine bessere Altersversorgung, ein höheres gesellschaftliches Ansehen etc. Ähnlich verhält es sich mit den gesellschaftlichen Positionen von Mann und Frau oder von In- und Ausländern.
Von *sozialer* Ungleichheit spricht man, weil die angesprochenen Vor- bzw. Nachteile nicht auf lebensgeschichtliche Zufälle (Lottogewinn) oder persönliche Schicksalsschläge (Krankheit) zurückgehen, sondern mit dem Aufbau unserer Gesellschaft zusammenhängen und dadurch relativ dauerhaft sind.

Als „soziale Ungleichheit" bezeichnet die Soziologie ein Verhältnis der Über- und Unterordnung, der Begünstigung und Benachteiligung zwischen verschiedenen Gruppierungen von Menschen.

Um derartige Besser- und Schlechterstellungen, ihre Ursachen und konkreten Erscheinungsformen sowie ihre soziologische Erforschung soll es im Folgenden gehen. Außerdem sollen neuere Entwicklungen des Ungleichheitsgefüges in fortgeschrittenen Industriegesellschaften aufgezeigt werden. Die Aufmerksamkeit soll dabei vor allem den **neuen Ungleichheiten** gelten, den **feinen Unterschieden** zwischen Milieus, Konsum- und Lebensstilen, die in Wohlstandsgesellschaften zunehmend die „alten" industriegesellschaftlichen Ungleichheiten zwischen „Klassen" und „Schichten" überdecken oder ablösen.

7.1 Modelle sozialer Ungleichheit

„Es gibt zwei Klassen von Menschen, die einen sind oben und profitieren, sie können auf die Schulen gehen und rücken wieder in die Stellungen auf, die anderen sind unten und bleiben auch unten ... „

Das Gesetz in seiner majestätischen Gleichheit verbietet es Armen wie Reichen, unter Brücken zu schlafen, Brot zu stehlen oder zu betteln
—
Anatole France

Diese Äußerung eines Hüttenarbeiters aus den 50er Jahren spiegelt das damals in der Arbeiterschaft sicher vorherrschende Gesellschaftsbild: Die Gesellschaft erscheint als in zwei entgegengesetzte Blöcke gespalten. Der eine Block besteht aus einer kleinen Gruppe von Besitzenden, die an Reichtum, Macht und Einfluss überlegen sind. Dem steht eine große Gruppe von Besitzlosen gegenüber, die kaum Chancen haben, zu Wohlstand, Bildung und Ansehen zu gelangen. Die beiden **Klassen** der Besitzenden und der Besitzlosen sind durch wirtschaftliche und gesellschaftliche Schranken scharf voneinander getrennt: „Die da oben – wir hier unten". Auf- und Abstiege gelten als so gut wie ausgeschlossen.
Der Klassenbegriff ist, wie das Beispiel zeigt, ein Instrument der Selbstbeschreibung und Selbstdeutung gesellschaftlicher Gruppen und zugleich ein politischer Kampfbegriff. Er verdankt seine Inhalte den sozialen Erfahrungen und politischen Kämpfen des 19. und beginnenden 20. Jahrhunderts. Der soziologische Klassenbegriff greift diese historischen Erfahrungen und Selbstdeutungen gesellschaftlicher Gruppen auf.

Zwei-Klassen-Gesellschaft?
Der Klassenbegriff wird in der sozialwissenschaftlichen Diskussion über soziale Ungleichheit vor allem von marxistisch orientierten Soziologen verwandt. Wie definiert KARL MARX **Klassenzugehörigkeit**? Die Klassenmitgliedschaft bestimmt sich für ihn durch ein objektives Merkmal: Besitz oder Nichtbesitz von **Produktionsmitteln** (Werkzeugen, Maschinen, Fabriken). Bourgeosie und Proletariat sind für MARX die „Klassen an sich". Zwischen diesen beiden Klassen besteht in der kapitalistischen Gesellschaftsordnung ein einseitiges Abhängigkeitsverhältnis: Die „Lohnarbeiter" sind gezwungen, ihre Arbeitskraft an die „Kapitalisten" zu verkaufen, die sich aber allein den „Mehrwert", d. h. die Differenz zwischen dem Arbeitslohn und dem Marktwert der produzierten Güter, aneignen.
Aus der jeweiligen **Klassenlage** ergibt sich nach MARX das entgegengesetzte und unüberbrückbare **Klasseninteresse**

beider Parteien. Das „objektive“ Interesse der Besitzenden ist auf eine Erhaltung der bestehenden Verhältnisse, das der Nichtbesitzenden dagegen auf deren Umsturz gerichtet.
Aus den Eigentumsverhältnissen an Produktionsmitteln ergeben sich nach MARX also antagonistische, d. h. entgegengesetzte Interessen zweier Klassen, die zum **Klassenkampf** tendieren. Dieser führt mit innerer Logik eines Tages zur **proletarischen Revolution**, die das Privateigentum und damit auch die Merkmale der proletarischen Klassenlage (Verelendung, Ausschluss von der Bildung, politische Unterdrückung etc.) zum Verschwinden bringt.

DIE GESCHICHTE ALLER BISHERIGEN GESELLSCHAFT IST DIE GESCHICHTE VON KLASSENKÄMPFEN
—
KARL MARX

Eine „Klasse“ bilden nach MARX alle Menschen, die aufgrund ihres Besitzes bzw. Nichtbesitzes an Produktionsmitteln in einer prinzipiell ähnlichen Lebenslage (Einkommen, Bildungschancen, Macht etc.) sind. Der „objektiven“ Klassenlage („Klasse an sich“) entspricht ein „objektives“ Klasseninteresse, nicht aber immer und zwingend ein subjektives Bewusstsein der gemeinsamen Lage („Klassenbewusstsein“, „Klasse für sich“).

	Bourgeoisie	**Proletariat**
Stellung im Produktionsprozess	Besitz an Produktionsmitteln, Aneignung des Mehrwerts	Nichtbesitz an Produktionsmitteln, Verkauf der Arbeitskraft
Klassenlage	Wohlstand, politische Macht, Bildungsprivilegien	Armut, politische Unterdrückung, Ausschluss von der Bildung
Klasseninteresse	Profitmaximierung, Erhaltung der bestehenden Verhältnisse	Umsturz der bestehenden Verhältnisse, Abschaffung des Privateigentums
Prognose	Kapitalkonzentration	zunehmende Verelendung, offener Klassenkampf, proletarische Revolution

ABSURD DER BEGRIFF DER KLASSE, DES INDUSTRIELLEN, DES AUSBEUTERS. ES GIBT NUR MENSCHEN. DIE VERKÜNDIGUNG DER KATEGORIEN HATTE HIER SCHON ALLES VERFÄLSCHT
—
ANTOINE DE SAINT-EXUPERY

DIE BEDINGUNG DER BEFREIUNG DER ARBEITENDEN KLASSE IST DIE ABSCHAFFUNG JEDER KLASSE
—
KARL MARX

Von Klassen zu Schichten

Das Klassenmodell ist von MARX für die frühindustrielle Gesellschaft entwickelt worden. Im 20. Jahrhundert haben sich aber immer deutlichere Ungleichheiten unter den abhängig Beschäftigten bemerkbar gemacht. So sind z. B. die Lebensbedingungen eines leitenden Angestellten kaum mit denen eines Hilfsarbeiters vergleichbar. Für immer mehr Menschen werden ihre Lebenschancen nicht mehr vom Besitz, sondern von ihrer beruflichen Stellung und den damit einhergehenden Vor- und Nachteilen (Bildung, Einkommen, Ansehen) geprägt.

Die Soziologie bezeichnet ein solches Ungleichheitsgefüge, dessen Rückgrat die berufliche Hierarchie bildet, als **Schichtung**. Bei dem Wort Schichtung denkt man an verschiedene Gesteins- und Erdschichten, die übereinander liegen. Genau diese Vorstellungen soll der soziologische Begriff wecken.

Unter Schichten versteht die Soziologie übereinander liegende Ranggruppen, die deutlich erkennbare Abstufungen der Lebenslage aufgrund unterschiedlicher Niveaus in Bildung, Einkommen und Prestige aufweisen.

DAS IDEAL DER GLEICHHEIT IST DESHALB SO SCHWER ZU VERWIRKLICHEN, WEIL DIE MENSCHEN GLEICHHEIT NUR MIT JENEN WÜNSCHEN, DIE ÜBER IHNEN STEHEN
—
JOHN B. PRIESTLEY

Abgestufte Ungleichheiten

Die industrielle Schichtgesellschaft stellt im Unterschied zur gespaltenen Klassengesellschaft eine abgestuft ungleiche Gesellschaft dar. Bildung, Einkommen und Berufsprestige sind eher in fließenden Übergängen als in abrupten Brüchen verteilt.

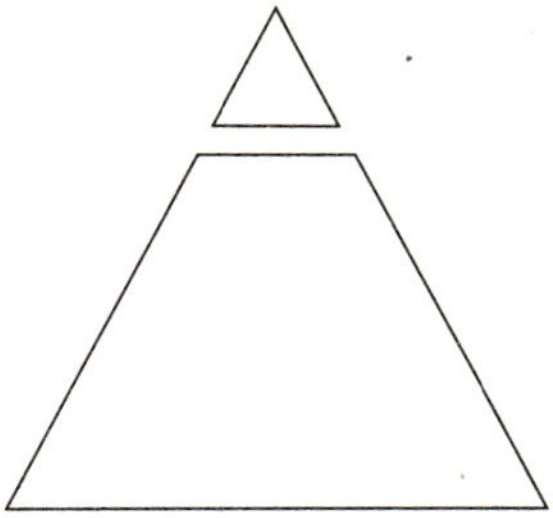

Klassenmodell

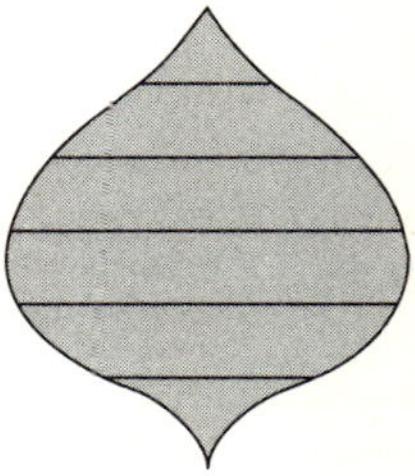

Schichtenmodell

SOLANG' ICH EINSAM UND VERLASSEN KLAGE, ENTDECK' ICH NIEMALS MEINE KLASSENLAGE
—
HANS PAUL BAHRDT

Schichtengesellschaften sind – jedenfalls ihrem Anspruch nach – „offene Gesellschaften". Soziale Vor- und Nachteile sollen nicht durch Herkunft oder Vererbung zugeschrieben, sondern durch Leistung erworben werden. Auf- und Abwärtsbewegungen zwischen den Schichten („**vertikale Mobilität**") gelten als Normalfall.

Der Schichtenaufbau in der Bundesrepublik

Eine sehr anschauliche Darstellung des Schichtenaufbaus in der Bundesrepublik ist die „Zwiebel", die die Verhältnisse in den 60er Jahren wiedergibt, aber im Wesentlichen auch heute noch Gültigkeit besitzt.

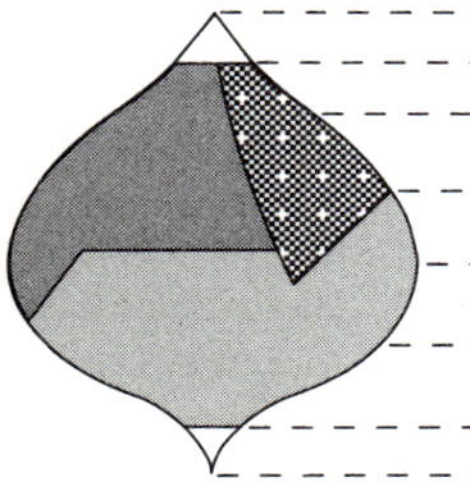

Bezeichnung der Statuszone	Anteil	
Oberschicht	ca. 2 v. H.	
obere Mitte	ca. 5 v. H.	
mittlere Mitte	ca. 14 v. H.	
untere Mitte	ca. (29)	58 v. H.
unterste Mitte oberes Unten	ca. (29)	
Unten	ca. 17 v. H.	
Sozial Verachtete	ca. 4 v. H.	

Angehörige des «neuen Mittelstands»
Angehörige des «alten Mittelstands»
Angehörige der «Arbeiterschaft»

Empirische Befunde zeigen, dass sich seit den 70er Jahren das Gefüge sozialer Ungleichheit in fortgeschrittenen Industriegesellschaften in mehrfacher Hinsicht verschoben hat:

1. Der Bauch der „Zwiebel" schwillt immer stärker an: Immer größere Teile der Bevölkerung finden sich in relativ gut gestellten, in sich aber nach Einkommen und Bildung sehr unterschiedlichen Mittellagen.
2. In den „oberen" Lagen des Gefüges, also der Spitze der „Zwiebel", ergeben sich für bestimmte Gruppen immer deutlichere Vorteile. Der Reichtum in Deutschland nimmt zu.
3. „Unten" ist das Gefüge sozialer Ungleichheit durch unterschiedliche Anhäufungen von Nachteilen gekennzeichnet. „Asylanten", Aussiedler, Obdachlose, Behinderte, Langzeitarbeitslose sind die Benachteiligten von heute, nicht mehr die Arbeiterschaft im ganzen.

Das Gefüge sozialer Ungleichheiten in fortgeschrittenen Industriegesellschaften weist paradoxerweise immer mehr Gleichheit (in den Mittellagen) bei gleichzeitig wachsender Ungleichheit (zwischen „oben" und „unten") auf.

Das verfügbare Einkommen aller privaten Haushalte hat sich von 1980 bis 1995 mehr als verdoppelt
—
Statistisches Bundesamt

1980 besassen 1 % aller Haushalte fast ein Viertel (23 %) des Gesamtvermögens
—
Statistisches Bundesamt

Schichten – gibt es die?

Wie ermittelt nun die Soziologie die Schichtzugehörigkeit einer Einzelperson und den gesamten Schichtenaufbau einer Gesellschaft? Üblicherweise wird zunächst die Stellung („**Status**") der Person auf den drei Rangskalen für Bildung, Einkommen und Prestige ermittelt. Dann werden die Einzelwerte für diese drei Dimensionen zu einem **Gesamtstatus** der Person addiert. Die für alle Gesellschaftsmitglieder ermittelten Werte werden schließlich zum **Statusaufbau der Gesellschaft** zusammengefügt, der durch Schichtgrenzen unterteilt wird.

Dieses Verfahren zur Ermittlung des gesellschaftlichen Schichtenaufbaus unterstellt, dass die Einzelpersonen in der Regel einen annähernd gleichen Rang auf den drei Dimensionen Bildung, Einkommen und Prestige aufweisen, also z. B. eine mittlere Bildung mit einem mittleren Einkommen und einem mittleren Ansehen einhergeht.

Da dies aber in hochmobilen Gesellschaften eher die Ausnahme als die Regel ist, ist der Erklärungswert des Schichtenmodells in letzter Zeit heftig umstritten. Welchen Sinn sollte es auch haben, den gutverdienenden Autoverkäufer zusammen mit dem arbeitslosen Künstler und dem Taxifahrer Dr. phil. in eine „Mittelschicht" einzuordnen? Hieße dies nicht, soziologisch „Äpfel und Birnen miteinander zu vergleichen"?

Schichten sind soziologische Konstrukte, die nicht notwendigerweise auf gleiche Lebenschancen, eine gemeinsame Lebensführung oder ein Gemeinschaftsbewusstsein der Schichtangehörigen schließen lassen.

DAS IST DAS VERDAMMTE AN DEN KLEINEN VERHÄLTNISSEN, DASS SIE DIE SEELE KLEIN MACHEN

—

HENRIK IBSEN

Selbstverständlich können soziologische Begriffe wie **„Klasse"** und **„Schicht"** nie deckungsgleich mit den Selbstdeutungen und dem Selbstverständnis der Menschen im Alltag sein. Andererseits verlieren sie jeden Wirklichkeitsgehalt, wenn sie im Zuge gesellschaftlicher Entwicklungen jeden Bezug zum realen Denken und Handeln der Menschen einbüßen. Eben diese Auffassung wird seit längerem von einer Reihe von Sozialwissenschaftlern vertreten. Vor allem der Münchener Soziologe ULRICH BECK hat immer wieder festgestellt, dass die Menschen in den hochmobilen Wohlstandsgesellschaften zunehmend aus den vertrauten Sozialzusammenhängen herausgelöst werden und ihr Leben „jenseits von Klasse und Schicht" gestalten.

7.2 Abschied von Klasse und Schicht?

„Wir sind ein Volk von Einzelgängern: In seinem Großstadt-Apartment, ausgestattet mit allem technischem Komfort, sitzt der Single und beschäftigt sich vor dem Hintergrundgeräusch des laufenden Fernsehers mit sich selbst. Nichts anderes treibt er im Büro, wenn er an seiner Karriere werkelt, oder in der Freizeit, wenn er sich in irgendeine Szene, unter ein beliebig austauschbares Publikum auf dem Vergnügungsmarkt mischt."
(FOCUS 49/1993, S. 153)

Dieses Bild von der modernen Gesellschaft als Massen-Eremitendasein ist zweifellos eher eine journalistische Karikatur als eine Zustandsbeschreibung. Dennoch spiegelt es einen Trend, der auch von sozialwissenschaftlichen Untersuchungen bestätigt wird.
Alle neueren Untersuchungen stimmen darin überein, dass gegen Ende des 20. Jahrhunderts die Menschen in den fortgeschrittenen Industriegesellschaften immer mehr aus ihren überkommenen Bindungen (Klasse, Schicht, Verwandtschaft etc.) herausgelöst und in ihren Lebenswegen vereinzelt und durcheinandergewirbelt werden.

Ursachen der neuen Freiheiten
Die vielfältigen Bedingungsfaktoren für die gewachsenen Handlungsspielräume der Menschen können hier nur stichwortartig skizziert werden:
- gewachsene Sicherheiten durch den Ausbau des Sozialstaats;
- neue Bewegungs- und Konsumspielräume durch die revolutionäre Einkommensverbesserung breiter Schichten seit den 60er Jahren;
- Hervortreten individueller Aufstiegsorientierungen durch die Bildungsexpansion der 60er Jahre.

Individualisierung – ein paradoxer Prozess
In der Summe bewirken die genannten Trends einen tiefgreifenden Gesellschaftswandel, den ULRICH BECK unter dem Oberbegriff der **Individualisierung** beschrieben hat.

Unter Individualisierung wird ein zwiespältiger gesellschaftlicher Prozess verstanden, der die Menschen aus hergebrachten Bindungen herauslöst und gleichzeitig an neue Abhängigkeiten und Zwänge (Bildungssystem, Arbeitsmarkt etc.) ausliefert.
Individualisierung bedeutet ein Aufbrechen von Wahlmög-

lichkeiten für die Gestaltung des eigenen Lebens *(vgl. S. 70 f.)*. Das Individuum wird zum „Planungsbüro in Bezug auf seinen eigenen Lebenslauf" (BECK 1986, S. 217). Die durch Klasse, Herkunft oder Geschlecht vorgegebene **Normalbiografie** wird damit zur **„Wahlbiografie"** oder gar zur **„Bastelbiografie"** – freilich ohne Bastelanleitung.
Was bedeutet nun die Auflösung der traditionellen Bindungen für die **persönliche Identität** der Menschen und ihr Bewusstsein sozialer Zugehörigkeit? Löst sich die individualisierte **„Nach-Klassengesellschaft"** (BECK) auf in die Summe „vereinzelter Massen-Eremiten" oder entwickeln sich neue soziale Bindungsformen und Zugehörigkeiten „jenseits von Klasse und Schicht"?

7.3 Nebeneinander von Milieus und Lebensstilen?

Dich oder keine!
Das mag ich (36/1,88/80): die alten Callas-Platten aus den 50ern, meine Kubikmeter Bücher, Spontaneität, Menschen mit Humor, The Flying Circus, Shopping im Mondlicht, Kurzurlaube, Sport, guten Wein, die Alpen, Monaco Franze, faire Kompromisse, ital. Essen – vor allem aber Dein Lächeln, wenn Du auf diese Zeilen antwortest …
(DIE ZEIT, 14.5.98)

MAN VERSORGE MICH MIT LUXUS, AUF DAS NOTWENDIGE KANN ICH VERZICHTEN
—
OSCAR WILDE

Diese Heiratsannonce, in der man so gut wie nichts über den Werbenden erfährt – außer seinen Vorlieben und Geschmackspräferenzen –, steht beispielhaft für einen Wandel in der Selbst- und Fremddefinition sowie in der Beziehungswahl der Menschen in westlichen Wohlstandsgesellschaften. Vieles spricht dafür, dass mit steigendem Wohlstand die klassischen Unterscheidungskriterien wie Beruf, Einkommen, Bildung und soziale Stellung verblassen. Sie weichen Geschmacks- und Erlebnisorientierungen, die ihren Ursprung in der Freizeitsphäre haben: Sage mir, wie du dich einrichtest und kleidest, welche Freizeit- und Urlaubsgewohnheiten du hast, was du liest und welche Musik du liebst – und ich sage dir, wer du bist.

Erlebnisgesellschaft

Der Bamberger Soziologe GERHARD SCHULZE hat der bundesrepublikanischen Wohlstandsgesellschaft der 80er Jahre das Etikett der **Erlebnisgesellschaft** verliehen (vgl. SCHULZE 1992). Kern seiner Überlegungen ist, dass der Übergang von der Knappheitsgesellschaft der Nachkriegszeit zur Überfluss- und Konsumgesellschaft einen Wandel der Lebensauffassungen und Handlungsorientierungen bewirkt hat. Den Mangel- und Knappheitsbedingungen entspricht ein außenorientiertes, auf die Sicherung des Überlebens gerichtetes Denken und Handeln: Man isst, um satt zu werden, kleidet sich, um vor Kälte geschützt zu sein, heiratet, um versorgt zu sein. Durch Arbeit sucht man zu Wohlstand und Ansehen zu kommen.

FUN IST EIN STAHLBAD. DIE VERGNÜGUNGSINDUSTRIE VERORDNET ES UNABLÄSSIG
—
THEODOR W. ADORNO

Ist das Überleben einmal gesichert, kommt es zu einem Übergang von der **Außenorientierung** zur **Innenorientierung**: Nicht mehr der Gebrauchswert oder die Nützlichkeit steht jetzt bei der Wahl eines Produktes im Vordergrund, sondern der Erlebniswert. Das Ziel des Überlebens weicht dem „Projekt des schönen Lebens“. „Heute kommt es nicht darauf an, was man tut, sondern wie man sich dabei fühlt“, stellt der amerikanische Soziologe RICHARD SENNETT fest.

Man isst nicht mehr nur, um satt zu werden, sondern geht in ein stilvolles Restaurant, um das Essen und das Ambiente zu genießen. Man wählt eine Designer-Brille nicht, um einen Sehfehler zu beheben, sondern weil sie zum Outfit gehört. Man trägt Armani-Klamotten, weil sie ästhetischen Ansprüchen genügen.

Buchstäblich alles, auch der eigene Körper und das Leben selbst, dient in Zeiten des Überflusses der alltagsästhetischen **Selbstinszenierung**.

DIE MENSCHEN WERDEN IN ZUKUNFT VOR KONZERTKASSEN, MUSEEN UND KUNSTAUSSTELLUNGEN SCHLANGE STEHEN WIE DIE NACHKRIEGSGENERATION VOR LEBENSMITTELLÄDEN
—
HORST OPASCHOWSKI

Mit der Vermehrung der Möglichkeiten und der individuellen Handlungsspielräume ist nicht mehr die Mittelknappheit das Grundproblem der Menschen, sondern die Qual der Wahl, die Orientierung im Dickicht der Erlebnisangebote: „Menschen, die nach oben wollen, haben Mittelkrisen; Menschen, die oben sind, haben Sinnkrisen.“ (SCHULZE 1992, S. 61)

	Knappheitsgesellschaft der Nachkriegszeit	**Überflussgesellschaft** der 80er Jahre
Lebensauffassung	Außenorientierung	Innenorientierung
Handlungstyp	Einwirken (Arbeit)	Wählen (Konsum)
Handlungsmotiv	Überlebensorientierung	Erlebnisorientierung
Lebensaufgabe	Wohlstand, Sicherheit	„schönes Leben“
Kernproblem	Mittelknappheit	Sinnmangel
soziale Gruppen	Klassen, Schichten	Milieus, Lebensstile

„Dazugehören ist alles": Erlebnismilieus

Ein Mensch möcht, jung noch, was erleben./ Doch mit der Zeit wird sich das geben,/ Bis er, im Alter, davor bebt,/ Dass er am End noch was erlebt
—
Eugen Roth

Die charakteristischen Formen der Vergemeinschaftung sind für SCHULZE in der Erlebnisgesellschaft nicht mehr Klassen, Schichten und Verwandtschaftsgruppen, sondern soziale Milieus als Erlebnisgemeinschaften. In ihrem Bemühen um Orientierung, Anerkennung und Wertschätzung schließen die Individuen sich Milieus und Lebensstilgruppen an, in denen sie auf Menschen mit ähnlicher Lebensauffassung und ähnlichem Geschmack treffen. Milieus sind in erster Linie „Konstruktionen, die Sicherheit geben sollen". SCHULZE nennt fünf solcher **Erlebnismilieus**, die sich vor allem nach Alter und Bildung voneinander unterscheiden:

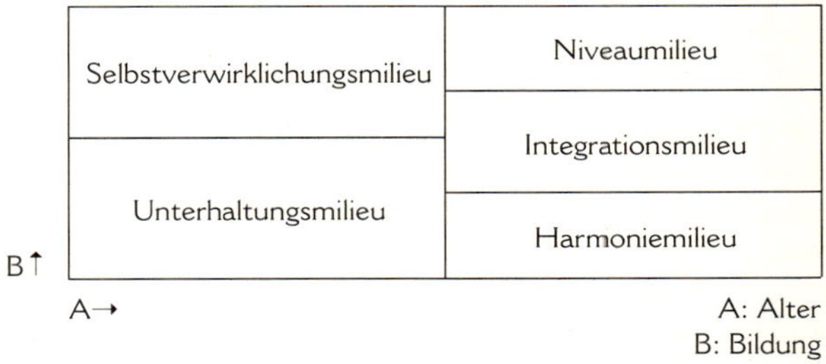

- Das **Niveaumilieu** ist durch das *Streben nach Rang* gekennzeichnet. Es umfasst ältere Personen mit höherer Bildung. Man besucht gepflegte Restaurants, Konzerte und Museen, kleidet sich konservativ oder elegant.
- Das **Integrationsmilieu** setzt sich aus älteren Personen mit mittlerer Bildung (Angestellte, Beamte) zusammen, denen das *Streben nach Konformität* gemeinsam ist. Man kleidet sich unauffällig, fährt einen Mittelklassewagen, ist Mitglied im Kegelverein und liebt Nachbarschaftsfeste.
- Das **Harmoniemilieu** rekrutiert sich aus älteren Personen mit geringer Bildung (Arbeiter, Rentner etc.). Stilbildend ist das *Streben nach Geborgenheit*. Man kleidet sich billig, kauft im Supermarkt, liest die Bild-Zeitung, sieht viel fern und liebt Volksmusik.
- Das **Selbstverwirklichungsmilieu** umfasst jüngere Personen mit höherer Bildung (Pädagogen, Sozialpädagogen o. Ä.), denen das *Streben nach Selbstverwirklichung* gemeinsam ist. Man nimmt an der Neuen Kulturszene teil,

Das 1. Gebot des Erlebniskonsumenten lautet: Sei der Erste! Tu das, was in der Luft liegt!
—
Horst Opaschowski

bevorzugt Szenekneipen und Individualreisen, treibt Freizeitsport und hat einen großen Freundeskreis. Meist ist man ledig.
- Das **Unterhaltungsmilieu** setzt sich aus jüngeren Personen mit geringer Bildung zusammen. Typisch ist das *Streben nach Stimulation*. Man kleidet sich sportlich, ist Fußballfan, besucht Volksfeste, fährt gerne mit dem Auto (mit Spoiler) durch die Gegend, raucht und trinkt viel und ist politisch uninteressiert.

In Neapel soll es Fussball-Fans geben, die lieber eine kleinere Wohnung nehmen, um für das Ersparte ins Fussballstadion rennen zu können.

Distanz statt Konflikt

Die Grenzen zwischen den Milieus und Lebensstilen sind keine Rang- und Prestigegrenzen im hergebrachten Sinne. Die Menschen vergleichen sich vorwiegend mit denen, die sie als ähnlich empfinden. Der Konflikt zwischen sozialen Gruppen weicht in der Erlebnisgesellschaft dem „sozialen Frieden gegenseitigen Nichtverstehens", wie SCHULZE sagt.

Die Wahrnehmung von Gegensätzlichkeit beschränkt sich auf wechselseitige Geringschätzung oder Belustigung übereinander als „Bonzen", „Spießer", „Prolos" oder „Primitive".

Das Oben-Unten-Schema der sozialen Wahrnehmung in der Klassen- und Schichtengesellschaft weicht in der Erlebnisgesellschaft dem Innen-Außen-Schema: Dazugehören ist alles. Die vertikalen Ungleichheiten zwischen Klassen und Schichten werden in Zeiten materiellen Überflusses abgelöst durch die horizontalen Ungleichheiten zwischen Milieus und Lebensstilen.

Die meisten verwechseln Dabeisein mit Erleben
—
Max Frisch

Abschied von der Erlebnisgesellschaft?

Das von SCHULZE und anderen Lebensstilforschern gezeichnete Bild einer Lebensstilgesellschaft ist in der Soziologie nicht unwidersprochen geblieben. Die Strukturen der Erlebnisgesellschaft, so ein häufig geäußerter Einwand, würden mit der **„Rückkehr der Knappheit"** in Zeiten von Massenarbeitslosigkeit rasch wieder verschwinden.

Wie dem auch sei: Festzustellen ist, dass die Soziologie seit einigen Jahren ihre Aufmerksamkeit wieder verstärkt jenen Formen sozialer Ungleichheit zuwendet, die sich nicht mehr nur in frei gewählten Mustern der Selbstinszenierung, sondern im stummen Zwang objektiver Verhältnisse äußern.

7.4 Die feinen Unterschiede

Intelligent, schön und integer
So werden unsere Kinder sein, da sie ganz ihren Eltern nachkommen. Der Vater ist zudem weltoffen, charmant, sportlich mit Idealfigur, 40 Jahre, 180 cm groß, obendrein promoviert, jugendlich und ledig. Zunächst als Wissenschaftler ausgezeichnet, mache ich jetzt Unternehmen erfolgreicher und suche genau Dich, die hinreißend bezaubernde Frau für den großen Rest meines Lebens.
(DIE ZEIT, 28.5.98)

WER UNTEN IST, FORDERT GLEICHHEIT. WER OBEN IST, BEHAUPTET, SIE SEI ERREICHT
—
LOTHAR SCHMIDT

Geradezu karikaturhaft folgt die Selbstpräsentation in dieser Heiratsannonce dem von manchen Beobachtern des Zeitgeistes schon totgesagten **Oben-Unten-Schema**. Der Heiratswillige stellt sich als „Mann von Welt" dar, der die Spitze der Bildungs-, Berufs- und Einkommenspyramide erklommen hat und nun eine standesgemäße Partnerin zur Erzeugung standesgemäßer Nachkommen sucht. Alle gängigen Statuskriterien werden so klischeehaft bedient, dass Zweifel an der Echtheit der Anzeige aufkommen.
Ist eine derartige Demonstration von **Status** und **Rang** in der offenen und mobilen Gegenwartsgesellschaft nicht völlig unzeitgemäß?
Keineswegs, so der französische Kultursoziologe PIERRE BOURDIEU. In fortgeschrittenen Industriegesellschaften, in denen schnelle Auf- und Abstiege die Regel sind, hat die Bedeutung der sozialen Grenzziehung und der Demonstration von Abstand und Überlegenheit eher noch zugenommen.

Auch und gerade der Bereich der privaten Lebensführung und der kulturellen Praktiken ist nicht eine Sphäre zweckfreier Selbstverwirklichung, sondern ein Tummelplatz für unaufhörliche Kämpfe um Überlegenheit, Status und Anerkennung.

„Wer hat, der hat": Sozialer Raum und Klassenlage
In seinem Hauptwerk „Die feinen Unterschiede" (1987) zeigt BOURDIEU an einer Fülle von Daten, wie sehr der **Lebensstil** des einzelnen – d. h. seine Vorlieben in Bezug auf Essen, Kleidung, Wohnen, Sport, Kunst etc. – von seiner Stellung im sozialen Raum, seiner Klassenzugehörigkeit also, bestimmt wird.
Die Klassenlage eines Menschen bestimmt sich für BOURDIEU – anders als bei Marx – im Wesentlichen durch die Verfügung über zwei Kategorien von Mitteln, die ganz entscheidend seine Handlungsmöglichkeiten definieren: **Besitz**

(von Geld und Eigentum) und **Bildung**, bzw. **„ökonomisches Kapital"** und **„kulturelles Kapital"**. Je nach dem Gesamtumfang des verfügbaren Kapitals (Besitz plus Bildung) lassen sich grob drei Klassen unterscheiden: Ober-, Mittel- und Unterklasse. Durch das jeweilige Verhältnis von Besitz und Bildung bei einer Berufsgruppe ergibt sich innerhalb der drei Klassen eine weitere (horizontale) Untergliederung, etwa die Trennung von Besitz- und Bildungsbürgertum innerhalb der Oberklasse.

Der soziale Raum lässt sich mit Hilfe eines Achsenkreuzes veranschaulichen. An der vertikalen Achse lässt sich der Gesamtumfang des verfügbaren Kapitals (Besitz und Bildung) eines Einzelnen oder einer Berufsgruppe ablesen, an der horizontalen Achse die jeweilige Gewichtung von Besitz und Bildung. In dieses Achsenkreuz können nun alle Berufsgruppen eingetragen werden, je nach ihrer Ausstattung mit Besitz und Bildung. Hier einige Beispiele:

DAS GELD, DAS MAN BESITZT, IST DAS MITTEL ZUR FREIHEIT, DASJENIGE, DEM MAN NACHJAGT, DAS MITTEL ZUR KNECHTSCHAFT
—
JEAN-JACQUES ROUSSEAU

SO EIN BISSCHEN BILDUNG ZIERT DEN GANZEN MENSCHEN
—
HEINRICH HEINE

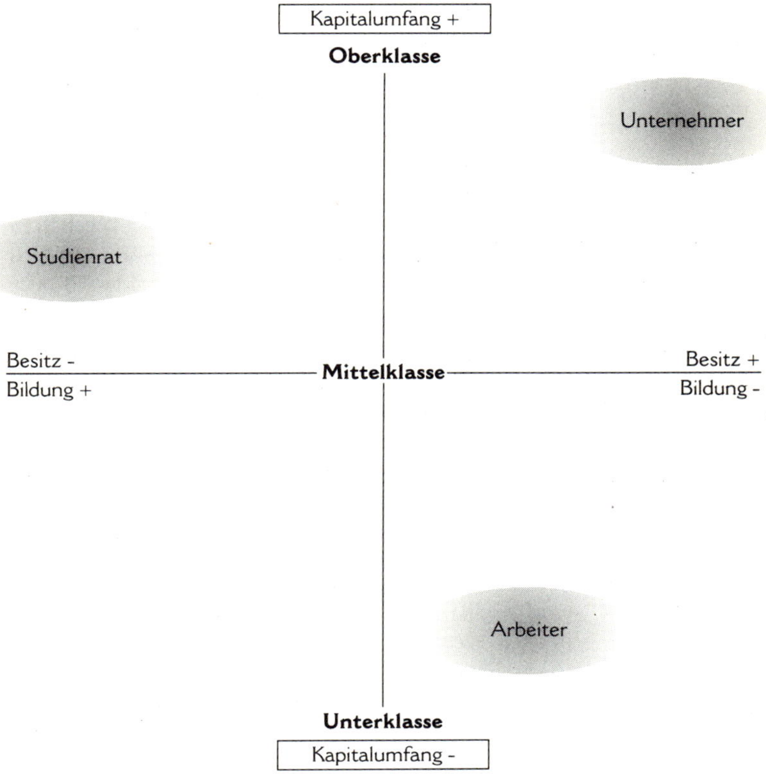

„Niemand kann aus seiner Haut": Klasse und Habitus

Der jeweiligen Position im sozialen Raum entspricht nun nach BOURDIEU ein bestimmter **„Habitus"**, d. h. ein tiefsitzendes, in der Herkunftsfamilie geprägtes Schema des Wahrnehmens, Denkens und Handelns, das sich zeitlebens kaum verändert.

Im Habitus eines Menschen kommt seine Prägung durch die soziale Herkunft zum Ausdruck. Von ihm hängt es ab, wo man sich wohl oder unwohl fühlt, was man als anziehend oder abstoßend, als lust- oder angsterregend empfindet.

Der gesamte Lebensstil eines Menschen ist durch und durch geprägt von seiner sozialen Herkunft und dem entsprechenden Habitus.

Nur eine „Frage des Geschmacks"? – Kultur und Distinktion

Kultur ist in BOURDIEUS soziologischer Perspektive eine Arena für unablässige symbolische Rangkämpfe zwischen sozialen Gruppen. Jede Demonstration von „Kultiviertheit" und „Stil" – sei es beim Konzertbesuch oder beim Partygeplauder – beweist und bekräftigt den eigenen Rang und die Distanz zu den „unteren Schichten".

Kultur dient nicht nur dem höchstpersönlichen Selbstausdruck, sondern auch und vor allem der „Distinktion", d. h. dem wechselseitigen Auf-Abstand-Halten zwischen konkurrierenden sozialen Schichten.

Ich lebe ständig über meine Verhältnisse, aber immer noch nicht standesgemäß
—
Szenespruch

Was als wahrhaft „guter Geschmack" und wirklich „vornehm" zu gelten hat, wird stets von den herrschenden Klassen definiert. Der „kitschige" bzw. „vulgäre" Geschmack der unteren Schichten dient der herrschenden Klasse nur als eine Art Kontrastfolie zum **Distinktionsgewinn**, d. h. zur Demonstration der eigenen Überlegenheit.
Wahrhaft „kultiviertes" Verhalten erkennt man daran, dass es ungezwungen und selbstverständlich ist.
Der „Emporkömmling" gibt sich dadurch zu erkennen, dass er das subtile „Spiel der gebildeten Anspielungen" (BOURDIEU) nicht beherrscht. Seine Zurschaustellung von Status und Rang wirkt – wie in der obigen Heiratsannonce – allzu „gewollt" und „protzig". Er verletzt so ein unausgesprochenes Tabu der feinen Gesellschaft: den Schein der Zweckfreiheit von Bildung und Stil.

8. Das Eigene und das Fremde

„Zwei Passagiere in einem Eisenbahnabteil ... Sie haben sich häuslich eingerichtet, Tischchen, Kleiderhaken, Gepäckablagen in Beschlag genommen ... Die Tür öffnet sich, und zwei neue Reisende treten ein. Ihre Ankunft wird nicht begrüßt. Ein deutlicher Widerwille macht sich bemerkbar, zusammenrücken, die freien Plätze räumen, den Stauraum über den Sitzen teilen. Dabei verhalten sich die ursprünglichen Fahrgäste, auch wenn sie einander gar nicht kennen, eigentümlich solidarisch. Sie treten den neu Hinzukommenden gegenüber als Gruppe auf. Es ist ihr Territorium, das zur Disposition steht. Jeden, der neu zusteigt, betrachten sie als Eindringling."
(ENZENSBERGER 1992, S. 11)

Wer kann nicht von ähnlichen Erfahrungen berichten? Wer hat sich nicht selbst schon einmal bei einem solchen „Revierverhalten", wie der Schriftsteller HANS MAGNUS ENZENSBERGER es in seiner Parabel beschreibt, ertappt? Ist dieser **territoriale Instinkt** nicht ein schlagender Beweis dafür, dass in uns allen letztlich noch das Gesetz des Dschungels herrscht?

Die diversen Krisenphänomene, die kurz vor der Jahrtausendwende die Schlagzeilen füllen – das Aufleben von Rassismus, Stammesdenken und Fremdenhaß in aller Welt, „ethnische Säuberungen" auf dem Balkan, die „Asylanten"-Hatz und ihre Blutspur (Hoyerswerda, Mölln, Rostock, Solingen etc.) im vereinten Deutschland – hätten, so gesehen, eine gemeinsame Wurzel: Das stammesgeschichtliche Erbe des Menschen, auf Gruppenegoismus und Fremdenhaß gepolt, durchbricht in Zeiten politischer und wirtschaftlicher Destabilisierung die dünne Decke der Zivilisation und zeigt den Menschen als das, was er „von Natur aus" ist: ein revierverteidigendes Tier.

Die Soziologie begegnet derartigen Erklärungsversuchen mit einem grundlegenden Perspektivenwechsel. Sie geht davon aus, dass das, was uns so „natürlich", so ganz und gar selbstverständlich erscheint – der **Revier-Reflex** und die Ausgrenzung alles Fremden – von ganz bestimmten kulturellen, sozialen und politischen Faktoren abhängt. Wer als „Fremder" zu gelten und wie man ihm zu begegnen hat, ist ein Spiegelbild der jeweiligen Selbstdefinition einer sozialen Gruppe. Das **Eigene** und das **Fremde** sind aufeinander bezogene, historisch veränderliche soziale Definitionen.
In einer solchen Perspektive zeigt sich überraschenderweise, dass der für das ablaufende Jahrhundert so typische Abwehrreflex gegen alles Fremde eben nicht ein vorzeitliches Relikt ist, sondern ein Produkt der Moderne und ihres nationalstaatlichen Ordnungs-, Sicherheits- und Eindeutigkeitswahns. Darauf wird zurückzukommen sein...
Um die Klärung des schwierigen Begriffs **„Fremde"** sowie um den sozialen Wandel von Fremdbildern soll es im Folgenden gehen.

8.1 Das Doppelgesicht des Fremden

Stellen wir uns vor, um die obige Eisenbahnszene fortzusetzen, dass zwei weitere Reisende das Abteil betreten. Von diesem Augenblick an ändert sich der Status der zuvor Eingetretenen. Dieselben Passagiere, die eben noch wie unwillkommene Eindringlinge behandelt wurden, verwandeln sich jetzt in Eingeborene. Sie gehören zum Clan der Seßhaften und verteidigen den gerade erst eroberten Platz als „angestammtes" Territorium.

Einheimische und Fremde

FREMD IST DER FREMDE NUR IN DER FREMDE
—
KARL VALENTIN

Fremdheit ist, wie das Beispiel zeigt, ein sehr relativer Begriff. Er sagt nichts über die Eigenschaften einer Person, sondern bezeichnet eine Beziehungsqualität, die unter Umständen sehr schnell wechseln kann. Nicht die Hautfarbe, die Rasse oder die Sprache macht eine Personengruppe zu Fremden, sondern der Umstand, dass sie in einer bestimmten Situation von der Gruppe der Einheimischen als „anders", als nicht zugehörig definiert wird: „Die sind nicht wie wir!"

Was jeweils als „fremd" aufgefasst wird, hängt von dem jeweiligen Selbstbild und vom Selbstverhältnis der **"Wir-Gruppe"** ab, von ihren Ängsten, Wunschbildern und Wahrnehmungsmustern.

ICH MEINE, DASS WIR DAS FREMDE BRAUCHEN, UM DAS EIGENE ALS EIGENES ZU ERFAHREN
—
ALEXANDER J. SEILER

Der Begriff des Fremden ist auf den des Eigenen bezogen. Beide Begriffe stellen sich in wechselseitiger Abgrenzung her. Über die Beschreibung des Fremden gewinnt das jeweils Eigene Gestalt und umgekehrt.

Der Gast, der bleibt

Charakteristisch für die Position des Fremden ist die Mischung aus Nähe und Entferntheit. Nicht jeder Ausländer ist daher ein Fremder. Der Russe in Russland, der Pakistani in Pakistan, der Türke in der Türkei ist uns nicht eigentlich fremd. Er stört und beunruhigt uns nicht. Fremdsein bedeutet, „dass der Ferne nah ist", wie GEORG SIMMEL (1858–1918) sagt.

BESUCH UND FISCH BLEIBT NUR DREI TAGE FRISCH
—
SPRICHWORT

Aber auch der schwedische Geschäftsmann, die koreanische Studentin in Deutschland wird nicht als fremd wahrgenommen. Fremd ist nicht der Gast, der Durchreisende, der Tourist, sondern derjenige, „der heute kommt und morgen bleibt" (SIMMEL). Der Gast, der bleibt, wird ungemütlich. Zu Fremden werden „Gastarbeiter" daher paradoxerweise erst, wenn sie keine Rückkehrbereitschaft zeigen.

Fremde sind mithin nicht fern, sondern Nachbarn. Sie sind hier, ohne „Hiesige" zu sein. Sie sind, wie Arme oder Kriminelle, Element der Gruppe, aber „gerade irgendwie ausgeschlossen".

Diese irritierende Doppelstellung des Fremden zwischen Innen und Außen, Zugehörigkeit und Nichtzugehörigkeit überträgt sich typischerweise mit zunehmender Verweildauer auch auf seine Position im Herkunftsland. Türken, die über viele Jahre in Deutschland gelebt und gearbeitet haben, berichten, dass sie sich in der Türkei wie Gäste oder Touristen fühlen. Nach einer Rückkehr in die „Heimat" werden sie oft als „Almançilar" (Deutschländer) ausgrenzt. Türke in Deutschland, Deutscher in der Türkei – Fremdheit heißt **Heimatlosigkeit als Existenz**.

WAS SIND NUN ABER SIE? NICHT AUS DEM SCHLOSS, NICHT AUS DEM DORFE, SIE SIND NICHTS. LEIDER ABER SIND SIE DOCH ETWAS, EIN FREMDER ...
—
FRANZ KAFKA

Fremdheit meint die Doppelstellung zwischen Drinnen und Draußen, das „Zwischen-allen-Stühlen-Sitzen" als Lebensform.

Bedrohliche Zwitterwesen

Gerade in seiner existenziellen **Heimatlosigkeit**, in dem „Zwischen-allen-Stühlen-Sitzen" des Fremden liegt seine Irritation und Provokation. Durch ihre schiere Gegenwart stellen Fremde die Unterscheidungen und Grenzziehungen, auf denen jede soziale Ordnung beruht, in Frage.

Fremde stehen zwischen Freund und Feind, Ordnung und Chaos, Nähe und Ferne, Innen und Außen: Sie sind nicht Fisch und nicht Fleisch, sondern unklassifizierbare Zwitterwesen, die gegen die sinnstiftenden Ordnungen der sozialen Welt rebellieren.

WER FREMDE HASST, HASST DAS UNANNEHMBAR FREMDE IN SICH SELBST
—
HANS-JOACHIM MAAZ

Sie untergraben die Nähe der Freunde und die Ferne der Feinde, die Ordnung des Innen und das Chaos des Außen. Kurz: Die Fremden stellen die „Natürlichkeit" und Selbstverständlichkeit der sozialen Ordnung in Frage und sind der lebende Beweis dafür, dass alles auch ganz anders sein könnte.

Zu beachten ist dabei, dass keineswegs ein einseitiger Ursache-Wirkungs-Zusammenhang zwischen den Fremden und der Bedrohungsangst der **„Wir-Gruppe"** besteht. Die Fremden sind nicht nur Auslöser von Bedrohungsängsten, sondern in Zeiten politischer oder wirtschaftlicher Instabilität auch **„Sündenbock"** und Projektionsfläche für bestehende Ängste und Verunsicherungen. Fremde ängstigen, und Ängste suchen sich ihre Fremden. Dazu später mehr.

Fremde sprengen die festgefügten Ordnungen, Unterscheidungen, Normen und Routinen der „Wir-Gruppe“. Sie demaskieren so die Künstlichkeit und Zerbrechlichkeit der sozialen Ordnung und rufen diffuse Bedrohungsängste hervor.

Edle Wilde

Die andere, verlockende und faszinierende Seite des zwiespältigen Bildes vom Fremden zeigt sich in Reinform in den romantisierenden Beschreibungen „primitiver“ Kulturen durch die europäischen Kolonisatoren. Ein Beispiel:

„Die Wilden dieser Inseln sind die zufriedensten, die glücklichsten, die am wenigsten lasterhaften und von Krankheit geplagten Völker der Welt. Denn sie sind so, wie die Natur sie geschaffen hat.“

Das idealisierende Bild des **„edlen Wilden“**, wie der Missionar JEAN BAPTISTE DU TERTRE es in seiner Beschreibung der Kariben aus dem Jahre 1667 entwirft, hat die Geschichte der Missionierung und Kolonisierung wie ein Schatten begleitet. Es wurde zum Spiegel für das schlechte Gewissen, den **Zivilisationshaß** und die Selbstkritik der Europäer bzw. für das in der eigenen Gesellschaft Unterdrückte und Verdrängte.

Von der europäischen Sehnsucht nach dem verlorenen Paradies und einem Leben im Einklang mit der Natur, wie sie sich etwa in den Tahiti-Bildern des Malers PAUL GAUGUIN zeigt, lebt heute eine ganze Tourismus-Industrie. Daß der Traum vom unberührten Eldorado in exotischen Ländern meist wenig mit der Realität gemein hat, musste auch schon GAUGUIN erfahren. Längst war die Insel, auf der der gesellschaftsmüde Aussteiger gegen Ende des 19. Jahrhunderts das unverdorbene Leben suchte, von Missionaren und Ausbeutern heimgesucht worden. In den Dörfern grassierten Alkoholismus, Syphilis und Tuberkulose. Die gemalten tahitianischen Traumwelten GAUGUINS spiegeln vor allem wirklichkeitsfremde Wunschvorstellungen eines sinnsuchenden Europäers.

IN POLYNESIEN KENNEN DIE MENSCHEN VOM LEBEN NICHTS ANDERES ALS SEINE SÜSSE
—
PAUL GAUGUIN

Das Bild vom „edlen Wilden“ und die Illusion vom einfachen, unverdorbenen Leben in fernen Ländern haben seit Jahrhunderten als Spiegel für die Sinn- und Heimatsuche zivilisationsmüder Europäer gedient. Hier wie überall sagt das Bild vom Fremden weniger über die Realität anderer Kulturen aus als über das in der eigenen Gesellschaft und im eigenen Leben Verdrängte und Unterdrückte.

8.2 Das Bild des Fremden im sozialen Wandel

Fremdheit ist, wie gezeigt, nicht die *Eigenschaft* einer Person oder Gruppe, sondern eine gesellschaftliche *Definition*. Im Bild des **„Fremden“** spiegelt sich die jeweilige Definition des **„Eigenen“** einer sozialen Gruppe. Dies soll am Beispiel vormoderner Gesellschaften, des modernen Nationalstaats und spätmoderner Industriegesellschaften kurz demonstriert werden.

EINE DER NIEDRIGSTEN TENDENZEN DES MENSCHEN IST: IRGENDWO DAZUGEHÖREN ZU WOLLEN
—
HEIMITO VON DODERER

Menschen und Fremde

Ursprünglich war die Sache ganz einfach. Bei vielen einfachen Gesellschaften war der Stammesname identisch mit dem Wort für „Menschen“, während die Nachbarstämme als „Stammler“ oder „Stumme“ bezeichnet wurden. Fremde waren demnach lallende, ungebildete, rohe Wesen, keine Menschen im eigentlichen Sinne also. Auch das griechische Wort *bárbaros* für die Nicht-Griechen hat die Bedeutung „stammelnd, lallend“.

Die Menschheit endete an den Grenzen des Stammes, der Sprachgruppe oder gar des Dorfes. Fremde wurden keineswegs von vornherein als Feinde angesehen, sondern als erschreckende und faszinierende „Erscheinungen“ oder „göttliche Wesen“, die sich dem vertrauten **Freund-Feind-Schema** nicht fügten. Um überhaupt ein Minimum an Austausch zwischen verschiedenen Clans zu ermöglichen, entwickelten sich Tabus und Rituale der **Gastfreundschaft**. Diese hatten den Sinn, den Fremden einzubinden, rituell zu reinigen und zu testen. Im Ergebnis verlor er so seinen Status als Fremder, er wurde Freund oder Feind.

IN DEUTSCHLAND WÄHLTE DER PATRIOTISMUS DIE AGGRESSIVE FORM. DIE LIEBE ZUM HEIMISCHEN KLEIDETE SICH IN DEN HASS GEGEN FREMDES
—
WALTHER RATHENAU

Menschen, Bürger und Fremde

Clans und Stämme gibt es, seitdem Menschen existieren. Nationalstaaten gibt es seit etwa 200 Jahren. Sie entspringen dem Geist der französischen Revolution und der aufklärerischen Idee der **Menschenrechte**. Als Staatsbürger, so die Idee, genießen alle Menschen gleiche Rechte. Das hat aber zur Konsequenz, dass alle Nicht-Bürger von diesen Rechten ausgeschlossen sind. Wer keine Bürgerrechte genießt, besitzt auch keine Menschenrechte, jedenfalls kann er sie nicht in Anspruch nehmen.

Der Prototyp des Fremden in der Moderne wird demnach der **„Ausländer im Inland“**, d. h. derjenige, der ein nationales Territorium bewohnt, aber nicht im Besitz der Bürger- bzw. Menschenrechte ist. „Zwischen dem Menschen und dem Bürger klafft eine Wunde: der Fremde", sagt JULIA KRISTEVA (1990, S. 106).

Fremde als Feinde

Am Chauvinismus ist nicht so sehr die Abneigung gegen die fremden Nationen als die Liebe zur eigenen unsympathisch
—
Karl Kraus

Woher rührt aber der für den Nationalstaat so typische Abwehrreflex gegen die Fremden? Im Unterschied zu Clans und Stämmen sind Nationen bewusst geschaffene, oft künstliche Gebilde auf einem willkürlich zugeschnittenen Territorium. Gerade aufgrund dieser „Künstlichkeit" ihrer Entstehung kommen Nationalstaaten ohne die Weckung patriotischer Gefühle, ohne die ideologische Überhöhung von **„Gemeinschaft"** und **„Volk"** meist nicht aus. Je künstlicher (oder gewaltsamer) ihre Entstehung, je buntscheckiger ihre ethnische Zusammensetzung, desto hysterischer und „chauvinistischer" ist in der Regel das Nationalgefühl.

Dass der „Fremde" sich in dieser Situation hervorragend als **„Feindbild"** eignet, das die prekäre und zerbrechliche nationale Identität stabilisiert, liegt auf der Hand.

Je schwächlicher die eigene Identität, desto stärker die Abwehr des Fremden
—
Hans-Joachim Maaz

Verallgemeinerte Fremdheit

In spätmodernen, hochmobilen Industriegesellschaften wird die traditionelle Trennung von *Eigenem* und *Fremdem* brüchig. Die aus überkommenen Bindungen freigesetzten Individuen bewohnen oft neben- und nacheinander eine ganze Reihe unterschiedlicher geographischer und sozialer Welten. Hier ein vertrautes Beispiel:

Sie wird in Westfalen geboren, besucht in Vechta die Schule, verbringt ein Au-pair-Jahr in Frankreich, studiert in Göttingen und heiratet nach Bayern. Sie findet eine Stellung in Freiburg, er in Dresden. Sie hat beruflich oft mit skandinavischen, er mit arabischen Ländern zu tun.

Das Ergebnis eines solchen Vagabunden-Daseins ist, dass die Menschen in jeder der von ihnen bewohnten Welten „fremd" und in keiner „zu Hause" sind. Eigenes und Fremdes zersplittern und durchdringen einander. Die **individualisierte Lebensform** ist die „mobile Existenz gebundener Nichtsesshaftigkeit", wie ULRICH BECK (1995b, S. 146) sagt.

Mit anderen Worten: Was GEORG SIMMEL *(s.o.)* als Kennzeichen des Fremden verstand – „der Wanderer, der heute kommt und morgen bleibt" – wird in der entfalteten Moderne zur allgemeinen Lebensform.

Fremdheit ist in der Spätmoderne verallgemeinert und – was auf dasselbe hinausläuft – aufgelöst worden: Wo jeder ein Fremder ist, ist es keiner.

Heißt das, dass sich mit der Verallgemeinerung – und gleichzeitigen Auflösung – der Fremdheit das Problem des Umgangs mit dem Fremden in der Spätmoderne verflüchtigt hat? Das Gegenteil ist der Fall, wie wir noch sehen werden.

8.3 Lob der zivilen Gleichgültigkeit

Die „**verallgemeinerte Fremdheit**" in der modernen Gesellschaft, d. h. die Anonymität, die Kälte und die Unpersönlichkeit in den zwischenmenschlichen Beziehungen, wird von Kulturkritikern jeglicher Couleur regelmäßig beklagt. Dabei wird häufig übersehen, dass wechselseitige Fremdheit auch wichtige Funktionen für das Zusammenleben der Menschen in der Massengesellschaft erfüllt. Sie ist die notwendige Bedingung, um die übergroße Nähe der anderen auf Straßen und Plätzen, in Bussen und Fahrstühlen überhaupt ertragen zu können. Die Aufdringlichkeit erzwungener Nähe beschreibt die Ich-Erzählerin in CHRISTOPH HEINS Novelle „Drachenblut" sehr anschaulich:

„Die Mieter in diesem Haus wechseln sehr häufig. … Man wohnt hier auf Abruf. Zwischenstation. Es lohnt nicht, Bekanntschaften zu machen, was ich ohnehin nicht schätze. Bekannte, die im gleichen Haus wohnen, haben immer etwas Aufdringliches. Allein der Umstand, dass man sich täglich treffen könnte, die Unausweichlichkeit eines Gesprächs, einer erforderlichen Freundschaft belastet solche Bekanntschaft. … Ich will nicht Tag für Tag in fremde Gesichter starren, die nur deswegen zu mir gehören sollen, weil es immer die gleichen sind. Unveränderliche Vertrautheit, der ich ausgeliefert bin."

„Ach wie gut, dass niemand weiß …"

Die moderne Gesellschaft beruht auf der Trennung in eine öffentliche und eine private Sphäre. In der Öffentlichkeit hat man zwangsläufig zu mehr Menschen Kontakt, als man kennen kann. Es hat sich eingebürgert, dass man sich grußlos auf Straßen und Plätzen begegnet, ohne dass dies als Unhöflichkeit oder gar Feindseligkeit ausgelegt würde.

ICH WILL, UM ALLES IN DER WELT, VIELES NICHT WISSEN
—
FRIEDRICH NIETZSCHE

Zu anderen Menschen haben wir Kontakt in bestimmten **Funktionsrollen**, z. B. als Kellner, als Ärztin oder als Steuerberater. Hier geht es um bestimmte Funktionsleistungen,

nicht um die ganze Person. Man macht Geschäfte oder erbringt Dienstleistungen „ohne Ansehen der Person".
In jedem Fall besteht ein mehr oder weniger großes Interesse an der Aufrechterhaltung von Fremdheit und Anonymität. Nicht nur Rumpelstilzchen war froh, dass niemand seinen Namen kannte. Fremdheit und Anonymität sind in der öffentlichen Sphäre ein unverzichtbarer Schutz vor **Kontrolle** und **Fremdbestimmung**.

Offenbar erfordert das Zusammenleben von Individuen einige Gitterstäbe in eben diesen Individuen
—
Christoph Hein

Aber auch, wo ein erhebliches Ausmaß an wechselseitiger Information unvermeidlich bzw. erforderlich ist – man denke etwa an das „Vertrauensverhältnis" zwischen Arzt und Patient –, dürfen die Kenntnisse voneinander nicht zu **„Vertraulichkeiten"** führen.
Im übrigen schließen sich Fremdheit und Vertraulichkeit keineswegs wechselseitig aus. Im Gegenteil: In manchen professionellen Interaktionen – etwa bei der Psychotherapie oder der Telefonseelsorge – ist Fremdheit geradezu die Voraussetzung für die Herstellung einer Vertrauensebene.

Fremdheit ist, wie die Beispiele zeigen, eine wichtige Bedingung für das Funktionieren der öffentlichen Sphäre. Die Erhaltung von Fremdheit
- schützt vor Überforderung durch die übergroße Nähe vieler Menschen;
- liefert einen Schutz vor Kontrolle und Fremdbestimmung;
- sichert die Sachlichkeit in öffentlichen Angelegenheiten;
- ermöglicht dadurch einen Freiheitsspielraum in der Privatsphäre;
- sichert Vertraulichkeit in sensiblen Bereichen (Geschäfte, Therapie, Seelsorge).

Zivile Gleichgültigkeit

In der Situation der massenhaften Anwesenheit vieler Menschen an einem Ort, etwa in großen Städten, entwickelt sich eine neue Form des Umgangs mit den anderen. Das traditionelle Freund-Feind-Schema wird ergänzt um die Figur des **„neutralen Fremden"**. An die Stelle von Misstrauen und Furcht tritt die Haltung der **zivilen Gleichgültigkeit**. Eine solche zivilisierte Unaufmerksamkeit, die das eigene Selbst nicht zu einer Last für andere macht, ist für den amerikanischen Stadtsoziologen Richard Sennett die einzige Form, die in der Massengesellschaft ein ziviles Umgehen miteinander möglich macht. „Zivilisiertheit bedeutet, mit den anderen so umzugehen, als seien sie Fremde, und über diese Distanz hinweg eine ge-

Die zunehmende „Vermenschlichung" besteht darin, dass immer feiner empfunden wird, wie schwer der andere einzuverleiben ist
—
Friedrich Nietzsche

sellschaftliche Beziehung zu ihnen aufzunehmen." (SENNETT 1983, S. 299)
Zivile Gleichgültigkeit ist im Übrigen keinesfalls zu verwechseln mit passivem Desinteresse am anderen. Gelebte Gleichgültigkeit ist vielmehr ein hochaktives und zerbrechliches Verhaltensmuster, das auf der Anerkennung der gleichen Gültigkeit des Lebensrechts und der Lebensformen aller Mitglieder der Gesellschaft beruht. Nicht das Ignorieren des anderen und Fremden ist demnach in der pluralen Gesellschaft gefordert, sondern eine Haltung toleranter Gelassenheit in einer **Kultur des Unterschieds**.

ICH VERLANGE VON EINER STADT, IN DER ICH LEBEN SOLL: ASPHALT, STRASSENSPÜLUNG, HAUSTORSCHLÜSSEL, LUFTHEIZUNG, WARMWASSERLEITUNG. GEMÜTLICH BIN ICH SCHON SELBST
—
KARL KRAUS

Tyrannei der Intimität
Die Angst vor der Anonymität, der Kälte und der Unpersönlichkeit der menschlichen Beziehungen verleitet viele Menschen dazu, sich aus der Öffentlichkeit zurückzuziehen, um ihr Glück in kleinen, überschaubaren Einheiten zu suchen. Je komplexer und unübersichtlicher die gesellschaftlichen Zusammenhänge, desto stärker die Sehnsucht nach dem „Glück im Winkel", nach Intimität und Geborgenheit in der kleinen Gemeinschaft.
Psycho-Kulte, esoterische Zirkel, Selbsterfahrungs- und Meditationsgruppen haben gegen Ende des 20. Jahrhunderts Hochkonjunktur. Hier werden die Schranken und Tabus wechselseitiger Fremdheit lustvoll eingerissen, das Innerste wird nach außen gekehrt, kein noch so persönliches oder intimes Geheimnis darf im Verborgenen bleiben.
Was von den Menschen zunächst als Befreiung erlebt wird, erweist sich jedoch allzu leicht als neue Fremdbestimmung. An die Stelle **zivilisierter Distanz**, die den Menschen in der modernen Gesellschaft erst individuelle Freiheitsspielräume eröffnet, tritt ein permanenter Geständniszwang („Nun öffne dich doch mal!"), eine „Tyrannei der Intimität" (SENNETT 1983).
Das Absterben des öffentlichen Raumes, die Flucht in die eigene Innerlichkeit oder in die Idylle überschaubarer kleiner Gemeinschaften hat auch gravierende Folgen für den Umgang mit den Fremden in der modernen Gesellschaft. Dazu im folgenden mehr.

IGNORIEREN IST NOCH KEINE TOLERANZ
—
THEODOR FONTANE

8.4 Wie aus Fremden Feinde werden

WIE SCHON DER FLÜCHTIGSTE BLICK AUF HINZ UND KUNZ LEHRT, SIND NERVENSÄGEN UND SCHWINDLER, RÜPEL UND IDIOTEN UNTER DER EINHEIMISCHEN BEVÖLKERUNG MIT DERSELBEN STATISTISCHEN FREQUENZ ANZUTREFFEN WIE UNTER TÜRKEN, TAMILEN UND POLEN

—

HANS MAGNUS ENZENSBERGER

In den hochmobilen und individualisierten Gesellschaften der Spätmoderne verschwimmen, wie gezeigt, die traditionellen Grenzen zwischen dem Eigenen und dem Fremden. Das **Fremde** verallgemeinert sich, es dringt in das **Eigene** ein und löst sich dadurch auf. Damit wird aber nun das Verhältnis zu Fremden keineswegs insgesamt unproblematisch. Im Gegenteil: Dadurch, dass immer mehr Fremde und Fremdheiten in den Horizont des eigenen Lebens geraten, erfahren viele Menschen die Identität ihrer eigenen Welt als gefährdet. Dies führt – vor allem im Kampf um knappe Güter (Wohnungen, Arbeitsplätze etc.) – leicht zu einem Abwehr- und Ausgrenzungsreflex gegen alles Fremde und alle Fremden. Aus Fremden werden Feinde.

Das ausgegrenzte Fremde

Durch Rückzug in intime, überschaubare Gemeinschaften suchen die Menschen Sicherheit und Schutz vor den Entfremdungen in der modernen Gesellschaft. Zwischen der Sehnsucht nach Nähe, Geborgenheit und Heimat und dem Ausschluss alles Fremden und Andersartigen gibt es nun aber einen engen Zusammenhang. „Sich abschotten, einschließen, einbunkern“, so der Dortmunder Soziologe RONALD HITZLER, „das sind bis jetzt noch die verbreitetsten Reaktionsweisen auf die Angst vor dem, was sich ‚da draußen‘ abspielt.“

RICHARD SENNETT (1983) berichtet aus den USA, wie die gegenseitige Abkapselung und der Rückzug ins mittelständische Ghetto den Menschen die Chance verwehrt, sich in der Stadt noch wirklich zu begegnen. Die kulturelle Vielfalt in Städten wie New York wird nicht zu gegenseitigem Austausch und wechselseitiger Anregung genutzt. Man richtet sich in kleinen Enklaven ein und vermeidet jeden Kontakt. Der traditionell stets mehrdeutige, zugleich irritierende und faszinierende Fremde wird so zur nackten Bedrohung vereindeutigt, vor der man sich hinter einem Wall von Gittern, Alarmanlagen und Überwachungskameras in Sicherheit bringt.

MIR EIN UNFASSLICHES GESETZ, DAS SO VERTRAUTE WIEDER IN FREMDE VERWANDELT

—

BOTHO STRAUSS

Der „politische Fremde“

Im Zuge gesellschaftlicher Prozesse der **Individualisierung** *(s. Kap. 5)* wird nicht nur das eigene Leben, sondern auch die Kategorie des Fremden aus traditionellen Vorgaben gelöst und zur willkürlichen und wechselhaften Definition und Konstruktion freigegeben. Mit anderen Worten: „Wer wen als ‚fremd' etikettieren und ausgrenzen kann, das wird zu einer Frage der Auseinandersetzung um knappe Ressourcen und zu einer Macht- und Gewaltfrage." (BECK 1995a, S. 145)

An die Stelle des **„kulturellen Fremden"** tritt nun der **„politische Fremde"** (ebd.). Im Unterschied zum kulturellen Fremden ist der politische Fremde ein bürokratisch konstruiertes und in den Massenmedien verbreitetes Angstbild. Am neudeutschen Angst- und Hassbegriff „Asylant" lässt sich dies demonstrieren:

Falscher Asylant erschlug 9 Frauen
Anfang 1990 kam er unter falschem Namen nach Deutschland, begehrte Asyl. Er wurde im Asylantenheim Fürholzen untergebracht, bekam Sozialhilfe. Seit gestern weiß die Polizei, wer sich da einquartiert hatte: Ondrej Rigo, 36, Slowake. Er hat 9 Frauen umgebracht. ... Motiv: Perverser Sex. Er überfiel die Frauen, erschlug sie, verging sich an den Toten.
(BILD, 13.5.1992)

EINEM ASYLBEWERBER STEHEN IN DER REGEL 4,5 BIS 6 QUADRATMETER WOHNFLÄCHE ZUR VERFÜGUNG, EINEM BUNDESBÜRGER DURCHSCHNITTLICH 34,8 QUADRATMETER
—
STATIST. JAHRBUCH 1992

Was mit **„Asylant"** gemeint ist (Asylbewerber, Asylberechtigter, ausländischer Flüchtling, Wirtschaftsflüchtling etc.), bleibt unklar und widersprüchlich. Gerade dem Spiel mit der Mehrdeutigkeit verdankt das Unwort „Asylant" seine Fähigkeit, die diffusen Bedrohungsängste der Menschen in Zeiten wirtschaftlicher Rezession begrifflich zu bündeln. Verstärkt wird die Durchschlagskraft als politischer Kampfbegriff noch durch den üblen Beiklang von „Simulant", „Querulant", „Intrigant", vor allem aber durch Wortschöpfungen wie „Asylantenflut", „Asylantenschwemme", „Asylantenstrom". Diese Begriffe erwecken allesamt den Eindruck, dass hier nicht von Flüchtlingen oder politisch Verfolgten, ja gar nicht von Menschen die Rede ist, sondern von einer Naturkatastrophe.

Der konkrete Fremde, traditionell ängstigend und verlockend zugleich, verschwindet hier vollends hinter dem Schreckbild einer anonymen Bedrohung, gegen die es Dämme zu errichten gilt.

ICH WILL STOLZ AUF DIESES LAND SEIN KÖNNEN, UND DAZU GEHÖRT, DASS ES HIER KEINEN RASSISMUS GIBT
—
HEINZ BUDE

Wie wenig das Bild von der „Asylantenflut" mit der Realität zu tun hat, veranschaulicht folgende Grafik. Sie bezieht die Anzahl der in der Bundesrepublik lebenden Ausländer und Asylsuchenden auf die Zahl der Einwohner insgesamt.

Ausländer und Asylsuchende in Deutschland

Ende 1990 waren in der Bundesrepublik von
10 000 Einwohnern
679 Ausländer, davon
41 Asylbewerber und
Asylberechtigte

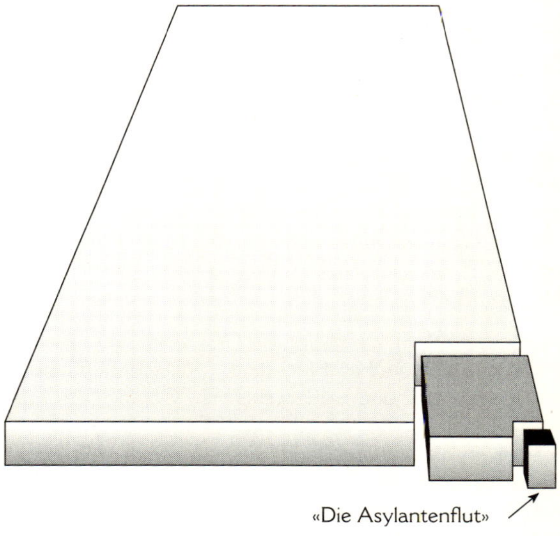

Das Bild des Fremden ist, wie wir an mehreren Beispielen gesehen haben, eine sehr wandelbare soziale bzw. politische Konstruktion. In Abhängigkeit von der jeweiligen Selbstdefinition einer sozialen Gruppe, von ihren Bedrohungsängsten, Sehnsüchten und Wahrnehmungsmustern erscheint der Fremde als

- bedrohlich/faszinierendes Vexierbild:
  der Fremde als Nicht-Stammesangehöriger in vormodernen Gesellschaften,
- verlockendes Wunschbild:
  der „edle Wilde" in fernen Ländern als Spiegel des Verdrängten und Unterdrückten in westlichen Gesellschaften,
- nationales Feindbild:
  der Fremde als Nicht-Bürger in (früh-)modernen Nationalstaaten,
- politisches Schreckbild:
  Migranten, „Asylanten" in multikulturellen Gesellschaften.

III. Herausforderungen

Wir sind doch beide Idealisten
und würden uns schämen uns nachsagen zu lassen,
dass die Dinge uns bewegen und nicht wir die Dinge.

FRIEDRICH SCHILLER an CHRISTIAN GOTTFRIED KÖRNER

9. Multikulturelle Gesellschaft

Es gibt wohl kaum ein Schlagwort, das die Debatten um die Ausländerpolitik seit nunmehr zwei Jahrzehnten so sehr beherrscht wie der Begriff „multikulturelle Gesellschaft". Wohl kaum ein Reizwort auch, an dem sich die Geister so sehr scheiden: Für die einen verbirgt sich hinter dieser Formel die Vision einer modernen, offenen Gesellschaft mit kultureller Vielfalt und gegenseitiger Toleranz, für die anderen die unerträglich naive „Latzhosenvision" eines großen interkulturellen Straßenfestes: ein großer linker „Ringelpiez mit Anfassen". Wieder andere sehen in der Idee des Multikulturalismus noch etwas weitaus Gefährlicheres: Die Betonung kultureller Unterschiede laufe letztlich auf eine kulturelle Apartheid und einen modernen Rassismus hinaus.

Mit dem vieldeutig schillernden Begriff der **„multikulturellen Gesellschaft"** verbinden sich also recht unterschiedliche und zum Teil widersprüchliche Vorstellungen und Bewertungen. Das ist kaum verwunderlich, wenn man die steile Öffentlichkeitskarriere des Begriffs zurückverfolgt. Er entstammt ja nicht einer soziologischen Theoriewerkstatt, sondern wurde vor ca. 20 Jahren von Politikern, Kirchen- und Gewerkschaftsvertretern als politischer Kampfbegriff ins Spiel gebracht. Der gegen Ende der 70er Jahre verbreiteten Furcht vor Überfremdung und Überfüllung („Das Boot ist voll") und der aufkommenden Fremdenfeindlichkeit wurde die Idee einer offenen und toleranten Vielvölkerrepublik entgegengesetzt. Wohlmeinende quer durch alle politischen Lager – von Heiner Geissler bis Daniel Cohn-Bendit – haben sich hinter dem Programm einer „multikulturellen Gesellschaft" versammelt, da es eine humane Perspektive für das Zusammenleben mit den „ausländischen Mitbürgern" zu eröffnen schien.

Die Soziologie begegnet dem inflationären Gebrauch des vagen Schlagworts „multikulturelle Gesellschaft" mit professioneller Skepsis – auch auf die Gefahr hin, der rückwärts gewandten Miesmacherei bezichtigt zu werden. Aus ihrer Sicht enthält das Konzept eine Reihe von „blinden Flecken" und Verkürzungen, die dringend der sozialwissenschaftlichen Korrektur bedürfen. Zu klären sind vor allem folgende Fragen:

- Welche gesellschaftlichen Entwicklungen bilden den Hintergrund für die Debatte um die „multikulturelle Gesellschaft"?
- Welche Interessen und Erwartungen liegen der Idee einer „multikulturellen Gesellschaft" zugrunde?
- Welche ungeprüften Annahmen werden mit dem Begriff der „multikulturellen Gesellschaft" mitgeführt?
- Welche Folgen hat es für die Wahrnehmung gesellschaftlicher Problemlagen und Konflikte, wenn ausländische Minderheiten vorrangig über ihre „Kultur" und ihre Herkunft definiert werden?

9.1 Das „Ausländerproblem" als Hintergrund

Der programmatische Satz „Wir leben in einer multikulturellen Gesellschaft", zu lesen in einem Thesenpapier zum kirchlichen „Tag des ausländischen Mitbürgers" im September 1980, musste in dem zu dieser Zeit vorherrschenden gesellschaftlichen Klima wie eine gezielte Provokation wirken. Die Forderung nach rechtlicher und politischer Gleichstellung ausländischer Minderheiten traf auf eine öffentliche Meinung, in der der steigende Ausländeranteil zunehmend als Bedrohung wahrgenommen wurde.

Aus „Gastarbeitern" werden Fremde

„Ein Gespenst geht um in der Bundesrepublik: die Furcht vor Überfremdung und Überfüllung", so war im Jahre 1983 in der ZEIT zu lesen. Was steckte hinter diesem Stimmungsumschwung gegenüber den bis dahin durchaus willkommenen „Gastarbeitern"?

Auf den Anwerbestopp von 1973 hatten die (vor allem türkischen) Arbeitsmigranten mit einem verstärkten Familiennachzug reagiert und so ihre Absicht deutlich gemacht, sich auf längere Dauer in der Bundesrepublik anzusiedeln. In dieser Phase der Familienzuwanderung wuchs die ausländische Wohnbevölkerung in der Bundesrepublik bis Anfang der 80er Jahre auf rund 4,5 Mio (7,2 % der Gesamtbevölkerung).

Mit der neuen Erkenntnis, dass aus „Gastarbeitern" faktisch Einwanderer (ohne Rückkehrbereitschaft) geworden waren, wandelte sich die Einstellung der Deutschen gegenüber ihren ehemaligen „Gästen" grundlegend. Aus Gastarbeitern wurden über Nacht „Ausländer" oder gar unerwünschte „Eindringlinge" *(vgl. S. 114 f.)*. Die Rede von der „Grenze der Belastbarkeit" rückte zunehmend ins Zentrum der öffentlichen Diskussion.

Je heftiger sich eine Zivilisation gegen eine äussere Bedrohung zur Wehr setzt, desto weniger hat sie am Ende zu verteidigen
—
Hans Magnus Enzensberger

Aus Flüchtlingen werden „Scheinasylanten"

Die Überfremdungsangst bekam weiteren Auftrieb durch die seit den 80er Jahren steigende Zahl von Asylbewerbern aus der Dritten Welt und von Flüchtlingen aus den Kriegsgebieten des ehemaligen Jugoslawien. Die Asylsuchenden waren in der Regel vor Armut, Bürgerkrieg und Terror geflohen und konnten nur selten als Fluchtgrund eine individuelle „politische Verfolgung" nachweisen. So kam es bei steigenden Bewerberzahlen zu einer sinkenden Anerkennungsquote.

Das Gerede von der multikulturellen Gesellschaft legt die Axt an die Wurzeln unserer nationalen und kulturellen Identität

—

Edmund Stoiber, 1988

In den Schulen kann man Türken erleben, die sagen: Wenn man weiter so viele Afrikaner reinlässt, dann ist das ja bald nicht mehr Deutschland!

—

Daniel Cohn-Bendit

In der öffentlichen Meinung hatte dies einen deutlichen Stimmungsumschwung gegenüber Flüchtlingen zur Folge. Den Asylsuchenden aus nicht-europäischen Herkunftsländern wurde unterstellt, das „großzügige“ deutsche Asylrecht bewusst zu missbrauchen, um sich am deutschen Sozialsystem zu bereichern. Die (Un-)Wörter „Asylmissbrauch“, „Asylnotstand“, „Asylant“ und „Scheinasylant“ gingen damals in den deutschen Wortschatz ein *(vgl. S. 115)*. Medien und Politik überboten sich darin, durch Beschwörung einer „Asylantenflut“ die Bedrohungsängste der Bevölkerung zu schüren. Im Ergebnis entstand ein Meinungsklima, in dem Asylbewerber und Bürgerkriegsflüchtlinge durchgängig als widerrechtliche Eindringlinge wahrgenommen wurden. Einem sprunghaft sich ausbreitenden Rassismus und Rechtsextremismus wurde so der Boden bereitet.

◇ Das Anwachsen des ausländischen Bevölkerungsanteils in den 70er und 80er Jahren hat in der Bundesrepublik ein – durch Medien und Politik unterstütztes – fremdenfeindliches gesellschaftliches Klima geschaffen. Ausländer wurden nun nicht mehr als willkommene Arbeitskräfte oder schutzsuchende Flüchtlinge, sondern als „Fremde“, d. h. als andersartige und unerwünschte Eindringlinge wahrgenommen.

Ausländer in Deutschland

Ende 1995 lebten in Deutschland 7,17 Millionen Menschen mit ausländischer Staatsangehörigkeit, darunter in 1.000:

Herkunftsregionen
Europa: 5 920
Asien: 703
Afrika: 291
Amerika: 183

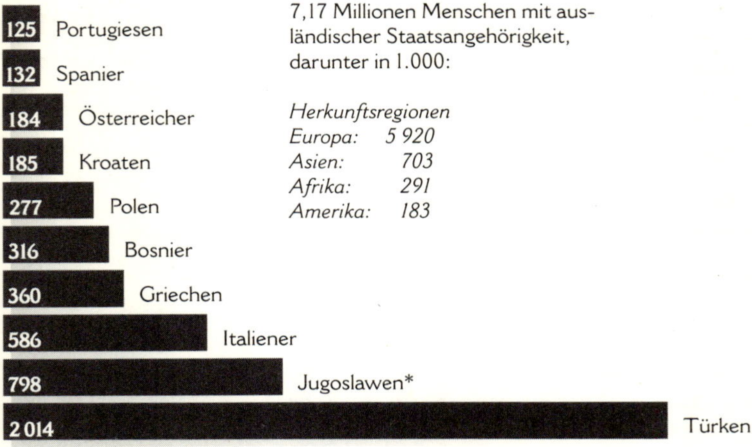

* aus Serbien Montenegro

(Daten: Statistisches Bundesamt)

9.2 Multikultur als Ideal?

„Wir leben in der Bundesrepublik in einer multikulturellen Gesellschaft. (...) Das Zusammenleben mit Menschen aus anderen Kulturen ist eine Chance zur Erweiterung des eigenen Horizonts. Wenn es gelingt, zu einer schöpferischen Kommunikation mit anderen Kulturen zu kommen, ist dies ein wichtiger Beitrag für die Verwirklichung der gemeinsamen Kultur einer Europäischen Gemeinschaft."

Diese programmatischen Aussagen entstammen dem Thesenpapier zum ökumenischen „Tag des ausländischen Mitbürgers" (1980), mit dem der Begriff der **multikulturellen Gesellschaft** in die bundesdeutsche Debatte eingeführt wurde. Ins Auge sticht, dass hier ein radikaler Perspektivenwechsel in der „Ausländerfrage" vorgenommen wird: Den vorherrschenden Bedrohungs- und Überfremdungsängsten wird die Chance der Horizonterweiterung und der Bereicherung durch kulturelle Vielfalt entgegengesetzt.
Aufgeschlossene Kirchenvertreter, Sozialpolitiker und Praktiker der Ausländerarbeit in Gewerkschaften und Verbänden schrieben in der Folge das Programm des **Multikulturalismus** auf ihre Fahnen, da sie in ihm ein wirksames „Gegengift" gegen Fremdenfeindlichkeit und Rassismus sahen.
Der Idee einer „multikulturellen Gesellschaft" lagen dabei ganz unterschiedliche Interessen und Deutungen zugrunde. Zumindest drei verschiedene Argumentationsmuster lassen sich unterscheiden:

SOLANGE DU DEM ANDEREN SEIN ANDERSSEIN NICHT VERZEIHEN KANNST, BIST DU NOCH WEIT AB VOM WEGE DER WEISHEIT

—

CHINESISCHE WEISHEIT

Das moralische Argument: Der Fremde als Mitmensch
Der von den Befürwortern der „multikulturellen Gesellschaft" vertretenen Idee eines gleichberechtigten Zusammenlebens mit Menschen verschiedener kultureller Herkunft liegt oft eine entschieden moralische Argumentation zugrunde. Kern des Arguments ist hier zumeist das Prinzip der Gleichberechtigung aller Menschen und Kulturen. Dieses Prinzip wird entweder aus dem christlichen Menschenbild oder aus der Idee einer pluralistischen Demokratie abgeleitet, wie sie in Artikel 3, Absatz 3 des Grundgesetzes formuliert ist: „Niemand darf wegen seines Geschlechts, seiner Abstammung, seiner Rasse, seiner Sprache, seiner Heimat und Herkunft, seines Glaubens, seiner religiösen oder politischen Anschauungen benachteiligt oder bevorzugt werden."

O GROSSER GOTT! BEWAHRE MICH DAVOR, ÜBER EINEN MENSCHEN ZU URTEILEN, BEVOR ICH NICHT EINE MEILE IN SEINEN MOKASSINS GEGANGEN BIN

—

WEISHEIT DER SIOUX-INDIANER

Das pragmatische Argument: Der Fremde als Leistungsbringer

Um der Überfremdungs- und Konkurrenzangst und damit dem Rassismus den Boden zu entziehen, stellen Vertreter des Multikulturalismus oft das Argument des ökonomischen Nutzens ins Zentrum ihrer „Aufklärungskampagne". Ausländer leisten – so das Argument – der Wirtschaft und dem Staat unverzichtbare Dienste als Arbeitskräfte, als Konsumenten sowie als Beitragszahler in die Steuer- und Rentenkassen. „Der Bevölkerungsrückgang und der Altersaufbau machen aus den Deutschen innerhalb weniger Jahrzehnte ein vergreisendes und sterbendes Volk", stellte der CDU-Politiker HEINER GEISSLER 1990 fest. „Wir brauchen Ausländer, um die Zukunft Deutschlands zu sichern."

Das Argument, Einwanderer seien ein „Motor für die Wirtschaft", wird von zahlreichen Politikern, Wissenschaftlern und Wirtschaftsvertretern geteilt. In der einflussreichen Unternehmer-Zeitschrift „Wirtschaftswoche" war 1989 die Prognose zu lesen: „Nicht zu viel Zuzügler werden das Problem der nächsten Jahrzehnte sein, sondern im Gegenteil die Frage, wie die Bundesrepublik ihren Einwanderungsbedarf befriedigen kann."

AUSLÄNDER 'REIN!
—
WIRTSCHAFTSWOCHE 1989

Das kulturelle Argument: Der Fremde als Bereicherung der Lebenswelt

Befürworter der Multikulturalität argumentieren häufig mit der zu beobachtenden Bereicherung des Alltags durch die Zunahme des kulturellen Angebots. Die Spannweite des Arguments reicht von den folkloristischen „Farbtupfern" im Straßenbild über die Bereicherung des Speisezettels durch exotische Spezialitäten bis hin zur erwarteten „Horizonterweiterung" oder gar „Sinnstiftung" im Kontakt mit fremden Kulturen. „Basar", „Flohmarkt" und „Ausländerfest" sind neben den unvermeidlichen kulinarischen Spezialitäten wie „Kebap", „Köfte" oder „Zaziki" die Stichworte, mit denen am häufigsten die Attraktionen der multikulturellen Gesellschaft beschrieben werden.

Als bereichernd und zukunftsweisend gilt vielen die Kreuzung verschiedener Elemente aus unterschiedlichen Kulturen in Musik und Kunst, Küche und Kleidung. „Cross-Culture" wird als Perspektive des dritten Jahrtausends gefeiert.

9.3 Multikulturalismus – ein Schlagwort

„Um als Frau aus der Türkei akzeptiert zu werden, müßten wir ‚Kopftücher' tragen, ‚Pumphosen und darüber Röcke' anziehen, ‚ganz bunt' aussehen, ‚ein dickes Hinterteil und einen großen Bauch' haben ..., niemals eine Schulausbildung haben, nie uneheliche Kinder gebären."
(D. CAMLIKBELI)

KULTUR ZU HABEN HEISST, SICH SEINER HERKUNFT UND SEINER MENSCHENMÖGLICHKEITEN ZU VERSICHERN
—
KLAUS NAUMANN

Dieser Stoßseufzer einer gebildeten Türkin in Deutschland bringt eine Erfahrung zum Ausdruck, von der viele Migranten berichten: Sie fühlen sich im Namen von Toleranz und der Anerkennung von Verschiedenheit auf das klischeehafte Bild einer traditionalen Herkunftskultur verpflichtet, das keinerlei Differenzierungen zuläßt, sie in ihren Entwicklungsmöglichkeiten beschneidet und ein großes Integrationshemmnis darstellt. Dies wirft Licht auf einige problematische Aspekte des Kulturbegriffs, der manchen Vorstellungen von **Multikulturalität** zugrundeliegt. Diese gilt es im folgenden zu erörtern. Dabei geht es vor allem um die Frage, welche Konsequenzen die Betonung kultureller Besonderheiten und Unterschiede für den Umgang mit ausländischen Minderheiten hat.

Kultur – auf Folklore reduziert

Toleranz gegenüber andersartigen Kulturen und Lebensweisen ist sicher eine richtige und wichtige Forderung. In der Betonung des Rechts auf eigene Kultur und der kulturellen Vielfalt liegt aber auch eine Gefahr: Die Fremden werden allzu leicht auf diese Lebensweisen und die Andersartigkeit festgeschrieben. In der Aussage, das Nebeneinander verschiedener Kulturen sei eine Bereicherung für uns, steckt gewissermaßen die versteckte Erwartung an die Einwanderer, dass sie uns bereichern *müßten*, verbunden mit der Aufforderung, gefälligst so zu bleiben, wie sie sind. Als Inbegriff der Migrantenkulturen gelten dann Folklore und ausländische Spezialitäten. Die Fremden werden tendenziell auf ein Kulturniveau von Folklore, Köfte und Pluderhosen degradiert und auf ein Exotendasein im Aufnahmeland festgeschrieben.

Kulturromantik als Entpolitisierung

Es besteht außerdem die Gefahr, dass mit der Orientierung auf die „Kulturfrage" die Vielzahl der objektiven wirtschaftlichen, rechtlichen und politischen Bedingungen, denen die Einwanderer alltäglich in den Aufnahmeländern ausgesetzt sind, aus dem Blick geraten. Die unzureichende Berücksichtigung struktureller gesellschaftlicher Verhältnisse wirkt entpolitisierend . Sie geht mit der Tendenz einher, objektive gesellschaftliche Problemlagen – die etwa den Alltag einer türkischen Arbeiterfamilie ebenso prägen wie den einer deutschen Familie in vergleichbarer Lage – zu verharmlosen und kulturpolitisch kleinzuarbeiten. Durch „Begegnung und Gespräche von Menschen unterschiedlicher Kulturkreise" lassen sich derartige Probleme aber kaum aus der Welt schaffen.

Das Fremde – verniedlicht und eingemeindet

Die multikulturelle Idee eines friedlichen Nebeneinander verschiedenster Kulturen und Nationalitäten übersieht zudem allzu leicht die Tatsache, dass ein Aufeinandertreffen von unterschiedlichen Kulturen – vor allem von Mehrheits- und Minderheitskulturen – notwendigerweise Konflikte und Konfrontationen hervorbringt. In manchen kirchlichen oder auch linken Kreisen erscheint „Multikulti" als der „langersehnte Garten Eden", ein „einziges großes Straßenfest, auf dem alle miteinander reden, feiern, essen, trinken und tanzen". THOMAS SCHMID, ein linker Kritiker des Multikulturalismus, sieht in dieser Vorstellung mit einigem Recht „eine biedermeierliche Latzhosenvision von unerträglicher Blauäugigkeit". (1989, S. 541) Das Fremde – stets verlockend und bedrohlich zugleich *(vgl. S. 107)* – werde hier im Grunde nicht ertragen und daher verniedlicht, eingemeindet und geschönt.

DER PLURALISMUS EINER OFFENEN GESELLSCHAFT IST NICHT MIT ETHNISCHEN KULTUREN VEREINBAR
—
BASSAM TIBI

MULTIKULTURELLE GESELLSCHAFT – EIN GROSSER LINKER RINGELPIEZ MIT ANFASSEN
—
THOMAS SCHMID

Multikultur als Neorassismus?

Gefährlicher noch als die kulturromantische Verharmlosung sozialer Problemlagen und Konflikte scheint eine andere Tendenz des Multikulturalismus, die sicher unbeabsichtigt, aber in seinen Grundannahmen und in der Wahl seiner Kategorien angelegt ist. Indem er beständig *die* Kultur der Deutschen *der* Kultur der Ausländer oder *den* Kulturen einzelner Nationalitäten gegenüberstellt, befördert der Multikulturalismus die Vorstellung, es gebe eine Mehrzahl getrennter, in sich geschlossener und sich wechselseitig fremder Kulturen. Er begibt sich damit ungewollt in eine gefährliche Nähe zu nationalistischen und neorassistischen Denkmustern. Durch die Betonung von „Kultur", „Abstammung", „Herkunft", „Differenz" oder „Identität" kann der Multikulturalismus leicht ins Gegenteil des Beabsichtigten umschlagen. Er stellt, wie der Bielefelder Soziologe FRANK-OLAF RADTKE (1990, S. 32) mahnt, „die Konzeptionen zur Verfügung, mit

WIE KANN MAN NUR PERSER SEIN!
—
MONTESQUIEU, 1754

denen Grenzlinien gezogen und Konflikte aufgebaut werden, deren Lösung zu sein er vorgibt". Aus den USA wird berichtet, dass sich an den Hochschulen im Namen von Multikulturalität neue Formen der **Apartheid** und der Ausgrenzung ausbreiten: „Schwarze Tische" in der Mensa, „asiatische Wohnhäuser", nach Rasse getrennte Fêten etc. Dies alles wird als ein „Feiern von Unterschieden" von den betreffenden Minderheiten selbst verlangt.

WIR MÜSSEN DEM DEUTSCHEN VOLK WIEDER EINE HEIMSTATT GEBEN
—
CARL DIETRICH SPRANGER, STAATSSEKRETÄR, 1988

Grenzenlos tolerant?

Die Betonung des Eigenrechts verschiedener Kulturen im Multikulturalismus wirft eine weitere Frage auf: Haben auch jene Traditionen und Elemente fremder Kulturen Anspruch auf Toleranz und Respekt, die – etwa im Hinblick auf das Geschlechterverhältnis oder den Wert persönlicher Freiheit – den westlich-aufklärerischen Wertvorstellungen diametral widersprechen?

ES GIBT DINGE, DIE UNREIN SIND: URIN, EXKREMENTE, SPERMA, HUNDE, SCHWEINE, UNGLÄUBIGE
—
AYATOLLAH CHOMEINI, 1989

„Gibt es", so fragt zu Recht der französische Philosoph ALAIN FINKIELKRAUT (1989, S. 111), „eine Kultur da, wo die unfruchtbare Frau verstoßen und die Ehebrecherin mit dem Tode bestraft wird, wo die Aussage eines Mannes so viel wert ist wie die von zwei Frauen, ... wo die Frauen beschnitten werden, wo die Mischehe verboten und die Polygamie erlaubt ist?"

Die kritiklose Anerkennung kultureller Vielfalt in manchen Spielarten des Multikulturalismus führt, wie Kritiker hervorheben, zu einem **„Kulturrelativismus"**, der letztlich das Grundprinzip der Aufklärung verrät: das der Autonomie und Selbstbestimmung des Individuums. Die Feier von Vielfalt und Pluralität im Multikulturalismus verliert demnach allzu leicht aus dem Blick, dass es letztlich nur eine „Kultur" im Singular geben kann: die **Kultur der Vernunft**, in der die gleichen Rechte für alle Menschen dieser Erde gelten.

VERNUNFT IST MENSCHLICH UND NICHT, WIE MULTIKULTURALISTEN UND FEMINISTEN BEHAUPTEN, SPEZIFISCH AUF EIN KULTURELLES KOLLEKTIV ODER GESCHLECHT BEZOGEN
—
BASSAM TIBI

Das Konzept der multikulturellen *Gesellschaft* enthält eine Reihe „ideologischer" Verkürzungen. Diese sind begründet in

- einer Überschätzung kultureller und einer Unterschätzung struktureller (wirtschaftlicher, sozialer, politischer etc.) Faktoren bei der Analyse gesellschaftlicher Probleme;
- einer verkürzten Sichtweise von „Kultur" im Allgemeinen und von Migrantenkulturen im Besonderen.

9.4 Kulturelle Vielfalt und soziale Gleichheit

Im Sommer 1998 führt ein Kopftuchstreit in Baden-Württemberg zu Schlagzeilen: Einer jungen Pädagogin – deutsche Staatsbürgerin afghanischer Herkunft und muslimischen Glaubens – wird nach dem Referendariat die Übernahme in den staatlichen Schuldienst verweigert, da sie auf das Tragen des Kopftuchs in der Schule nicht verzichten will. Die Stuttgarter Kultusministerin begründet ihre Entscheidung mit dem Argument, das Kopftuch sei ein „Symbol kultureller Abgrenzung" und verletze die Neutralitätspflicht der Schule. Die Lehramtsanwärterin hält dem entgegen, das Kopftuch sei Teil ihrer persönlichen Identität. Ohne Kopftuch fühle sie sich „nackt".

ALS OB DENN EIN MENSCH NICHTS ANDERES ALS SEINE ETHNISCHE GRUPPE WÄRE!
—
HANS-JOACHIM HOFFMANN-NOWOTNY

Offenbar prallen hier zwei Prinzipien unversöhnlich aufeinander: das Prinzip der Gleichheit aller Bürger und der Allgemeingültigkeit von Rechten und Normen einerseits und das Prinzip der Besonderheit und des Eigenrechts von Traditionen und Lebensformen andererseits. In der philosophischen und soziologischen Begriffssprache entspricht dies dem Gegensatz zwischen **„Universalismus"** und **„Partikularismus"**. Der Multikulturalismus hat, wie oben dargelegt, die Tendenz, das unaufhebbare Spannungsverhältnis zwischen diesen beiden Prinzipien zum zweiten Pol hin aufzulösen: Er überbetont das Recht auf eigene Kultur und unterbewertet das Prinzip der allgemeinen Vernunft.

Die drei Spären der Gesellschaft

Wenn das Problem so beschrieben ist, stellt sich die Frage, wie eine Gesellschaft vorzustellen wäre, in der das Prinzip der Gleichheit aller Bürger und die Realität kultureller Besonderheit und Vielfalt miteinander vereinbar blieben.

Die deutsch-amerikanische Philosophin HANNAH ARENDT (1967, S. 27–75) hat ein Gesellschaftsmodell entworfen, in dem die Spannung zwischen den beiden polaren Prinzipien ausbalanciert ist. Sie unterscheidet drei Sphären in der Gesellschaft: die öffentliche, die gesellschaftliche und die private Sphäre *(s. Tab.)*. In der **öffentlich-politischen Sphäre** herrscht das Prinzip der Gleichheit, vor allem als Rechts- und Chancengleichheit des Einzelnen. Die **Sphäre der Gesellschaft** ist charakterisiert durch den Markt und die dort herrschende Konkurrenz. Hier herrscht das Prinzip der Ungleichheit. In der **Privatsphäre** schließlich herrscht die Unmittelbarkeit persönlicher Beziehungen, die den Ausschluss all derjenigen erlaubt, die nicht dazugehören sollen. Sie folgt dem Prinzip der Besonderheit und der Ausschließlichkeit.

	Öffentliche Sphäre	Gesellschaftliche Sphäre	Privatsphäre
Kennzeichen	Rechtsgleichheit Chancengleichheit Grundrechte allg. Wahlrecht	Markt Interessengruppen Berufsarbeit Klassen	Gemeinschaft Familie Freundschaft Nachbarschaft
Grundprinzipien	Gleichheit	Ungleichheit Konkurrenz	Besonderheit Ausschließlichkeit Vielfalt

Gesellschaftliche Sphären und ihre Grundprinzipien

Was nun nach HANNAH ARENDT unbedingt vermieden werden muss, ist, dass sich diese drei Bereiche, die sich im Laufe des Modernisierungsprozesses verselbstständigt haben, wechselseitig überschneiden. Vor allem sieht sie „großes Unheil", wenn das Prinzip der Ausschließlichkeit – das in der Privatsphäre gilt – auf den politischen oder den sozialen Sektor übertragen wird: Das führe zu Nationalismus und Rassismus.

Die Moderne und das Prinzip der Gleichgültigkeit

HANNAH ARENDTS Modell der gesellschaftlichen Sphärentrennung wirft Licht auf zentrale Funktionsprinzipien der modernen Gesellschaft, die im Konzept des Multikulturalismus leicht aus dem Blick geraten.

Die moderne Gesellschaft ist „funktional differenziert", d. h. in einzelne arbeitsteilige Teilsysteme untergliedert. In den einzelnen Teilsystemen (Politik, Wirtschaft, Recht etc.) begegnen sich die Menschen nicht als ganze Personen, sondern ausschließlich als Rollenträger, z. B. als Bäcker, als Verkehrsteilnehmer, als Arzt oder als Steuerzahler. Religion, kulturelle Herkunft oder Abstammung der Rollenträger sind hier im Regelfall nicht von Interesse. Bedingung für das Funktionieren der öffentlichen und der gesellschaftlichen Sphäre ist die gleiche Gültigkeit der Funktionsleistungen, verbunden mit der Gleichgültigkeit gegenüber der Person der Funktionsträger. Fremdheit und Anonymität sind in der

DAS DEUTSCHE VOLK IST EIN VOLK VON FREIEN, UND DEUTSCHER BODEN DULDET KEINE KNECHTSCHAFT. FREMDE UNFREIE, DIE AUF IHM VERWEILEN, MACHT ER FREI

—

JACOB GRIMM

öffentlichen Sphäre ein unverzichtbarer Schutz vor Kontrolle und Fremdbestimmung *(vgl. Kap. 8.3)*.
Anders in der **Privatsphäre**. Hier begegnen sich die Menschen nicht als Rollenträger, sondern als ganze Personen mit ihren individuellen Besonderheiten bzgl. Religion, Herkunft, Abstammung, Geschlecht etc. Ein Ignorieren dieser persönlichen Merkmale würde im Privatleben zwangsläufig als Kälte oder Desinteresse empfunden.

Multikultur – ein vormodernes Konzept?
Das Konzept der multikulturellen Gesellschaft enthält nun den anspruchsvollen Vorschlag, auch in der öffentlichen und sozialen Sphäre Differenzen der Kultur und der Herkunft ausdrücklich zu unterstreichen und zur Kenntnis zu nehmen: nicht als Bedrohung, sondern als Anregung. Im Abbau von *Gleichgültigkeit* gegenüber kulturellen Differenzen und in der Betonung der *gleichen Gültigkeit* und des Eigenwerts kultureller Besonderheiten sieht der Multikulturalismus ein probates Gegengift gegen Fremdenfeindlichkeit und Rassismus.

> WAS IST DIE ALTERNATIVE ZUR MULTIKULTURELLEN GESELLSCHAFT? WOLLEN WIR DENN ALLE IN KLEINEN SCHACHTELN LEBEN?
> —
> SALMAN RUSHDIE

Damit führt er aber ein – vormodernes – Moment von Besonderheit und Ausschließlichkeit in die öffentliche und soziale Sphäre wieder ein, das den Funktionsprinzipien der modernen Gesellschaft widerspricht und letztlich sogar in der Gefahr ist, die Geister zu rufen, die man zu bannen beabsichtigte.
Durch die einseitige Betonung kultureller Vielfalt übersieht der Multikulturalismus nur allzu leicht, dass eine **„Kultur des Unterschieds“** strukturelle Voraussetzungen hat: die rechtliche und soziale Gleichstellung der Teilnehmer. Erst sie befähigt die „Fremden“, in der öffentlichen Sphäre als Gleiche aufzutreten, deren Ansprüche und Interessen *gleich gültig* sind. „Erst die Gleich-Gültigkeit des Lebensrechts aller Mitglieder der Gesellschaft machte es möglich“, wie FRANK-OLAF RADTKE (1992, S. 94) betont, „bestimmten Differenzen gegenüber gleichgültig zu sein.“

Ein Multikulturalismus, der „kulturelle Herkunft“ und „Abstammung“ zu zentralen gesellschaftlichen Unterscheidungskriterien erhebt, verfehlt die Strukturprinzipien moderner Gesellschaften.

Eine „Kultur des Unterschieds“, die nicht nur ein paar exotische Farbtupfer an einer unsolidarischen Gesellschaft anbringen will, hat eine strukturelle Voraussetzung: die rechtliche und soziale Gleichstellung der Teilnehmer.

10. Auf dem Weg zur globalen Gesellschaft

„Ich komme gerade aus Asien. In vielen Ländern dort herrscht eine unglaubliche Dynamik. Staaten, die noch vor kurzem als Entwicklungsländer galten, werden sich innerhalb einer Generation in den Kreis der führenden Industriestaaten des 21. Jahrhunderts katapultieren. ... Was sehe ich dagegen in Deutschland? Hier herrscht ganz überwiegend Mutlosigkeit, ein Gefühl der Lähmung liegt über unserer Gesellschaft. ... Was ist los mit unserem Land? ... Ich meine, wir brauchen einen neuen Gesellschaftsvertrag zugunsten der Zukunft. ... Durch Deutschland muss ein Ruck gehen. Wir müssen Abschied nehmen von liebgewordenen Besitzständen. Alle sind angesprochen, alle müssen Opfer bringen, alle müssen mitmachen ... „
(taz, 28.4.1997, S. 5)

In einer vielbeachteten „Berliner Rede" beschwor Bundespräsident Herzog 1997 ein Gespenst, das seit dem Zusammenbruch des Weltkommunismus im Westen umgeht. Dieses Gespenst hat einen Namen: **Globalisierung**.
Nicht die Interessenpolitik der Unternehmen, so ist landauf, landab zu hören, sondern der „Sachzwang" der Globalisierung, der weltweiten ökonomischen Verflechtung, erzwingt den Abbau von „liebgewordenen Besitzständen", wenn der „Standort Deutschland" gesichert und die Verlagerung von Arbeitsplätzen in Billiglohnländer verhindert werden soll.
Globalisierung ist das Zauberwort, das wie ein „Sesam-öffne-dich" die mühsam erkämpften Errungenschaften des Sozialstaats, des Gesundheits-, Renten- und Steuersystems sowie die Macht der Gewerkschaften dem politischen Zugriff öffnet.

Die Soziologie begegnet dieser wie anderen Zauberformeln, die von Menschen gemachte und von Menschen veränderbare soziale Tatbestände in unabwendbare Naturereignisse verwandeln, mit methodischem „Misstrauen" *(vgl. S. 10)*. Sie fragt

- nach den konkreten Akteuren, Interessen und Kräfteverhältnissen, die sich hinter dem Moloch eines globalen Kapitalismus verbergen,
- nach den Gewinnern und den Verlierern globaler Verflechtungen und
- nach ihren Auswirkungen auf die Gesellschaft und die Lebensführung jedes Einzelnen.

Vor allem sucht sie die Globalisierungsdebatte aus ihrer ökonomischen Vereinseitigung zu befreien.

In soziologischer Sicht ist Globalisierung nicht einfach nur die Expansion der globalen Märkte, sondern ein widersprüchliches Bündel sich gegenseitig verstärkender oder auch hemmender wirtschaftlicher, sozialer, kultureller und politischer Prozesse, die eine fundamentale Änderung unserer Lebensumstände und unserer Erfahrungen bewirken.

10.1 Was meint Globalisierung?

„Globalisierung", das (Un-)Wort des Jahres 1996, ist in aller Munde. Wie kein anderes Wort scheint die Rede von der Globalisierung ein diffuses Gefahrenbewusstsein der Menschen um die Jahrtausendwende auf den Begriff zu bringen.

Rhetorik der Bedrohung und Selbstgefährdung

„Wenn Theo Waigel das Geld ausgeht und die Renten nicht mehr so sicher sind, wie Norbert Blüm behauptet; wenn die Belegschaften schrumpfen und die Arbeitslosenzahlen steigen; wenn französische Angestellte streiken und die Österreicher Jörg Haider wählen – immer dann ist die Globalisierung am Werke."
(DIE ZEIT, 31.1.1997)

Alles, was so nicht mehr weitergehen kann – Sozialstaat, Bildungssystem, Arbeitsgesellschaft – , muss sich ändern, weil die Globalisierung es verlangt; alles, was im großen Stil schiefläuft – Schuldenkrise, Arbeitslosigkeit, Umweltzerstörung – , wird paradoxerweise auf eben diesen Prozess zurückgeführt.
Globalisierung, so scheint es, ist jedermanns nebulöse, vieldeutige, aber gerade deshalb universal verwendbare Pathosformel für das Unbehagen am Weltzustand.

Ein vieldeutiges (Un-)Wort

Paradoxerweise verstärkt sich die Schlagkraft des Wortes „Globalisierung" als politischer Mehrzweckwaffe, je unklarer bleibt, was damit gemeint ist. Je nach Verwendungszweck und politischer Stoßrichtung nimmt der Begriff eine oder mehrere der folgenden Bedeutungen an:

- weltweite Ausdehnung von Handelsbeziehungen
- international operierende Großkonzerne (*global players*)
- Verlagerung der Produktion in Billiglohnländer
- weltweite Verflechtung der Geld- und Finanzströme
- Entmächtigung nationalstaatlicher Politik durch den „Sachzwang" des Weltmarktes
- Europäisierung und Internationalisierung politischer Entscheidungsprozesse
- weltweiter Daten- und Informationsaustausch
- globale Umweltzerstörung (Ozonloch, Treibhauseffekt etc.)
- Entstehung einer globalen Pop- und Konsumkultur (Michael Jackson, McDonald's etc.)

Auf den internationalen Kapitalmärkten wurden 1995 täglich 1500 Milliarden Dollar umgesetzt, zur Abwicklung des Handels wurden nur 10 Milliarden pro Tag benötigt.

Die skizzierten Bedeutungsvarianten lassen sich (ohne Anspruch auf Vollständigkeit) zu unterschiedlichen **Dimensionen der Globalisierung** bündeln: ökonomische, politische, informationstechnische, ökologische, kulturelle Globalisierung.
Daß auch innerhalb der einzelnen Dimensionen äußerst vielschichtige, widersprüchliche und gegenläufige Prozesse stattfinden, soll später am Beispiel der ökonomischen und der kulturellen Globalisierung demonstriert werden.

Das Aufheben der Entfernung
Sucht man nach einem gemeinsamen Nenner aus den verschiedenen Globalisierungs-Dimensionen, so lässt sich – in Anlehnung an den englischen Soziologen ANTHONY GIDDENS (1995, S. 85) – Globalisierung als Handeln über Entfernungen hinweg definieren.

Im Kern handelt es sich demzufolge beim Prozess der Globalisierung um eine „Intensivierung weltweiter sozialer Beziehungen, durch die entfernte Orte in solcher Weise miteinander verbunden werden, dass Ereignisse an einem Ort durch Vorgänge geprägt werden, die sich an einem viele Kilometer entfernten Ort abspielen, und umgekehrt." (GIDDENS 1995, S. 85)

Globalisierung bedeutet die erfahrbare **„Entträumlichung"** und **„Entgrenzung"** alltäglichen Handelns in den Bereichen der Wirtschaft, der Information, der Politik, der Ökologie, der Kultur und der sozialen Beziehungen:
- So gut wie alles, was sich an einem bestimmten Ort, in einer bestimmten Nachbarschaft abspielt, wird von Faktoren und Kräften beeinflusst, die ihren Ursprung in beliebiger Entfernung von diesem Ort haben.
- Umgekehrt hat buchstäblich jede lokale politische oder wirtschaftliche Entscheidung, jedes alltägliche Handeln – ob wir bei Aral statt bei Shell tanken, im Internet surfen oder ein Pfund Kaffee kaufen – globale Fernwirkungen, ob gewollt oder ungewollt.

Zunehmend bildet nicht mehr der Ort, die Nachbarschaft, die Region oder der Staat den Bezugspunkt für das Handeln der Menschen, sondern die „Eine Welt". Globalisierung meint – so gesehen – die Eröffnung des Welthorizonts für ehemals ortsgebundene Handlungen, Entscheidungen und Sozialbeziehungen. Diese soziale Dimension der Globalisierung ist den anderen Dimensionen übergeordnet. Sie stellt gewissermaßen den Kern des Globalisierungsprozesses dar.

ABSCHAFFUNG DER ZEIT IST DER TRAUM UNSERER ZEIT. DIE ZEITLOSE (STATT DER KLASSENLOSEN) GESELLSCHAFT DIE HOFFNUNG VON MORGEN
—
GÜNTHER ANDERS

Dimension	Erscheinungsformen
ökonomisch	– Globalisierung des Handelns, der Produktion, der Dienstleistungen – weltweite Geld- und Finanzströme
informations-technisch	weltweiter Datenaustausch durch Computer, Internet etc.
ökologisch	globale Umweltzerstörung (Ozonloch, Treibhauseffekt etc.)
politisch	Souveränitätsverlust des Nationalstaats; Internationalisierung politischer Entscheidungsprozesse (EU, OECD, UNO, G8 etc.)
kulturell	weltweite Vereinheitlichung von Symbolen und Konsummustern (McDonald, Blue Jeans); gleichzeitig: Wiederbelebung lokaler Kulturen und Identitäten, Entstehung von Mischkulturen
sozial (grundlegend)	Enträumlichung und Entgrenzung des Handelns und der Sozialbeziehungen in den obigen Dimensionen; Eröffnung des Welthorizonts für das Alltagshandeln

Dimensionen der Globalisierung

Globalisierung – ein Schock für die Soziologie

Die sozialwissenschaftliche Diskussion um „Globalisierung" ist bislang vor allem in der Politik- und der Wirtschaftswissenschaft geführt worden. Die deutschsprachige Soziologie hat dieses Thema nur sehr zögerlich – etwa seit Beginn der 90er Jahre – aufgegriffen. Das hat in erster Linie damit zu tun, dass die Soziologie sich traditionell an einem Bild von „Gesellschaft" orientiert, das die Einheit von Gesellschaft, Staat und Territorium unterstellt. In diesem Sinne spricht man von der „französischen" oder der „deutschen" Gesellschaft.

Wer nicht über die Grenzen schaut, braucht den Vergleich nicht zu scheuen — Redensart

In diesem **„Ein-Gesellschafts-Modell"** werden die Beziehungen *zwischen* den Gesellschaften ausgeklammert, Soziologie wird zur Binnen-Soziologie.

Die Erfahrung der radikalen Enträumlichung und Entgrenzung sozialer Beziehungen im Zuge der Globalisierung stellt nicht nur für die Menschen, sondern auch für die Soziologie einen Schock dar, der zum Umdenken zwingt. Gefordert ist nicht weniger als ein neuer Gesellschaftsbegriff, der „Gesellschaft" nicht mehr als Staatsgesellschaft, sondern als **Weltgesellschaft** im Sinne einer globalen „Gemeinschaft der Abwesenden" (Beck 1998, S. 12) begreift.

10.2 Zwischen Mythos und Wirklichkeit

Vor allem zwei Erscheinungen sind es, die in der öffentlichen Debatte mit „Globalisierung" in Verbindung gebracht werden. Beide betreffen die Ökonomie: zum einen die zunehmende Verflechtung und Vernetzung von Unternehmen, Handel und Produktion, zum anderen die Entstehung eines weltweiten Finanzmarktes. Ein nüchterner Blick auf Zahlen und Fakten zeigt aber, dass die einzelnen Märkte höchst unterschiedlich globalisiert sind, von einem umfassenden **Weltmarkt** also nur in einem sehr eingeschränkten Sinne die Rede sein kann.

Jeder, der denkt, dass die Globalisierung unterbrochen werden könnte, sollte uns sagen, wie er den ökonomischen und technischen Fortschritt einfrieren will. Das wäre, als versuche man, die Rotation der Erde zu stoppen

—

Renato Ruggiero, Präsident der Welthandelsorganisation

Der Weltmarkt – total global?

- Ein rasanter **Arbeitsplatzexport in Billiglohnländer**, das Schreckgespenst in jeder Globalisierungsdebatte, ist durch Fakten nicht belegt. Von der Konkurrenz im Niedriglohnbereich mit Osteuropa oder den „Tigerstaaten" in Asien ist nur ein sehr geringer Teil der Arbeitsplätze betroffen. Solche Anpassungsprobleme an die internationale Arbeitsteilung lassen sich kaum auf die Gesamtwirtschaft hochrechnen.
- Die **multinationalen Großkonzerne**, die immer wieder mit ihren weltweiten Geschäften als *global players* ins Feld geführt werden, sind nach neueren Untersuchungen viel bodenständiger als ihr Ruf. Deutsche Multis wickelten 1993 immerhin 75 % ihrer Geschäfte auf heimischen Absatzmärkten ab.
- Auch die **internationale Handelsverflechtung** fällt alles andere als global aus. Vielmehr sollte man von einer ausgeprägten Regionalisierung sprechen. Zwei Drittel des Welthandels spielen sich zwischen den drei großen Handelsblöcken Nordamerika, Westeuropa und Asien (Japan, China und die „Tigerstaaten") ab. Zwischen 60 und 70 % des deutschen Außenhandels wird innerhalb Europas abgewickelt.
- Den höchsten Globalisierungsgrad weisen zweifellos die **internationalen Finanzmärkte** auf. 1996 wurden pro Tag 1400 Milliarden Dollar (!) an den Börsen gehandelt, nicht einmal 4 % dieser unvorstellbaren Summe wurden für die Abwicklung von Warengeschäften benötigt, 96 % flossen in spekulative Geld- und Devisengeschäfte. Geld- und Finanzströme, die in Sekundenschnelle den Globus umkreisen, stellen inzwischen eine „virtuelle", d. h. von Gütergeschäften abgekoppelte Ökonomie dar.

1980 zogen die Entwicklungsländer 55 % der Weltkapitalströme auf sich, 1990 waren es noch 2 %

—

Europäische Kommission 1993

> DER MYTHOS VON DER TECHNISCHEN, POLITISCHEN UND GESELLSCHAFTLICHEN ZWANGSLÄUFIGKEIT IST EIN WIRKSAMES BERUHIGUNGSMITTEL FÜR DAS BEWUSSTSEIN. SEINE FUNKTION BESTEHT DARIN, DIE VERANTWORTUNG JEDEM VON DEN SCHULTERN ZU NEHMEN, DER AN IHN GLAUBT. ABER IN WIRKLICHKEIT GIBT ES HANDELNDE PERSONEN
> —
> JOSEPH WEIZENBAUM

Das in Medien und Öffentlichkeit verbreitete Wunsch- bzw. Schreckensbild einer Weltwirtschaft, die „total global“ ist im Sinne einer weltweiten Vernetzung der Märkte, erweist sich bei näherem Hinsehen als Phantom. Festzustellen ist vielmehr eine Verstärkung der Handels- und Produktionsverflechtungen *innerhalb* und *zwischen* den drei großen Wirtschaftsblöcken Europa, Amerika, Asien. Genau genommen kann also (noch?) nicht von einer umfassenden Globalisierung, sondern nur von einer Internationalisierung oder einer Triadisierung der Weltwirtschaft die Rede sein.
Die höchst unterschiedlichen Globalisierungsgrade der einzelnen Märkte veranschaulicht folgende Grafik:

Globalisierung - Mobilität von Kapital

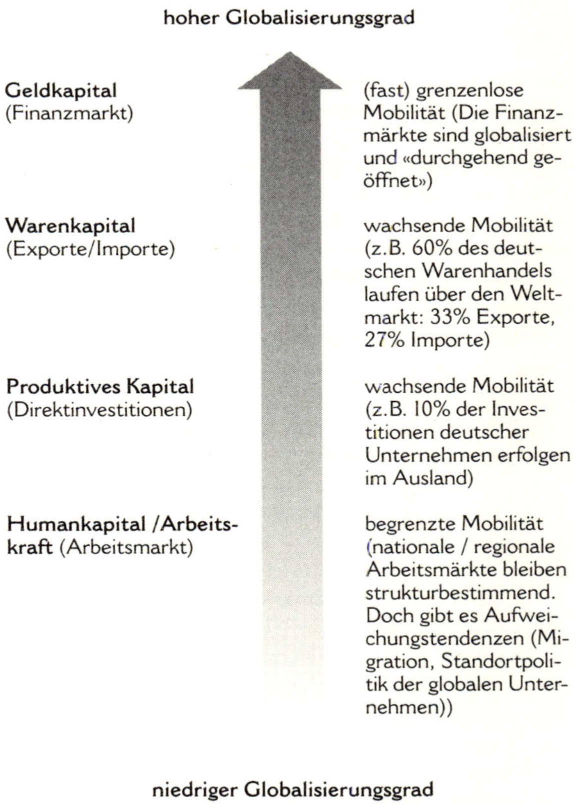

10.3 Politik der Globalisierung

Das gängige Schlagwort von der **„ökonomischen Globalisierung"** kann sich nur zum Teil auf nachweisbare Abläufe berufen. Dennoch ist es als politischer Kampfbegriff, als Droh- und Druckmittel äußerst effektiv.

Drohgebärden
Die Sprache von Unternehmern, Ökonomen, Politikern und Medien lässt an Klarheit wenig zu wünschen übrig:

Die Deutschen arbeiten zu wenig, verdienen zu viel, machen zu viel Urlaub und feiern zu viel krank. Die „westliche Anspruchsgesellschaft kollidiert mit ehrgeizigen asiatischen Verzichtsgesellschaften", schreibt die FAZ, der Wohlfahrtsstaat sei zur „Zukunftsbedrohung" geworden, ein „Mehr an sozialer Ungleichheit ist unausweichlich." (FAZ, 29.1.96, 30.4.96) Selbst der Bundespräsident stimmt ein mit der Forderung nach dem Abschied von „liebgewordenen Besitzständen".

Die Rede von der „Globalisierung" erweist sich hier als politische „Inszenierung einer Drohung" (BECK 1997, S. 16). Unter dem Damoklesschwert des „globalen Marktes" werden das Steuersystem, das Rentensystem, der Kündigungsschutz, das Gesundheitswesen etc. „geknackt" und dem politischen Zugriff geöffnet. Ziel ist die Befreiung der Wirtschaft von den „Fesseln" des Sozialstaats, ja die Entmachtung nationalstaatlicher Politik überhaupt. Letztlich geht es um die Verwirklichung der (neo-)liberalen Utopie des „Nachtwächter-Staates".

Was heißt „neoliberal"?
Ohne die ökonomische Lehre des **Neoliberalismus** wäre „Globalisierung" kaum vorstellbar, weder als realer Prozess noch als politische Inszenierung. Sie bestimmt seit den 80er Jahren immer mehr die Politik in den westlichen Industriestaaten und ist die theoretische Grundlage für den „Turbo-Kapitalismus" seit dem Zusammenbruch des Kommunismus. Kern der neoliberalen Lehre, die von dem US-Ökonomen MILTON FRIEDMAN begründet wurde, ist die Forderung, die Politik solle die Wirtschaft so weit wie möglich sich selbst überlassen. „Deregulierung" und „Privatisierung", Rückzug des Staates, Senkung der Einkommenssteuern, Abbau der Sozialleistungen sind daher die Eckpfeiler neoliberaler Politik seit RONALD REAGAN.

DER BLINDE SCHICKSALSSCHLAG DER GRIECHISCHEN TRAGÖDIE ODER DES ZÜRNENDEN ALLMÄCHTIGEN GOTTES, WELCHER INDIVIDUELLE SUBJEKTE WIE GANZE VÖLKER ... IN DEN STAUB TRITT, HEISST HEUTE MARKT
—
NOAM CHOMSKY

Der **Neoliberalismus** löste den **Keynesianismus** der 60er und 70er Jahre ab. Der britische Ökonom JOHN MAYNARD KEYNES sah den Staat als wichtigen Akteur im Markt: In schlechten Zeiten sollte er mit zusätzlichen Ausgaben und niedrigen Zinsen die Konjunktur ankurbeln.

Politik der Entpolitisierung

Die Ironie jeder neoliberalen Politik besteht darin, dass Politiker, die unter den Schlagworten „Deregulierung" und „Privatisierung" nach einem „schlanken Staat" und einem „freien Markt" rufen, sich letztlich selbst das Wasser abgraben. ULRICH BECK (1997a, S. 16) spricht von der „fröhlichen Aufführung eines öffentlichen Selbstmords".

GLOBALISIERUNG IST EINE TATSACHE. ES NÜTZT JA AUCH NICHTS, SICH ÜBER DAS WETTER ZU BESCHWEREN
—
HANS-OLAF HENKEL

Wer von den **„Gesetzen des Weltmarkts"** spricht, denen sich die Politik zu beugen habe, übersieht, dass „Weltmarkt" kein außerpolitischer „Sachzwang" ist. Es ist vielmehr der Name für eine *andere* Politik, für ein neues Machtspiel, in dem nicht mehr die Regierungen, sondern die multinationalen Unternehmen die Regeln diktieren.

Die neue Macht der Großkonzerne

Die politische Macht dieser *global players* beruht auf ihrem wirtschaftlichen Drohpotential. Die weltweit operierenden Unternehmen können

- die Produktion in Billiglohnländer verlagern;
- Nationalstaaten gegeneinander ausspielen und auf diese Weise einen globalen Wettlauf um die niedrigsten Steuern und Sozialleistungen auslösen;
- zwischen Produktionsort, Steuerort und Wohnort unterscheiden: Manager von Großkonzernen können dort leben, wo es eine aufwendig finanzierte Infrastruktur (Verkehrssystem, öffentliche Sicherheit, Kulturangebot, Schulen etc.) gibt, aber dort Steuern zahlen, wo es am billigsten ist.

DIE GLOBALISIERUNGSDISKUSSION IST EINE MEHRZWECKWAFFE, UM DEN GESELLSCHAFTLICHEN REICHTUM VON UNTEN NACH OBEN UMZUVERTEILEN
—
FRIEDHELM HENGSBACH

Globaler Kapitalismus und Demokratie

Das neoliberale Machtspiel der „Globalisierung" hat Rekordgewinne für die multinationalen Unternehmen gezeitigt – und den massenhaften Abbau von Arbeitsplätzen.

Damit werden die Widersprüche eines „wildgewordenen Kapitalismus" greifbar. Es geht nicht „nur" um vier Millionen Arbeitslose und um die Verhinderung von Armut. Auf dem Spiel steht die soziale Gerechtigkeit und damit letztlich politische Freiheit und Demokratie.

Wenn Regierungen in zentralen Zukunftsfragen nur noch auf die „Sachzwänge" des Weltmarkts verweisen, wird die

Politik zum Schauspiel der Ohnmacht. Der demokratische Staat verliert seine Legitimation, die Globalisierung wird zur „Falle für die Demokratie" (MARTIN/SCHUMANN 1996, S. 20).
Wer nur auf den Markt setzt, so warnen Kritiker des Neoliberalismus, zerstört paradoxerweise mit der Demokratie auch den Kapitalismus. Dieser ist auf Dauer nur im Wechselspiel mit materieller Sicherheit, sozialen Rechten und Demokratie überlebensfähig.
Sollte KARL MARX am Ende doch Recht behalten mit seiner Prognose, dass der Kapitalismus sein eigener „Totengräber" sein wird?

„Globalisierung" bezeichnet nicht das Ende der Politik, sondern ein neues neoliberales Machtspiel, das auf dem Drohpotential multinationaler Unternehmen beruht. Dieses Machtspiel untergräbt die Gestaltungsspielräume nationalstaatlicher Politik und die Legitimation des demokratischen Staates.

GLOBALISIERUNG IST EIN ANDERES WORT FÜR KLASSENKAMPF VON OBEN
—
ULRICH BECK

10.4 Gewinner und Verlierer der Globalisierung

„Wir testen das System: Wie tief können die Löhne fallen, wie hoch kann die Arbeitslosenquote steigen, ehe das System bricht? Ich glaube, dass die Menschen sich immer mehr zurückziehen. Sie flüchten zum Beispiel in religiösen Fundamentalismus, und die Gesellschaft bricht auseinander. Im Mittelalter waren alle europäischen Städte von Mauern umgeben. In Amerika mauern sich immer mehr Gemeinden auch ein und lassen sich von bewaffneten Wächtern beschützen."

Einfünftelgesellschaft?
Der US-Ökonom LESTER THUROW zeichnet hier ein Bild der amerikanischen Gesellschaft, das ganz und gar nicht ins Bild des von neoliberalen Ökonomen und Politikern propagierten „amerikanischen Modells" passt.
In Amerika, aber auch in Europa und Asien spalten sich die Gesellschaften in eine Minderheit von Gewinnern und eine Mehrheit von Verlierern des globalisierten Kapitalismus. Die künftige Verteilung von Wohlstand und gesellschaftlicher Stellung folgt nach Ansicht vieler Fachleute der Formel 20 : 80. Überall wachsen in den Industriestaaten die Einkommensunterschiede. Die Reallöhne sinken kontinuierlich; gleichzeitig melden die Unternehmen Rekordgewinne.

ARBEITSPLATZABBAU BEI BASF ZWISCHEN 1990 UND 1996: 28.000. ANSTIEG DES BASF-AKTIENKURSES SEIT 1996: 98 %
—
DER SPIEGEL 12/1997

WENN MAN ALLES ZUSAMMENNIMMT, STEUERN WIR IN EUROPA AUF EINE ARBEITSLOSENRATE VON 20 BIS 25 % ZU

—

PERCY BARNEVIK, PRÄSIDENT VON ABB, EINEM DER GRÖSSTEN ELEKTRO- UND MASCHINENBAUKONZERNE DER WELT

Der Arbeitsmarkt unter Globalisierungsdruck

Seit den 70er Jahren ist überall ein Schwund der Erwerbsarbeit zu beobachten. Immer weniger gut ausgebildete, global austauschbare Arbeitskräfte können immer mehr erwirtschaften.

War bis in die 70er Jahre Wirtschaftswachstum der Motor für die Schaffung von Arbeitsplätzen, so ist im globalen Kapitalismus umgekehrt der Abbau von Arbeitsplätzen (aufgrund gestiegener Produktivität) Voraussetzung für Wirtschaftswachstum.

Experten sprechen von *jobless growth*. Der Kapitalismus, so scheint es, schafft die Arbeit ab *(vgl. Kap. II)*. In den Industriestaaten haben 30 Millionen Menschen keine Arbeit mehr. Gleichzeitig entsteht, vor allem in den „Beschäftigungsparadiesen“ USA und Großbritannien, eine neue Klasse von *working poor* – von Menschen, die Arbeit haben, aber kaum mehr verdienen als in der Dritten Welt.
Noch bewahren die sozialen Netze die Globalisierungsverlierer in Europa vor dem Fall ins Bodenlose. Doch diese Netze sind zum Zerreißen gespannt, werden sie doch paradoxerweise zunehmend von eben den Globalisierungs*verlierern* bezahlt, während die Globalisierungs*gewinner* sich dem staatlichen Steuerzugriff entziehen können. Hier droht die **„Globalisierungsfalle“** (MARTIN / SCHUMANN 1996), die enormen sozialen Sprengstoff in sich birgt, zuzuschnappen.

DIE MASCHINEN SIND DAS NEUE PROLETARIAT, DIE ARBEITERKLASSE KANN SICH IHRE ENTLASSUNGSPAPIERE HOLEN

—

JACQUES ATTALI, MITTERRAND-BERATER

Das Globalisierungsparadox

Aber nicht nur innerhalb der Industrieländer, auch im Verhältnis der Industriestaaten zur Dritten und Vierten Welt wächst die Kluft zwischen Arm und Reich.
Im Bericht über die menschliche Entwicklung stellte die UN vor wenigen Jahren fest, dass
- das Vermögen der 358 globalen Milliardäre dem Gesamteinkommen der 2,3 Milliarden ärmsten Menschen (45 % der Weltbevölkerung) entspricht;
- nur 22 % des weltweiten Reichtums den Entwicklungsländern gehören, in denen etwa 80 % der Weltbevölkerung leben.

Der US-Politologe JOHN CAVANAGH spricht angesichts solcher Zahlen von einem **Globalisierungsparadox**: „Globalisierung ist ein Paradox: Während sie einigen wenigen zugute kommt, klammert sie zwei Drittel der Weltbevölkerung aus und marginalisiert sie.“

Zu den **Gewinnern der Globalisierung** gehören im Weltmaßstab jene Länder,
- die das unerschöpfliche Angebot an billigen Arbeitskräften für sich nutzen können;
- die die Branchen der Zukunft anlocken, weil sie über hochqualifizierte „Wissensarbeiter" (Forscher, Biotechniker, Ingenieure, Programmierer etc.) und eine hohe Arbeitsproduktivität verfügen.

Die „Wissensarbeiter" in den USA (20 % der Arbeiterschaft) verdienten im Jahr 1989 mehr als die übrigen vier Fünftel der Bevölkerung zusammen.

Zu den **Globalisierungsverlierern** gehören jene Teile der Dritten und Vierten Welt, die keine Waren herstellen, die die Erste Welt will, und kein Geld haben, um selbst welche zu kaufen.

Die „Eine Welt" zerfällt

Die Spaltung der Welt zwischen Armen und Reichen ist weder neu noch ein vorübergehender Modernisierungsrückstand. Neu ist die Eindeutigkeit und Unüberwindbarkeit dieser Spaltung, die Trennung der „Einen Welt" in zwei sozial und kulturell vollständig separate Teile. „Die zwei Teile der Weltbevölkerung leben auf verschiedenen Seiten und sehen nur die eine Seite – so wie die Menschen auf der Erde nur eine Seite des Mondes sehen und beobachten", stellt der polnisch-britische Soziologe ZYGMUNT BAUMAN (1997a, S. 328) fest.

1990 gab es in Tokio mehr Telefone als in ganz Afrika.

Zentrum und Peripherie des kapitalistischen Weltsystems bilden demnach zwei getrennte Welten, zwischen denen keinerlei Austausch und Kommunikation mehr stattfindet. Im Zentrum findet nicht nur eine Konzentration von Kapital und Wohlstand, sondern vor allem eine Konzentration von Handlungsfreiheit, Mobilität und Macht statt, während die Peripherie in Unfreiheit und Perspektivlosigkeit verharrt. „Einige bewohnen den Globus, andere sind an ihren Platz gefesselt." (Ebd.)

Die „alten" Reichen brauchten die Armen, um reich zu werden und zu bleiben. Die „globalisierten" Armen der Dritten und Vierten, zunehmend auch der Ersten Welt eignen sich nicht einmal als Objekt der Ausbeutung, sie bilden die (Sub-)Klasse der „**Entbehrlichen**", der „**strukturell Überflüssigen**".

Die globalisierte Weltwirtschaft teilt die Menschen in den Industriestaaten, aber auch die Weltbevölkerung in Gewinner und Verlierer der Globalisierung. Globaler Kapitalismus ist in soziologischer Sicht eine Neuverteilung von Privilegien und Entrechtungen, von Reichtum und Armut, von Freiheit und Unfreiheit.

10.5 Kultur in einer vernetzten Welt

Die weltumspannende Ausdehnung von Warenmärkten und Kommunikationsnetzen hat tiefgreifende Auswirkungen auf die Alltagskultur der Menschen. Dieser Prozess der **kulturellen Globalisierung** zeigt nicht nur einheitliche und gleichartige, sondern auch gegenläufige und widersprüchliche Tendenzen.

> Das Trillern von Madonna und Michael Jackson ist der Muezzin der neuen Weltordnung
> —
> Nathan Gardels

McDonaldisierung der Welt?

Hollywood beglückt die halbe Erdkugel mit Arnold Schwarzenegger und Sharon Stone, die Fernseh-Serie Dallas wird in Kalkutta ebenso gesehen wie im anatolischen Dorf, der Marlboro-Mann reitet in den Anden wie im bayerischen Wald. Coca-Cola und der Big Mac schmecken ohnehin überall gleich.

Wir sind, so scheint es, Zeuge eines Prozesses, in dem der ganze Globus zu einer einheitlichen Waren- und Konsumwelt zusammenschmilzt. In dieser werden alle nationalen und regionalen Traditionen und Besonderheiten aufgelöst und ersetzt durch Warenwelt-Symbole, die der Werbeabteilung weniger Großkonzerne entstammen. Die Welt wird im Zuge dieser **McDonaldisierung** unaufhaltsam zu einer uniformen „McWorld“, zusammengehalten durch Unterhaltung und Kommerz.

> Stalin wollte Omnipotenz, doch Mickey Mouse erreichte Omnipräsenz
> —
> Hans-Peter Martin/ Harald Schumann

Aufstand des Lokalen

Schon die Zeitungsberichte über den Iran, das Kosovo oder Afghanistan zeigen nun aber, dass das verbreitete Bild eines uniformen „globalen Dorfes“ nur die eine Seite einer höchst widersprüchlichen Wirklichkeit darstellt. Die globale Einförmigkeit einer verwestlichten Kultur ruft weltweit als Gegenreaktion ein Aufleben der Nahwelten und des Stammesdenkens, eine engstirnige Rückbesinnung auf kulturelle, rassische und religiöse Identitäten hervor. Das Lokale, so scheint es, steht auf gegen das Globale. BENJAMIN BARBER hat die unvermeidbare, freiheitsbedrohende Widersprüchlichkeit dieser beiden Prinzipien auf die Formel gebracht: „Dschihad gegen McWorld“ (BARBER 1996).

Das Lokale im Globalen – das Globale im Lokalen

Die Vorstellung einer inneren Widersprüchlichkeit von **Globalisierung** und **Lokalisierung** trifft unbestreitbar wichtige Sachverhalte. Sie ist aber auch Quelle verbreiteter Missverständnisse. Sie verkennt die von der neueren Kultursoziologie herausgearbeitete Tatsache, dass in vielen Bereichen das Globale und das Lokale nicht Gegenspieler sind, sondern zwei Seiten derselben Medaille:

- Auf der einen Seite muss das Globale stets lokale Bindungen eingehen, um neue Produkte oder Ideen weltweit zu „verorten". Dies gilt für die Fast-Food-Industrie und die Popmusik ebenso wie für die Ideen des Nationalstaats, der Demokratie oder der Menschenrechte.
- Auf der anderen Seite können sich im Zeitalter globaler Vernetzung ortsgebundene Traditionen und Kulturen nicht mehr in Isolierung gegen die Welt, sondern nur noch im weltweiten Austausch, Dialog und Konflikt behaupten und erneuern. Auch die trotzige Rückbesinnung auf die eigene Identität, auf das „Nationale" und die „Heimat" macht in der Regel von global vermarkteten und verfügbaren Bildern und Symbolen Gebrauch. „Aus dem globalen Garn werden verschiedenartige Identitäten gewoben", wie ZYGMUNT BAUMAN (1997a, S. 323) sagt.

DURCHSCHNITTSKINDER IN TOKIO HABEN VIEL MEHR MIT DURCHSCHNITTSKINDERN IN LONDON GEMEINSAM ALS MIT IHREN ELTERN
—
SUMNER REDSTONE, EIGENTÜMER VON MTV

Globalisierung führt nicht zu einer uniformen „Weltkultur". Es handelt sich vielmehr um einen paradoxen Prozess, in dem Gegensätzliches möglich und wirklich wird: auf der einen Seite eine zunehmende Gleichförmigkeit weltweit verfügbarer (westlicher) Symbole und Ideen, auf der anderen Seite eine aktive und eigenwillige lokale Aneignung dieser Elemente.

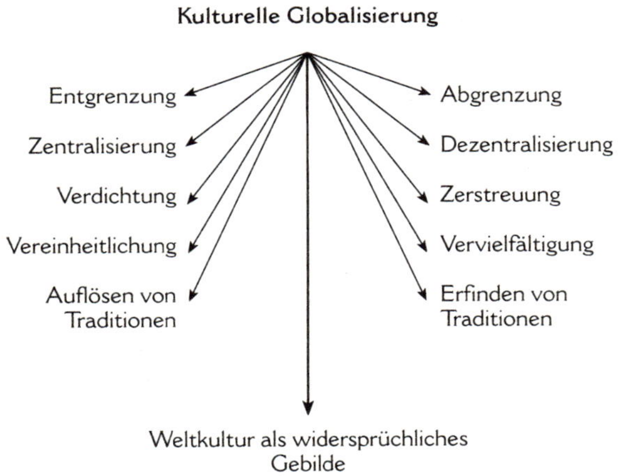

Globale Misch-Kultur

Kultur ist nichts Ursprüngliches und nichts Abgeschlossenes, vor allem lässt sie sich nicht in nationalstaatliche Grenzen einsperren.

Kultur und Identität waren vielmehr immer schon fortlaufende Prozesse des Aushandelns und Austausches von Bedeutungen, des Vermischens, Kreuzens und Neukombinierens von Elementen, Ideen und Symbolen höchst unterschiedlicher Herkunft. „Ursprünglich" gehört weder der Schuhplattler zur bayerischen noch die Tasse Tee zur englischen Identität. Unter diesem Aspekt zeigt sich, dass auch die scheinbare „Rückkehr" zur alten Tradition meist eine Neukombination und Neuinterpretation kultureller Versatzstücke ist. So bekommt etwa das Kopftuch türkischer Frauen unter den Ausgrenzungserfahrungen in Deutschland eine symbolische Bedeutung, die es im „Heimatland" nie besessen hat.

Dieser Prozess der fortlaufenden Vermischung und Neukombination kultureller Versatzstücke erfährt im Zeitalter der Globalisierung durch die weltweite Verfügbarkeit von Symbolen, Bildern und Ideen eine enorme Beschleunigung und Intensivierung.

Globale Kultur, das heißt afrikanischer Karneval in London, asiatischer Rap in Paris, Thai-Boxen marokkanischer Mädchen in Amsterdam oder Bauchtanz bei westfälischen Landfrauen.

Leben im Zwischenreich

Im Jahr 1960 hatten in der Bundesrepublik 1,3 % der Kinder einen ausländischen Vater und / oder eine ausländische Mutter, im Jahr 1995 waren es 19,2 %
—
Statist. Bundesamt 1995

Was heißt nun Globalisierung für die Biografien und die persönliche Identität der Menschen? Zunächst und vor allem dies: Im Zeitalter der Mobilität und der Wirtschaftsvernetzung wächst die Zahl der Menschen, die Ländergrenzen überschreiten, hier geboren werden, da aufwachsen, dort heiraten und Kinder bekommen. Das „Zwischen-allen-Stühlen-Sitzen" wird oft als krankmachende „Entwurzelung" betrachtet. Das **„Leben im Zwischenreich"** hat aber auch eine andere Seite: Es kann den Blick schärfen und Quelle kreativer Selbstfindung und subversiver Kraft sein. So versteht der indisch-britische Schriftsteller SALMAN RUSHDIE, in dessen Lebenslauf sich mehrere Kulturen kreuzen, seinen Roman *Satanische Verse* als „Liebeslied für Bastarde": „Als Mélange, Mischmasch, ein bisschen von diesem und ein bisschen von jenem, so betreten Neuheiten die Welt."

11. Arbeitsgesellschaft ohne Arbeit?

Wer auf einer Abendeinladung mit einem Unbekannten ins Gespräch kommt und von diesem nach einer Weile gefragt wird „Was sind Sie?", wird in aller Regel spontan nicht sein Hobby („Golfspieler"), Sternzeichen („Steinbock"), die sexuelle Veranlagung („homosexuell"), Religion („katholisch") oder Parteizugehörigkeit („Sozialdemokratin") preisgeben, sondern den Beruf nennen: „Installateur", „Apothekerin" oder „Studienrat".

So seltsam es ist, eine Person mit ihrem Beruf gleichzusetzen: In unserer Gesellschaft dient der Beruf als Identitätsschablone, mit deren Hilfe wir uns selbst unserer Umwelt präsentieren und andere Menschen bzgl. Einkommen, Ansehen, Sozialkontakten, Interessen, Lebensstil und Geschmack taxieren.
Arbeit, genauer: Erwerbsarbeit ist für die Menschen in der Industriegesellschaft zum Rückgrat ihrer gesamten Lebensführung geworden. Neben der Familie bildet sie den zweiten großen Sinn- und Identitätsanker, der den Menschen in der Moderne geblieben ist. Dies erklärt die großen Ängste und Erschütterungen, die das Gespenst der Arbeitslosigkeit und die Schreckensvision vom „Ende der Arbeitsgesellschaft" ausgelöst haben.

In soziologischer Sicht stellt die seit den 70er Jahren unaufhaltsam ansteigende Millionenrate an Arbeitslosen keineswegs nur eine kurzfristige „Strukturanpassung" der Wirtschaft an die Erfordernisse der elektronischen Revolution oder der Globalisierung dar. Sie markiert vielmehr einen tiefgreifenden Umbruch der bestehenden Arbeitsgesellschaft: Die klassische Form der Erwerbsarbeit verliert unwiderruflich ihre Monopolstellung. Um diesen Umbruch zu verstehen, muss man sich die Geschichte und die Strukturmerkmale der Arbeitsgesellschaft vergegenwärtigen.

Daher soll folgenden Fragen nachgegangen werden:
- Wie ist das Leben historisch zum Arbeitsleben geworden, und wie ist es zur Arbeitsgesellschaft gekommen?
- Wie sind Erwerbsarbeit und Eigenarbeit in der Industriegesellschaft miteinander verknüpft?
- Welche Ursachen haben die Massenarbeitslosigkeit und der aktuelle Wandel des Beschäftigungssystems in den Industriegesellschaften?
- Welche Risiken bringt das Schwinden der Erwerbsarbeit mit sich - für die Individuen wie für die Gesellschaft?
- Welche neuen Arbeits- und Tätigkeitsformen könnten als Sinn- und Identitätsanker für die Lebensführung der Menschen dienen, wenn der Arbeitsgesellschaft die Erwerbsarbeit ausgeht?

11.1 Geschichte der Arbeit

Der Stellenwert der Arbeit, besonders der Erwerbsarbeit in der modernen Gesellschaft, kennt in der Geschichte keine Beispiele. Einige kurze historische Schlaglichter sollen dies dokumentieren.

EIN MENSCH, DER UM ANDERER WILLEN, OHNE DASS ES SEINE EIGENE LEIDENSCHAFT, SEIN EIGENES BEDÜRFNIS IST, SICH UM GELD ODER EHRE ODER SONST ETWAS ABARBEITET, IST IMMER EIN TOR
—
JOHANN WOLFGANG VON GOETHE

Überflussgesellschaft: Jäger und Sammler
Es beginnt buchstäblich bei Adam und Eva, also bei den Jägern und Sammlern. Eines der verbreiteten Vorurteile ist, die Menschen hätten in diesen Gesellschaften kaum Muße gehabt, seien ständig vom Hungertod bedroht und immer auf der Suche nach Nahrung gewesen. Untersuchungen über ihre Arbeitszeit zeigen aber, dass die Arbeit im Leben der Wildbeuter eine weit geringere Rolle spielt als in jeder anderen Gesellschaft. Ein gewöhnlicher „Wilder" arbeitet durchschnittlich zwei bis vier Stunden am Tag. Der Ethnologe MARSHALL SAHLINS nennt daher die Jäger und Sammler die „erste Überflussgesellschaft". Sie sind relativ bedürfnislos und müssen nicht für die Zukunft vorsorgen. Sie leben in den Tag hinein.

Arbeit und Muße: die Antike
Im frühen Griechenland wurde die zur Versorgung und zur Sicherung des Lebens notwendige Arbeit den Sklaven zugewiesen. Arbeit und Handel galten als unrein und unkultiviert, sie gehörten zum niederen „bloßen Leben". Zum höheren „guten Leben", dem sich die freien Bürger widmeten, zählten Muße und Zeitvertreib, Reden und Feiern, Sport und Spiel, Kunst und Wissenschaft, Politik und Kriegsführung.
Die in der Antike begründete Unterscheidung zwischen „denen, die arbeiten (müssen)" und „denen, die nicht arbeiten (müssen)" blieb über viele Jahrhunderte der Schlüssel zur sozialen Klassenbildung.

Fluch und Segen der Arbeit: das Mittelalter
Auch der mittelalterlichen Gesellschaft galt die Arbeit vor allem als Mühsal und Pein. Freilich verbreitete sich mit dem Christentum allmählich der Gedanke, dass Arbeit, wenn sie nur im rechten Glauben geschehe, als Auftrag Gottes zu verstehen sei und der menschlichen Lebenserfüllung diene. Die Arbeit wandelte sich im Mittelalter zunehmend von einem faktischen Muss zu einem moralischen Soll. Sie wurde zum Dienst für die göttliche Weltordnung, die man in der ständischen Berufsordnung verwirklicht sah. Hier hatte jeder seinen Platz in der Gesellschaft, hier war er eingebettet

WER ARBEITET, HAT EIN RECHT AUF SEINEN LOHN
—
PAULUS, 1 TIM 5, 18

in den sozialen Zusammenhang von Familie, Betrieb, Berufsstand und Feudalherrschaft.
Die mittelalterliche Gesellschaft war geprägt durch eine weitgehende **Einheit von Arbeit und Leben** – einer Einheit, die dem Einzelnen kaum Spielraum zur Selbstentfaltung ließ. Es war eine Einheit von mühseliger Tätigkeit und gläubiger Werkverrichtung, von *ora et labora* (bete und arbeite), wie sie BENEDIKT, der Begründer des mittelalterlichen Mönchstums, gefordert hatte. Wenn auch Priester und Adel diese Regel nur ausnahmsweise für sich gelten ließen, so galt sie doch ausnahmslos für das feudale Volk, für die Leibeigenen als den Nachfahren der Sklaven. Diese wurden zum Arbeiten geboren.

MAN SOLLTE IN DEN GUTEN WERKEN, DIE MAN TUT, STETS JUBELN
—
THOMAS VON AQUIN

Arbeit als Gottesdienst: die Reformation

Die zwiespältige Arbeitsauffassung des Mittelalters – Arbeit als Fluch und als Segen – wurde erst durch die Reformation überwunden. MARTIN LUTHER (1483–1546) sah in der Arbeit eine Berufung Gottes, die für alle in gleicher Weise zu gelten hat. Mit der Aufwertung der Arbeit durch die „Berufsidee" gingen aber auch traditionelle Elemente einher. LUTHER predigte Unterordnung und Obrigkeitsglauben. Gleichzeitig wandte er sich gegen Geldgeschäfte, Freihandel und Luxus.
An der Wiege des Kapitalismus stand die Arbeitsethik des Reformators CALVIN (1509–1564). Kern seiner Theologie war die „Gnadenwahllehre". Demnach hat Gott das Schicksal der Menschen von Ewigkeit her festgelegt. Die von ihm Erwählten oder Verdammten können an ihrer Bestimmung nichts ändern. Die bohrende Frage „Gehöre ich zu den Erwählten?" wurde für die Calvinisten zum Antrieb für eine asketische Lebensführung. Durch rastlose Berufsarbeit suchten sie ihre religiösen Ängste zu vertreiben. Erfolg im Beruf galt ihnen als Anzeichen dafür, dass der Segen Gottes auf ihrem Tun ruhte.

ICH GLAUBE, ES IST GOTTGEWOLLT, DASS WIR ARBEITEN
—
HEINZ NIXDORF

Religiöse Motive bildeten so die Wurzel für die moderne Berufsidee sowie für die asketische Arbeitsethik des Industriezeitalters. Der siegreiche Kapitalismus bedurfte jedoch dieser Stütze nicht mehr. „Der Puritaner *wollte* Berufsmensch sein – wir *müssen* es", stellte MAX WEBER, der Klassiker der deutschen Soziologie, schon vor beinahe hundert Jahren fest.

11.2 Grundriss der Arbeitsgesellschaft

„Bedenke, dass die Zeit Geld ist; wer täglich zehn Schillinge durch seine Arbeit erwerben könnte und den halben Tag spazieren geht, oder auf seinem Zimmer faulenzt, der darf, auch wenn er nur sechs Pence für sein Vergnügen ausgibt, nicht dies allein berechnen, er hat nebendem noch fünf Schillinge ausgegeben oder vielmehr weggeworfen."
(BENJAMIN FRANKLIN)

WER EIN FÜNFSCHILLINGSTÜCK UMBRINGT, MORDET ALLES, WAS DAMIT HÄTTE PRODUZIERT WERDEN KÖNNEN
—
BENJAMIN FRANKLIN

„Zeit ist Geld!" In diesem geläufigen Sprichwort spricht sich das Motto und Glaubensbekenntnis der modernen Industriegesellschaft aus. Es ist 250 Jahre alt und geht auf den amerikanischen Puritaner, Schriftsteller und Staatsmann BENJAMIN FRANKLIN zurück. Arbeit und Gelderwerb sind im Industriezeitalter zur Achse des individuellen Lebenslaufs und zum Zentrum der Gesellschaft geworden. Alle anderen Tätigkeiten und Lebenssphären (Haushalt, Freizeit, Ausbildung etc.) sind auf die Erfordernisse der Erwerbstätigkeit bezogen und ganz auf sie ausgerichtet.

DIE HAUSHÄLTERIN HAT ARBEIT; DIE HAUSFRAU ARBEITET
—
ANDREAS HACKER

Die zwei Gesichter der Arbeit

Die vorindustrielle Einheit von Arbeit und Leben, wie sie z. B. für das bäuerliche und handwerkliche „ganze Haus" typisch war *(vgl. S. 56)*, spaltete sich im Industriezeitalter auf in zwei getrennte, aber voneinander abhängige gesellschaftliche Sphären: die Arbeitswelt und die Lebenswelt.
Unter „arbeiten" wird üblicherweise „arbeiten gehen" verstanden – also etwas, das sich außer Haus am „Arbeitsplatz" vollzieht und zum Geldverdienen da ist. Dies ist die **Erwerbsarbeit**. Sie hat ein meist unpersönliches, formales und funktionales Gesicht. Erwerbsarbeit wird unter fremder Anleitung, jedenfalls auf fremde Nachfrage hin erbracht. Sie ist abhängig von den Preisgesetzen des Marktes, von den Gesetzen des Staates und von vertraglichen Geschäftsgrundlagen.

NOCH DER LETZTE REST DER ARBEIT STEHT UNTER DEM ANSPRUCH DER VERWANDLUNG IN TÄTIGKEIT
—
RALF DAHRENDORF

Aber auch in der Lebenswelt, also im Haushalt und in der Freizeit, findet Arbeit statt. Dinge selbst herstellen oder reparieren, das Haus in Ordnung halten, sich um die Kinder kümmern, im Sportverein mitwirken etc. macht genau so viel Arbeit wie „arbeiten gehen". Es ist nicht die Arbeit, die man *hat*, sondern die unbezahlte Arbeit, die man für sich und seinesgleichen *tut*: **Eigenarbeit**. Sie ist häufig Arbeit, die dem Konsum fertiger Waren dient, **Konsumarbeit** also. Sie zielt weniger auf Geldverdienen als aufs Geldausgeben.

Erwerbsarbeit und Eigenarbeit stellen – wie zwei Seiten einer Medaille – die zwei Gesichter der Arbeit in der Industriegesellschaft dar. Man kann die eine Hälfte des Arbeitslebens ohne die andere nicht verstehen.

Im Schatten der Erwerbsarbeit

Grundstruktur der Arbeitsgesellschaft

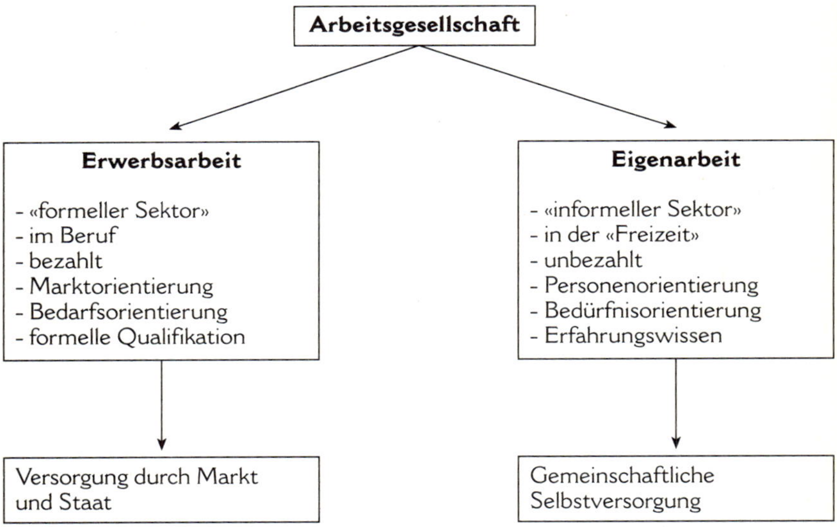

Die Eigenarbeit ist in der Arbeitsgesellschaft keineswegs ein „Reich der Freiheit". Vielmehr ist sie in all ihren Merkmalen und Funktionen Punkt für Punkt auf die Erfordernisse der Erwerbsarbeit ausgerichtet, insofern also ebenso „fremdbestimmt" wie diese.

So ist z. B. der moderne **private Haushalt** der Ort für die „Regeneration" der Arbeitskräfte, für die Erholung der erwerbstätigen Familienangehörigen, der Ort für Kinder und Alte, für Familie und Freizeit, typischerweise zusammengehalten vom „unbezahlten Liebesdienst" der Hausfrau *(vgl. S. 57)*. Er ist vor allem auch der Ort des Konsums, des Endverbrauchs jener Produkte, die im Erwerbssystem hergestellt werden.

Haushalt, Freizeit, Urlaub, Do-it-yourself etc. sind in höchstem Maße waren- und geldintensiv, d. h. vom Erwerbseinkommen abhängig. Nicht nur, aber auch in dieser Hinsicht ist Eigenarbeit weitgehend ein Anhängsel der Erwerbsarbeit. IVAN ILLICH spricht in diesem Sinne von der **„Schattenarbeit"** als der neuzeitlichen, unbezahlten Ergänzung zur Lohnarbeit.

MAN KANN SEINEN BERUF AUCH VERFEHLEN, INDEM MAN IHN AUSÜBT
—
KARL HEINRICH WAGGERL

Vergesellschaftung durch Erwerbsarbeit

In unserer Gesellschaft wird Leben als Arbeit und Arbeit als Erwerbsarbeit wahrgenommen. Die Industriegesellschaft ist durch und durch eine Arbeitsgesellschaft, genauer: eine Erwerbsarbeitsgesellschaft. Unser Alltag, unsere Biografie, unsere ganze Lebensweise ist um die Erwerbsarbeit zentriert. Die Erwerbsarbeit ermöglicht soziale Teilhabe, sie weist uns einen sozialen Status zu, verleiht Prestige, soziale Anerkennung und Selbstachtung. Sie trägt so wesentlich dazu bei, uns direkt oder indirekt in die Gesellschaft einzubinden. Die Erwerbsarbeit ist in der industriellen Arbeitsgesellschaft das Hauptmedium der Vergesellschaftung. Im Umkehrschluss heißt das aber auch: Der Verlust des Arbeitsplatzes ist oft der erste Schritt in die soziale Ausgrenzung.

SIE TROTTETEN DAHIN, SIE GINGEN ZUM HEILIGSTEN, WAS DER DEUTSCHE HAT, ZUR ARBEIT
—
KURT TUCHOLSKY

Arbeitszeit und Freizeit

Die abhängige Erwerbsarbeit prägt unserem Alltag ihren Rhythmus auf und bindet ihn auf diese Weise in den Rhythmus der Gesellschaft ein. Sie unterteilt den Tag in die Sinnbezirke Arbeit und Freizeit, das Jahr in Arbeitstage und Urlaubstage, das Leben – zumindest der meisten Männer – in die Phasen der Ausbildung, der Berufstätigkeit und des „Ruhestands".

Auch die (erwerbs-)arbeitsfreien Zeiten und Lebensphasen erhalten in diesem industriellen „Zeitregime" ihren Sinn- und Wirklichkeitsgehalt erst durch die klare Grenzziehung zur Erwerbsarbeit: als „Ausgleich", „Erholung" oder „Ergänzung".

Dies ist der Grund für das Gefühl der Sinnleere und des Unausgefülltseins, das Arbeitslose oder Ruheständler häufig befällt, wenn sie im Überfluss über das verfügen, wonach sie sich unter Umständen ein Leben lang gesehnt haben: arbeitsfreie Zeit.

Erwerbsbiografie und Normalbiografie

Die Erwerbsbiografie bildet im Industriezeitalter das Rückgrat für die unterstellte „Normalbiografie" mit ihren klar abgegrenzten Lebensphasen: von Schulzeit und Berufsausbildung über Erwerbsleben bis zum „Ruhestand".

Die Vorstellung einer „Normalbiografie" beruht auf der Unterstellung einer zeitlich stabilen Ganztagsarbeit. Die lebenslange Ganztagsarbeit bildet nun aber in Zeiten der Beschäftigungskrise zunehmend eher die Ausnahme als die Regel. Die biografische Phase der Erwerbstätigkeit wird häufig unterbrochen durch Phasen der Aus- und Weiterbildung, der Arbeitslosigkeit oder der Teilzeitarbeit. Ungeachtet dieses Trends zu einer Zerstückelung („Fragmentierung") der Erwerbsbiografie *(s. Abb.)* wird von Staat, Unternehmern, Gewerkschaften, Versicherungen etc. nach wie vor das Muster der „Normalbiografie" als Norm unterstellt. Jedes Abweichen von dieser unterstellten Normalbiografie kann für die Betroffenen nicht nur erhebliche finanzielle Belastungen, sondern auch einen Verlust an Sozialprestige, sozialer Anerkennung und Selbstachtung mit sich bringen.

DEINE ARBEIT IST DEINE IDENTITÄT. SIE SAGT DIR, WER DU BIST

—

KAY STIPKIN

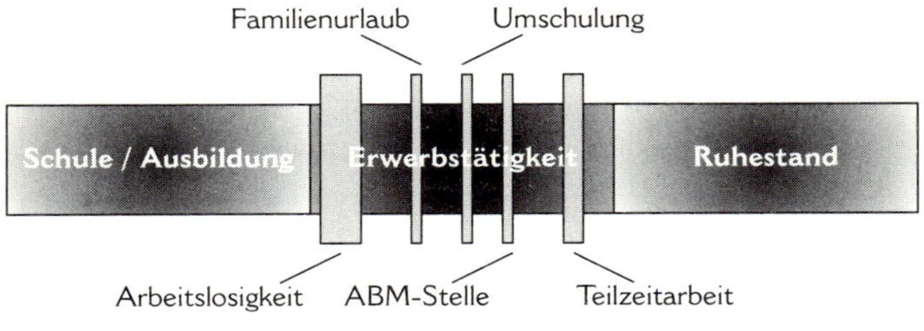

„Fragmentierte" Erwerbsbiografie

Die Lebenswelt wird in der Industriegesellschaft in mehrfacher Hinsicht von der Arbeitswelt dominiert:

- Die Eigenarbeit ist oft nur eine (unbezahlte) Ergänzung zur Lohnarbeit.
- Die Erwerbsarbeit prägt unserem Alltag und unserem gesamten Lebenslauf seinen zeitlichen Rhythmus auf.
- Sie verleiht den Individuen einen sozialen Status und soziale Anerkennung und ist daher das Hauptmedium der Vergesellschaftung.

11.3 Arbeitslosigkeit und Unterbeschäftigung

Jeder zweite Arbeiter fürchtet um seinen Job
Bei den Ängsten der Deutschen rangieren die Sorgen um den Arbeitsplatz und um die Umwelt ganz oben. Jeder zweite deutsche Arbeiter fürchtet, im kommenden Jahr den Arbeitsplatz zu verlieren. Dies hat das Forsa-Institut ermittelt ...
(AP-Meldung, in: Frankfurter Rundschau v. 20.12.1994)

ERWERBSTÄTIGKEIT IST UND BLEIBT FÜR DIE SELBSTACHTUNG DES MENSCHEN UND SEINE ORIENTIERUNG IM LEBEN UNVERZICHTBAR

—

RICHARD VON WEIZSÄCKER

Ein Gespenst geht in unserem Lande zur Jahrtausendwende um; es hält Bevölkerung und Öffentlichkeit in Atem. Sein Name: Arbeitslosigkeit. Arbeitslosigkeit ist zur sozialen Frage des ausgehenden 20. Jahrhunderts geworden.

Ausgangsdaten
Seit 25 Jahren hat Deutschland es mit einem schubartigen Anstieg der Arbeitslosenquote zu tun. Von 1973 mit 300.000 Arbeitslosen stieg diese Zahl binnen drei Jahren auf eine Million. Seit 1980 kletterte sie in vier Jahren auf über zwei Millionen und blieb auf diesem Niveau bis 1990. Seitdem stieg die Arbeitslosigkeit bis 4,2 Millionen im Juni 1997. Im Herbst 1998 ging sie zurück auf ca. 3,9 Millionen.

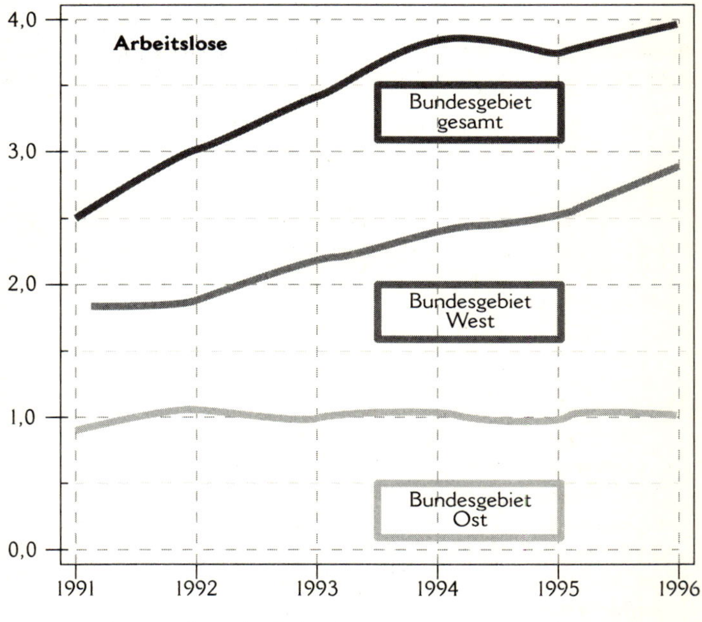

Entwicklung der Zahl der Arbeitslosen (in Mill.) in Deutschland von 1991 bis 1996 (Quelle: Bundesanstalt für Arbeit)

Ursachen der Arbeitslosigkeit

In der politischen Diskussion wird die Arbeitslosigkeit meist auf eine einzige Ursache zurückgeführt: wirtschaftliche Stagnation. Nur mit erhöhtem Wirtschaftswachstum sei folglich der Erwerbslosigkeit beizukommen. Derartige Patenterklärungen halten einer genaueren Überprüfung nicht stand. Es sind mehrere Faktorenbündel, von deren Zusammenwirken die Situation auf dem Arbeitsmarkt abhängt:

- die Entwicklung der Erwerbsbevölkerung
- das Wirtschaftswachstum
- die Arbeitsproduktivität
- die Arbeitszeiten (Wochen-, Lebensarbeitszeit)
- die Arbeitskosten („Preis der Arbeit").

Das Zusammenwirken dieser Faktoren bestimmt die Nachfrage nach Arbeit und das Angebot an Arbeitskräften.

MEHR ALS 200.000 HOCHSCHULABSOLVENTEN SIND GEGENWÄRTIG OHNE ARBEIT, UND ES DÜRFTEN MEHR WERDEN
—
SÜDDEUTSCHE ZEITUNG 1997

Entwicklung der Nachfrage nach Arbeit

Zwischen 1983 und 1992 ist in Deutschland (West) die Zahl der Erwerbstätigen ständig gestiegen – bei gleichzeitigem Anstieg der Arbeitslosenzahlen. Seither ist die Zahl der Erwerbstätigen rückläufig – trotz positiven Wirtschaftswachstums.

ROBOTER FÜHREN SELBST DIE STUPIDESTEN ARBEITEN KLAGLOS IM DAUERBETRIEB DURCH
—
U. BARON

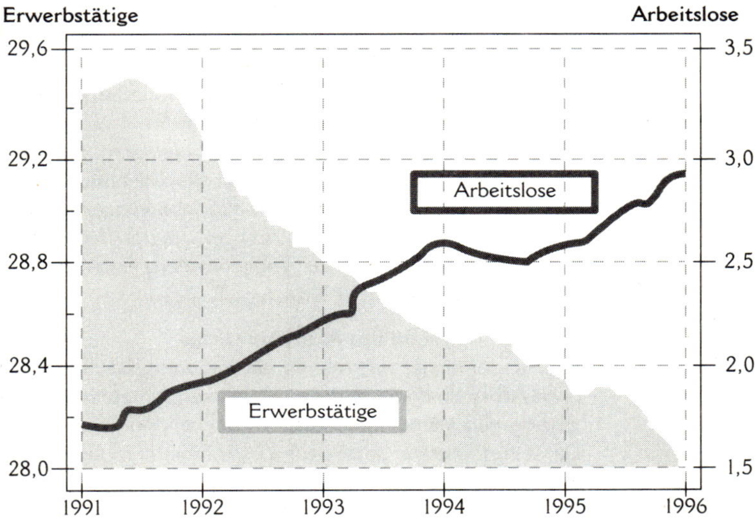

Entwicklung der Zahl der Arbeitslosen und der Erwerbstätigen (in Mill.) in den alten Bundesländern. (Quelle: DB Research 1997)

Das meiste, was standardisierbar ist, können Maschinen heute besser und billiger als arbeitende Menschen
—
Meinhard Miegel

Ist es der technische Fortschritt?

Für die schrumpfende Nachfrage nach Arbeit ist vor allem der Anstieg der Arbeitsproduktivität durch den Einsatz neuer Technologien (vor allem der Mikroelektronik) in der Arbeitswelt verantwortlich. In bestimmten Bereichen der Produktion, aber auch im Dienstleistungssektor (Banken, Einzelhandel etc.) bewirken die technischen Neuerungen einen dramatischen Beschäftigungsrückgang. Technischer Fortschritt ist aber, entgegen einer verbreiteten Meinung, kein „Naturgesetz". Maschinen und Computer werden eingesetzt, weil sie billiger sind, und zwar billiger im Vergleich zur menschlichen Arbeit.

In einer Situation, in der die Arbeit immer teurer und die Technik immer billiger wird, sind Personalabbau und erhöhter Technikeinsatz Voraussetzung für wirtschaftliches Wachstum: **jobless growth.**

Im Jahre 1996 waren in Deutschland 60 % mehr Industrieroboter im Einsatz als 1992
—
Der Spiegel

Weltweiter Wettbewerb der Arbeitskräfte

In Zeiten wirtschaftlicher Globalisierung *(vgl. S. 133 f.)* steht die Arbeitskraft nahezu weltweit in einem Preis- und Kostenwettbewerb. In dieser Situation stellen die relativ hohen Arbeitskosten in Westeuropa (Ergebnis des erreichten Niveaus der sozialstaatlichen Sicherung) einen „Standortnachteil" für europäische Firmen dar. Die Unternehmen reagieren auf die globale Standortkonkurrenz , indem sie

- weitere Arbeit durch Maschinen ersetzen,
- ihren Personalbestand durch organisatorische Maßnahmen „verschlanken" (*lean production*) oder
- ihre Produktion in „Billiglohnländer" verlagern.

Auch wo das gängige Schlagwort von der Globalisierung der Märkte sich nicht auf ökonomische „Sachzwänge" berufen kann, ist es als Droh- und Druckmittel, um von den Arbeitnehmern einen Verzicht auf „liebgewordene Besitzstände" zu erzwingen, äußerst effektiv *(vgl. S. 135)*.

Die Angebotsseite des Arbeitsmarktes

Ich halte nichts vom Recht auf Arbeit. Ich halte es für das grösste Recht des Menschen, nichts zu tun
—
Giocchino Rossini

Eine wesentliche, aber häufig übersehene Ursache für die hohe Arbeitslosigkeit ist die in den letzten Jahrzehnten stark gestiegene Zahl der Beschäftigung suchenden Personen.

Da ist zunächst der gestiegene Zustrom von Frauen auf den Arbeitsmarkt. Die „Revolution der Mädchenbildung" in den 60er Jahren und die verbesserten Möglichkeiten der Geburtenkontrolle haben zu einem neuen weiblichen Rollenverständnis geführt *(vgl. S. 62)*. Der Berufswunsch ist im Zuge dieser Entwicklung für junge Frauen immer wichtiger ge-

worden, als Ausdruck des Wunsches nach Unabhängigkeit und einer eigenständigen sozialen Sicherung.
Neben der Frauenfrage gibt es zweifellos ein Ausländer- bzw. Migrationsproblem für den Arbeitsmarkt. In Zeiten des überschäumenden Wachstums der 50er und 60er Jahre wurden ausländische Arbeitskräfte in die Industriemetropolen gelockt. Aus der Vollbeschäftigung wurde so eine Über-Beschäftigung. Heute rächt sich dies im Übermaß der zusätzlichen Arbeitskräfte, die sich ihrerseits um Kinder und Kindeskinder vermehren.
Zudem hat in Europa die westeuropäische Integration und der Zusammenbruch des Ostblocks zu einem beträchtlichen „Wanderungsdruck" auf die „reichen" Länder der EU geführt: „Werkvertragsarbeitnehmer" im Baugewerbe oder „Saisonarbeiter" in der Landwirtschaft aus Osteuropa besetzen einen nicht unerheblichen Niedriglohnbereich für gering qualifizierte Arbeitskraft.
Die Angebotsseite des Arbeitsmarktes hat sich vor allem auch durch die geburtenstarken Jahrgänge der 60er Jahre erhöht. Erst wenn sie ab etwa 2015 das Rentenalter erreicht haben, ist mit einer Entlastung auf dem Arbeitsmarkt zu rechnen.

Vollbeschäftigung durch Wachstum?
Der Weg zurück zur Vollbeschäftigung scheint in Zeiten globalen Wettbewerbs, eines rasanten Anstiegs der Arbeitsproduktivität und eines anhaltenden Zustroms von Menschen auf den Arbeitsmarkt verbaut.
Um eine zusätzliche Nachfrage nach Arbeitskräften zu erzeugen, müßte das Wirtschaftswachstum den Anstieg der Arbeitsproduktivität übertreffen. Um auch nur ein weiteres Ansteigen der Arbeitslosigkeit zu verhindern, wäre eine Wachstumsrate von ca. 2,5 % erforderlich. Wachstumsraten von 4 % und mehr, die für einen schnellen und wirksamen Abbau der Arbeitslosigkeit notwendig wären, sind aber völlig unrealistisch.
In Zeiten sterbender Wälder und vergifteter Flüsse kämen sie zudem einem Vergehen an Mensch und Natur gleich.

Im globalen Kapitalismus des Informationszeitalters setzt Wirtschaftswachstum nicht mehr den Abbau von Arbeitslosigkeit in Gang, sondern genau umgekehrt den Abbau von Arbeitsplätzen voraus. Es ist also die innere Logik der Arbeitsgesellschaft selbst, die dazu führt, dass ihr die Arbeit ausgeht.

NUR WENN WIR WIEDER MEHR WACHSTUM ERREICHEN, WIRD ES AUCH MEHR BESCHÄFTIGUNG GEBEN
—
WOLFGANG SCHÄUBLE

WER AUF WACHSTUM SETZT, UM DER ARBEITSLOSIGKEIT HERR ZU WERDEN, BAUT AUF SAND
—
RALF FÜCKS

Ca. 8,3 Mio. Bundesbürger sind heute unterbeschäftigt
—
Bundesanstalt für Arbeit

Von der Voll- zur Unterbeschäftigung

Die registrierten Arbeitslosen bilden in der aktuellen Beschäftigungskrise nur die Spitze des Eisbergs. Weit dramatischer stellt sich die Situation dar, wenn man die große Zahl derjenigen berücksichtigt, die in „geringfügigen" oder „ungeschützten" Beschäftigungsverhältnissen stehen: Teilzeitarbeitnehmer, befristet Angestellte, Leiharbeiter, Scheinselbstständige, 630-Mark-Jobber etc.

Neue Beschäftigungsformen erschüttern das System der Vollzeitarbeit:

- Jeder sechste Erwerbstätige (5,7 Mill.) übt eine **Teilzeitarbeit** aus. 90 % der Teilzeit-Beschäftigten sind Frauen.
- Mindestens 200.000 Arbeitnehmer müssen sich mit **Kurzarbeit** begnügen.
- Ca. 150.000 Arbeitnehmer werden jährlich als **Zeitarbeitnehmer** mit befristeten Arbeitsverträgen beschäftigt.

Als Tendenz zeichnet sich ab: Die Grenzen zwischen Arbeit und Nichtarbeit werden fließend. Das System der lebenslangen Ganztagsarbeit wird immer stärker überlagert und unterhöhlt durch ein „System der flexiblen, pluralen, individualisierten Unterbeschäftigung" (Beck 1986, S. 152). Es kommt zu einer **Spaltung des Arbeitsmarkts** in einen Normalarbeitsmarkt und einen Markt für zeitlich flexible Unterbeschäftigungen, wobei der zweite den ersten mehr und mehr verdrängt.

Treffen sich zwei Amerikaner. Der eine: „Die Regierung hat 15 Millionen neue Jobs geschaffen." Der andere: „Fünf davon habe ich!"
—
Amerikanischer Witz

Produktivkraft Unterbeschäftigung

Hauptgewinner von Teilzeitarbeitsverhältnissen sind die Betriebe. Mehr Teilzeitarbeit führt zu einem Anstieg der Produktivität, weil sie Maschinen besser auslastet und ein flexibleres Reagieren auf Marktschwankungen ermöglicht.

Auf diese Weise lassen sich Teile des Unternehmerrisikos in Form prekärer Beschäftigungsverhältnisse (Zeitverträge, Arbeit auf Abruf, Leiharbeit, 630-Mark-Jobs etc.) auf die Arbeitenden abwälzen.

Es ist keineswegs auszuschließen, dass in naher Zukunft auch in der Bundesrepublik englische Verhältnisse herrschen: Eine Arbeitslosenquote weit unter 10 % – dafür ein Drittel kurzfristig Beschäftigte, ein Drittel Teilzeitbeschäftigte und ein Drittel Vollzeitbeschäftigte. Insbesondere die kurzfristig Beschäftigten drohen zu einer neuen Klasse der arbeitenden Armen (**working poor**) zu werden – ebenso unterbeschäftigt wie unterbezahlt.

11.4 Das ganz normale Ende der Arbeit

Ein Zukunftsszenario: In 25 Jahren stehen Millionen beschäftigungsloser Menschen nahezu menschenleeren Fabriken gegenüber. Computer, Telekommunikation und Roboter haben einen derartigen Produktivitätszuwachs bewirkt, dass 20 % der arbeitsfähigen Bevölkerung ausreichen, um die Wirtschaft in Schwung zu halten.

Dies ist nicht die Horrorvision eines Zynikers oder notorischen Schwarzsehers, sondern die Zukunftsprojektion führender Politiker, Wirtschaftsführer und Wissenschaftler auf einer Weltkonferenz in San Francisco vor wenigen Jahren. Wir nähern uns, so die Annahme, einer „20:80-Gesellschaft“: Nur noch ein Fünftel der Bevölkerung wird für die Produktion benötigt, der Rest bleibt ohne Job.

Diese Vision mag übertrieben sein, doch an einer Einsicht führt kein Weg vorbei: Es gibt kein Zurück zur Vollbeschäftigung. Arbeitslosigkeit wird im globalen Informationszeitalter zunehmend zur gesellschaftlichen „Normalität“. In einer Gesellschaft, in der bezahlte Arbeit der alleinige Zuteilungsmechanismus für Wohlstand, soziale Sicherheit, Anerkennung und Lebenssinn ist, ist dies alles andere als eine beruhigende Auskunft.

DANK DER ZUNEHMENDEN AUTOMATION WIRD ES BALD ÜBERALL AUF DER WELT FABRIKEN OHNE ARBEITER GEBEN

—

JEREMY RIFKIN

WANN IMMER DIE WÖRTER „RATIONALISIERUNG“ ODER „TECHNISCHER FORTSCHRITT“ AUFTAUCHEN, KANN MAN SICHER SEIN, DASS DAS VERSCHWINDEN WEITERER JOBS BEVORSTEHT

—

ZYGMUNT BAUMAN

„Demokratisierung“ der Arbeitslosigkeit

„Normal“ ist Arbeitslosigkeit heute auch in dem Sinne, dass sie im Prinzip jeden treffen kann: den stolzen Werftarbeiter ebenso wie den Hobbysegler aus der Chefetage, die kompetente Sachbearbeiterin genauso wie die clevere Friseuse aus dem Salon im Einkaufszentrum oder die engagierte Sozialpädagogin. Allen gemeinsam ist ein diffuses Risikobewusstsein, die stets gegenwärtige Angst, durch unglückliche Umstände plötzlich in die breite Schicht der „Entbehrlichen“ katapultiert zu werden. Auch wenn das Risiko der Arbeitslosigkeit nach wie vor ungleich verteilt ist (etwa nach Geschlecht, Alter, beruflicher Qualifikation), so macht sich doch die „Angst vor dem Abstieg“ zunehmend auch in hochqualifizierten, noch vor wenigen Jahren ihrer Karriere sicheren Beschäftigungsgruppen bemerkbar. Mindestens ein Drittel der aktiven Bevölkerung ist nicht nur durch Arbeitslosigkeit bedroht, sondern hat diese auch bereits einmal am eigenen Leibe erfahren.

ULRICH BECK (1986, S. 153) spricht in diesem Sinne von einer „Demokratisierung der Massenarbeitslosigkeit“.

Die „Nicht-Klasse" der Entbehrlichen

Die Zweiteilung der Gesellschaft in die Menschen, die zu viel arbeiten müssen, und in die diejenigen, die gar nicht mehr arbeiten dürfen, führt zu einer neuen gesellschaftlichen Spaltung
—
Friedrich Schorlemmer

In der individualisierten Gesellschaft *(vgl. Kap. 5)* werden die über den Einzelnen hereinbrechenden Ereignisse nicht mehr als „Schicksalsschläge", sondern als Konsequenzen eigener Entscheidungen gedeutet. Arbeitslosigkeit gewinnt unter diesen Bedingungen eine ganz neue Erfahrungsqualität. Sie wird nicht mehr als „Klassenschicksal", sondern als „persönliches Versagen" erlebt. Die Gemeinsamkeit des Schicksals führt folglich nicht zur Solidarisierung der von Massenarbeitslosigkeit Betroffenen, sondern zu individuellen Schuld- und Schamgefühlen. Resignation und Rückzug treten an die Stelle von Protest und Rebellion. Arbeitslosigkeit und die aus ihr erwachsene Armut verkriecht sich „hinter die eigenen vier Wände" und wird dadurch unsichtbar. Jede Klassensolidarität wird durch die **Individualisierung des Arbeitslosenschicksals** unterminiert. Der französische Sozialforscher ANDRÉ GORZ hat daher die Entbehrlichen der Arbeitsgesellschaft als „Nicht-Klasse der Nicht-Arbeiter" bezeichnet.

Aber nicht nur bei den „Freigesetzten", auch bei den (Noch-)Arbeitsplatzbesitzern ist eine **Entsolidarisierung** und ein Nachlassen der Konflikt- und Kampfbereitschaft feststellbar. Die „Angst vor dem Abstieg" hat eine „befriedende" Wirkung auf den unmittelbaren industriellen Konflikt.

Dies darf nicht darüber hinwegtäuschen, dass gesamtgesellschaftlich die Gewaltpotentiale durch Arbeitslosigkeit zweifellos wachsen, vor allem bei der „neuen Unterklasse" Langzeitarbeitsloser und Unterbeschäftigter, die sich in ein Leben „außerhalb der Gesellschaft" eingerichtet haben. Die Klassendifferenz von oben / unten *(vgl. S. 92 f.)* weicht unter den Bedingungen der Massenarbeitslosigkeit zunehmend der neuen Konfliktlinie von innen / außen bzw. zugehörig / ausgeschlossen.

In Schweden betrug 1994 der Anteil der Langzeitarbeitslosen an der Gesamtzahl der Arbeitslosen 17,3 % gegenüber 43,9 % in Deutschland
—
OECD

- Arbeitslosigkeit ist in der spätindustriellen Gesellschaft kein Ausnahmefall, sondern eine notwendige Bedingung der Industrieproduktion.
- Durch die Vervielfältigung von Lebensläufen und „Bastelexistenzen" verliert das Elend der Arbeitslosen seine Sichtbarkeit.
- Die verallgemeinerte „Angst vor dem Abstieg" führt zu einer Entsolidarisierung der Gesellschaft.

11.5 Zukunft der Arbeit – Arbeit der Zukunft

„ ... auf den Einzelnen kommen kaum mehr als vier Stunden Arbeit am Tage. Die übrige Zeit kann jeder nach seinem Belieben mit angenehmen Studien, mit Disputieren, Lesen, Erzählen, Schreiben, Spazierengehen oder mit geistigen und körperlichen Übungen zubringen."

Schon 1623 entwarf der Dominikaner CAMPANELLA die Utopie einer Gesellschaft, die im 21. Jahrhundert Wirklichkeit werden könnte. Im „Sonnenstaat" sind die Menschen weitgehend vom Zwang fremdbestimmter Arbeit befreit und haben ausreichend Zeit, sich selbstbestimmten, sinnvollen Tätigkeiten zu widmen.
Die Vision CAMPANELLAS hat eine verblüffende Aktualität. In Politik und Sozialwissenschaften gibt es seit Jahren eine intensive Debatte um die „Zukunft der Arbeit". Da der Weg zurück in die Vollbeschäftigung verbaut scheint, wird viel Gedankenarbeit und soziale Phantasie auf ein grundlegend neues Verhältnis von **Arbeit und Leben**, auf den Entwurf einer Gesellschaft nach der Arbeitsgesellschaft verwandt. Hier eine Auswahl der diskutierten Modelle:

DIE UTOPIE, DIE ES FÜR DAS NÄCHSTE JAHRHUNDERT ZU KONKRETISIEREN HEISST, IST EIN SOZIAL VERTRÄGLICHES LEBEN OHNE MATERIELLES WACHSTUM
—
THILO BODE

Duale Wirtschaft
Der Soziologe FRIEDRICH FÜRSTENBERG (1987) hat die Idee einer „dualen Wirtschaft" zur Debatte gestellt: Auf der einen Seite soll in einem hochtechnisierten Marktsektor weiterhin Erwerbsarbeit geleistet werden, auf der anderen Seite soll ein gemeinwirtschaftlicher Bereich – der „quartäre Sektor" – entstehen, in dem gesellschaftlich nützliche Tätigkeiten verrichtet werden.

Verzicht auf Erwerbsarbeit
Der Soziologe CLAUS OFFE (1995) hat zur Minderung des Arbeitslosenproblems die Förderung eines „nicht-erwerblichen Tätigkeitssektors" vorgeschlagen. Hier sollen diejenigen tätig sein, die freiwillig auf Erwerbsarbeit verzichten. Ihnen wird ein „arbeitsloses Einkommen" bzw. „Bürgergeld" gewährt. Der Rückgang der Erwerbsarbeit soll damit durch eine Ausweitung der **Eigenarbeit** (Hausarbeit, Ehrenämter, soziale Dienste etc.) ausgeglichen werden.

WER IMMER VERSPRICHT, EIN REZEPT GEGEN DIE ARBEITSLOSIGKEIT ZU HABEN, SAGT DIE UNWAHRHEIT
—
RALF DAHRENDORF

Bürgerarbeit statt Arbeitslosigkeit finanzieren!
ULRICH BECK (1997) hat das Modell der Bürgerarbeit zur Diskussion gestellt. **Bürgerarbeit** meint: Engagierte Bürger gründen „Dienstleistungsagenturen" für soziale Projekte, z. B. in der Altenbetreuung und Nachbarschaftshilfe, in Bil-

dung, Kultur oder Umweltschutz. Wer mitmacht, dem zahlt der Staat statt Sozialhilfe oder Arbeitslosengeld ein Honorar, das **Bürgergeld**. Der neue Beschäftigungssektor würde Arbeitslosen jahrelanges Nichtstun ersparen und so auch Brücken zurück in die „normale" Arbeitswelt bauen. „An die Stelle des Monopols der Erwerbsarbeit träte eine plurale Tätigkeitsgesellschaft, in der im Grenzfall alle zwischen Erwerbsarbeit, Familienarbeit, Bürgerarbeit wechseln." (BECK 1997, S. 3)

DIE JÜNGERE GENERATION WILL EINE SANFTE KARRIERE MIT SPASS AN DER ARBEIT UND LUST AN DER UMSETZUNG EIGENER VORSTELLUNGEN

—

HORST OPASCHOWSKI

Drei-Schichten-Modell der Arbeit

In dem Bericht an den renommierten „Club of Rome" mit dem Titel „Wie wir arbeiten werden" schlagen die Autoren, die Ökonomen ORIO GIARINI und PATRICK M. LIEDTKE, zur Behebung der Arbeitslosigkeit ein „Drei-Schichten-Modell" der Arbeit vor (1998).

- In der *ersten Schicht* garantiert der Staat jedem eine bezahlte **Grundbeschäftigung** von 20 Wochenstunden. Arbeitslosengeld und Sozialhilfe entfallen. „Den Menschen soll geholfen werden, tätig zu sein, anstatt sie dafür zu bezahlen, untätig zu sein."
- Die *zweite Schicht* bildet die klassische **Erwerbsarbeit**. Auch sie muss sich ändern: Mehr Teilzeit, flexible Arbeitszeiten, flexible Ein- und Ausstiege in das Arbeitsleben, Telearbeit, ständige Fortbildung etc. sollen Produktivität und Wohlstand steigern.
- Die *dritte Schicht* der Arbeit umfasst unbezahlte und freiwillige **gemeinnützige Tätigkeiten** im gesundheitlichen, sozialen oder kulturellen Bereich.

Bei den skizzierten Entwürfen handelt es sich nicht um ausgearbeitete Konzeptionen, sondern um Gedankenskizzen und Diskussionsbeiträge. Bei allen Unterschieden im Einzelnen stimmen sie doch in ihrer Grundüberzeugung und ihrer Zielrichtung überein:

- Nur wenn es gelingt, Arbeit und Leben, Erwerbsarbeit und Eigenarbeit in ein grundlegend neues Verhältnis zu bringen, lässt sich die Krise der Arbeitsgesellschaft überwinden und die soziale Katastrophe vermeiden.
- Die aktuelle Krise beinhaltet die historische Chance, Fehlentwicklungen der industriegesellschaftlichen Moderne, vor allem die „totale Mobilmachung für die Arbeit", zu korrigieren.

DIE ZUKUNFT KOMMT VON SELBST, DER FORTSCHRITT NICHT

—

GEORG LUKACS

12. Gesellschaft im Übergang

„Es gibt nun Zeiten, wo eine ganze Generation so zwischen zwei Zeiten, zwischen zwei Lebensstile hineingerät, dass ihr jede Selbstverständlichkeit, jede Sitte, jede Geborgenheit und Unschuld verloren geht".

Dieser Satz aus HERMANN HESSES „Stepppenwolf" beschreibt recht genau die Stimmungslage der Menschen in den westlichen Industriegesellschaften um die Jahrtausendwende. Verlust der Selbstverständlichkeit, der Geborgenheit, der Orientierung – dies ist es in der Tat, was viele bedrückt.
Der Globalisierungsschock nach dem Ende des Kalten Krieges, die Krise der Erwerbsarbeit, der Zerfall überkommener Traditionen und Lebensformen und die ökologische Katastrophe haben in der Summe eine tiefgreifende Krisenerfahrung erzeugt. Bei aller Unterschiedlichkeit der Deutungen und Standpunkte herrscht doch in einem Punkt Einigkeit: So wie bisher kann und darf es nicht weitergehen!
Das westliche Projekt der industriellen Moderne ist, so scheint es, in eine Sackgasse geraten. Es zerstört seine eigenen Grundlagen und befindet sich in einem Zustand der Selbstgefährdung.

Diese Erfahrung erschüttert nicht nur die Menschen, sondern auch die Soziologie. Die Soziologie ist ja seit ihren Anfängen im 19. Jahrhundert in ihrem Selbstverständnis eng mit der industriellen Modernisierung verknüpft. Sie suchte sozialtechnisches Wissen zu liefern, um dem **Projekt der Moderne** auf die Beine zu helfen. Eben dieses Gesellschafts- und Fortschrittsmodell droht aber nun aus den Fugen zu geraten: Es wird von außen durch *Globalisierung*, von innen durch *Individualisierung* bedroht. Die Krise der industriellen Moderne ist daher zugleich eine Krise der Soziologie. Wie die Menschen insgesamt sieht sich auch die Soziologie gezwungen, umzudenken und sich neu zu orientieren.

Im folgenden und letzten Kapitel sollen zwei soziologische Gegenwartsdiagnosen vorgestellt werden, die Ausdruck eben dieses Bemühens sind. Sie suchen die Frage zu beantworten, was die aktuellen gesellschaftlichen Umbrüche – von denen in den vergangenen Kapiteln die Rede war – in ihrer Summe für das „Projekt der Moderne" bedeuten. Die Antworten sind denkbar widersprüchlich:
- Für die einen sind wir bereits in der **Nachmoderne** angekommen.
- Für die anderen haben wir es eher mit einer heraufziehenden **Zweiten Moderne** zu tun.

Der Vergleich der beiden Zeitdiagnosen wird zu der provokativen Frage veranlassen:

Was kann die Soziologie denn noch zum Verständnis sozialer Wirklichkeit beitragen, nachdem sie ihren Gegenstand – die moderne Industriegesellschaft als Nationalstaat – zu verlieren droht?

12.1 Im Zeitalter der Postmoderne?

Seit einigen Jahren macht ein neues Modewort die Runde: „postmodern". Keine Zeitung, keine Tagung, kein informierter Zeitgenosse scheint ohne es auszukommen. Wenn im Feuilletonteil der Zeitungen dem Kritiker eine Theateraufführung irgendwie unübersichtlich vorkommt, wenn ihm Stil und Aussage eines Filmes oder Buches uneindeutig erscheinen, wenn er in der Architektur eines neuen Bauwerks eine Vermischung funktionsloser Stilelemente erkennt, dann spricht er abschätzig von „postmoderner Beliebigkeit". Ob negativ oder positiv gewendet – nahezu alles und jedes wird mit dem schillernden Sammeletikett „postmodern" belegt: Vom „postmodernen Roman" ist ebenso die Rede wie von der „postmodernen Architektur", dem „postmodernen Sexualverhalten" oder dem „postmodernen Tourismus".

„Postmodern" – ein Unwort

Gerade die Unschärfe und Vieldeutigkeit des Begriffs „postmodern" steigert, so scheint es, seine Faszinationskraft. Die unscheinbare Vorsilbe „post-" transportiert eine tiefgreifende Krisenerfahrung. Sie weckt das Bewusstsein einer Epochenschwelle, das den bisherigen Zustand als überholt erscheinen lässt, das Neue aber noch nicht zu benennen vermag. „Postmodern" ist die Bezeichnung für eine Wirklichkeit, die aus den Fugen geraten ist und sich jeder Bezeichnung verweigert – ein vieldeutig schillerndes Etikett für eine unübersichtliche kulturelle und gesellschaftliche Situation.

Das „Projekt der Moderne"

MAN VERGESSE NICHT, DASS DAS, WAS WIR AUFKLÄRUNG NENNEN, ANDEREN VIELLEICHT VERFINSTERUNG SCHEINT
—
ADOLPH FREIHERR VON KNIGGE

Am ehesten lässt sich der Gehalt der **„Postmoderne"** durch Kontrastierung mit ihrem Gegenpol, der **„Moderne"**, entziffern. Postmoderne ist ja nicht nur die Bezeichnung für einen Stil oder eine Kulturepoche, sondern vor allem der Name für eine Bewegung in Literatur, Architektur, Philosophie und Soziologie, die sich als Rebellion gegen den **Geist der Moderne** versteht.

Das von der bürgerlichen Aufklärung im 18. Jahrhundert begründete **Projekt der Moderne** zielt auf die Ablösung von Tradition und Glauben durch Vernunft und Wissen, von Zwang und Unterdrückung durch Freiheit und Gerechtigkeit, von Ungleichheit durch Gleichheit, von Fremdbestimmung durch Selbstbestimmung.

Das grundlegende Antriebsmoment der Postmoderne liegt nun in der Erkenntnis, dass der Abstand zwischen den großen Ideen der Aufklärung und der schlechten gesellschaftlichen Realität sich in den letzten zwei Jahrhunderten nicht etwa verringert, sondern umgekehrt enorm vergrößert hat. Der Modernisierungsprozess hat – wie gegen Ende des 20. Jahrhunderts deutlich wird – neue, bislang unbekannte Dimensionen von Unwissen, Not, Ungerechtigkeit, Unfreiheit und Ungleichheit geschaffen.

Bei den Postmodernisten weckt diese Erkenntnis prinzipielle Zweifel am Sinn der Modernisierung selbst. Das Projekt der Moderne – so ihre Folgerung – hat von Anfang an einen Geburtsfehler. Den großen Visionen von Freiheit, Gleichheit, Gerechtigkeit und rationaler Ordnung wohnt offenbar ein paradoxer Selbstvernichtungsmechanismus inne, der ihre Realisierung systematisch verhindert. Das Projekt der Moderne ist, so scheint es, Ausgeburt jener teuflischen „Kraft, die stets das Gute will und stets das Böse schafft".

AM ENDE KANN DOCH NUR EIN JEDER IN SEINEM EIGENEN SINN AUFGEKLÄRT WERDEN
—
JOHANN WOLFGANG VON GOETHE

Der Staat als Gärtner

ZYGMUNT BAUMAN, der zurzeit wohl bedeutendste unter den Soziologen der Postmoderne, verdeutlicht den **Geist der Moderne**, indem er den modernen Nationalstaat mit einem Gärtner vergleicht. Wie der Gärtner stets darum bemüht ist, alle Beete von wucherndem Unkraut zu befreien, um das Wachstum der Nutzpflanzen zu fördern, so verfolgt auch der moderne Staat das Ziel, eine geplante, künstliche Ordnung einer widerspenstigen Realität aufzuzwingen. Der Weg zu einer vollkommenen staatlichen Ordnung führt über eine perfekte technokratische Planung und eine systematische Zähmung oder Beseitigung aller chaotischen, fremden, abweichenden, unkontrollierbaren Kräfte. Im Nationalsozialismus wurde der moderne Glaube an die Planbarkeit einer totalen staatlichen Ordnung zum letzten logischen Extrem getrieben. Juden, Zigeuner, Erbkranke und Schwachsinnige gehörten zu den vielen „Unkräutern", die in dem sorgfältig entworfenen Garten der Zukunft keinen Platz hatten.

IN DER STADT DER VERNUNFT SOLLTE ES KEINE GEWUNDENEN STRASSEN, KEINE SACKGASSEN UND KEINE UNBEWACHTEN, DEM ZUFALL ÜBERLASSENEN ORTE GEBEN
—
ZYGMUNT BAUMAN

Für BAUMAN sind wie der moderne Nationalstaat auch alle anderen Visionen einer **vollkommen rationalen Ordnung** mit dem Terror verschwistert. „Sie spalten die menschliche Welt in eine Gruppe, für die die ideale Ordnung errichtet werden soll, und eine andere, die in dem Bild nur als ein zu überwindender Widerstand vorkommt – als das Unpassende, das Unkontrollierbare, das Widersinnige."

Die postmoderne Utopie der Vielheit

Die Vertreter der Postmoderne setzen dem aufklärerischen Glauben an die rationale Planbarkeit und Gestaltbarkeit der Welt den bewussten Verzicht auf jede **Einheits- und Ganzheitsvision** entgegen. „Wir haben die Sehnsucht nach dem Ganzen und dem Einen teuer bezahlt", sagt JEAN-FRANÇOIS LYOTARD, der Begründer der philosophischen Postmoderne.

Unter der Parole „Krieg dem Ganzen" beantworten die Postmodernisten die Ordnungs- und Uniformierungszwänge der Moderne mit einer Therapie der Vervielfältigung. Postmoderne ist die „Verfassung radikaler Pluralität" (WELSCH 1987, S. 4), die Feier von Vielheit und Differenz.

DIE WAHRHEIT LIEGT IM PLURAL
—
LEON WIESELTIER

„Postmodern" ist demnach, wer sich der Vielfalt unterschiedlicher Denk- und Lebensformen bewusst ist, wer sensibel ist für das Eigenrecht alles Ausgegrenzten, Abweichenden, Fremden, Zufälligen, Mehrdeutigen, Unbestimmten. An die Stelle der alten Ordnungs- und Ganzheitsutopien tritt in der Postmoderne also nicht der Verzicht auf Utopie überhaupt, sondern die **Utopie der Vielheit**.

Regionen der Postmoderne

DIE MODERNE BAUTE IN STAHL UND BETON; DIE POSTMODERNE IN BIOLOGISCH ABBAUBAREM PLASTIK
—
ZYGMUNT BAUMAN

In der Sicht der Postmodernisten ist die Postmoderne weder eine Erfindung der Philosophen noch eine Entdeckung der Feuilletonisten. Sie ist vielmehr ganz real in der Gesellschaft wirksam und beobachtbar. Auffallend ist, dass nahezu alle Umbrüche und Trends, von denen in diesem Buch die Rede war, sich auch mit dem schillernden Etikett „postmodern" belegen lassen.

- Im Bereich der *Kultur* hat die Postmodernisierung die Grenzen zwischen Kultur, Kommerz, Konsum und Produktion eingerissen. Kultur wird popularisiert, demokratisiert und kommerzialisiert. Sie wird als Ware auf den Märkten gehandelt und im sozialen Austausch als Mittel der Selbst-Stilisierung eingesetzt.
- Auch im Bereich der *Sozialstruktur* lassen sich Symptome der „Postmoderne" ausmachen, so in der Auflösung der alten Ungleichheiten und Großgruppen und in der Pluralisierung von Lebenslagen und Lebensläufen *(vgl. S. 98f.)*. Als typisch „postmodernes" Phänomen gilt die **„Kulturalisierung des Sozialen"**: Die Kultur durchdringt sozusagen das Soziale, soziale Unterschiede drücken sich in kulturellen Mustern, Stilen, Geschmacksvarianten aus.

DIE KULTURINDUSTRIE SCHLÄGT ALLES MIT ÄHNLICHKEIT
—
THEODOR W. ADORNO

– Auf der Ebene der *Person* und der *individuellen Lebensführung* zeigen sich „postmoderne" Tendenzen in der Vervielfältigung von Identitätsentwürfen, in der Individualisierung von Lebensläufen und im Wechsel von der Normal- zur Wahlbiografie *(vgl. S. 62)*. Hauptkennzeichen des postmodernen „Lebensspiels" ist für ZYGMUNT BAUMAN, „sich vor langfristigen Bindungen zu hüten: sich zu weigern, auf die eine oder andere Weise ‚festgelegt' zu werden; sich nicht an einen Ort zu binden ... ; keinem Menschen und keiner Sache Beständigkeit oder Treue zu schwören."

JE TIEFER DIE WURZEL, DESTO UNBEWEGLICHER DER BAUM
—
DANIEL GOEUDEVERT

	„modern"	**„postmodern"**
Kultur	– Trennung von hoher Kultur und Massenkultur – Kultur als System verbindlicher Werte	– Demokratisierung und Popularisierung der Kultur – Vermischung von Kultur, Politik, Kommerz, Gesellschaft
Gesellschaft	– „funktionale Differenzierung" in Teilbereiche – Trennung in Klassen und Schichten – bürgerliche „Normalfamilie" als dominante Lebensform – arbeitsteilige Massenproduktion	– Durchmischung der Teilbereiche – Kulturalisierung sozialer Unterschiede: Milieus, Lebensstile – Pluralisierung der Lebensformen – Flexibilisierung der Produktion und des Arbeitsmarktes
Person und Lebensführung	– stabile Ich-Identität – langfristige Lebensentwürfe – „Normalbiografie"	– wechselnde Selbst-Entwürfe – Vermeidung langfristiger Bindungen – „Bastelbiografie"

Ebenen und Merkmale von „Moderne" und „Postmoderne"

Die Postmodernisten sehen in den aktuellen Umbrüchen in den westlichen Industriegesellschaften tiefgreifende Krisen- und Verfallssymptome des neuzeitlichen „Projekts der Moderne" und zugleich die Geburtswehen eines neuen Zeitalters: der „Postmoderne". Kennzeichen der Postmoderne ist demnach das vielfältige Nebeneinander und die freie Wählbarkeit von Lebensformen, Lebensläufen und Lebensstilen ohne jede Rückbindung an übergreifende, allgemeinverbindliche Strukturen, Prinzipien und Maßstäbe.

ICH SAGE IMMER UND WIEDERHOLE ES, DIE WELT KÖNNTE NICHT BESTEHEN, WENN SIE NICHT SO EINFACH WÄRE
—
JOHANN WOLFGANG VON GOETHE

12.2 Aufbruch in die „zweite Moderne"?

„Überall ist vom Ende die Rede – des Nationalstaats, der Demokratie, der Natur, des Individuums, der Moderne. Es wird Zeit, nach dem Anfang zu fragen, der in jedem Ende verborgen ist."
(BECK 1996a, S. 19)

DIE ZUKUNFT IST NICHT EINFACH VERLÄNGERUNG DER GEGENWART
—
NORBERT BLÜM

Der Münchener Soziologe ULRICH BECK hält hier den Abschiedsgesängen der „Postmodernisten" auf das Projekt der Moderne eine radikal andere Perspektive entgegen. Was diesen als Verfall und Krise erscheint, ist für ihn – und eine ganze Reihe gleichgesinnter Soziologen – ein Aufbruch zu neuen Ufern. Nicht mit einem Ende der Moderne haben wir es demnach um die Jahrtausendwende zu tun, sondern mit einem Bruch *innerhalb* der Moderne. Die aktuellen Umbrüche und Krisen in Wirtschaft und Gesellschaft sind die Vorboten und Geburtswehen einer neuen Etappe im Modernisierungsprozess: der **„zweiten Moderne"**.

Industriegesellschaft als „halbierte Moderne"
Für die Theoretiker der „zweiten Moderne" ist die gängige Rede von der „modernen Industriegesellschaft" eine Mogelpackung. Sie täuscht darüber hinweg, dass so etwas wie eine „moderne" Gesellschaft noch nirgendwo existiert. In den entwickelten Ländern des Westens sind vielmehr stets moderne Elemente mit Elementen einer „Gegenmoderne" vermischt und durchsetzt. Die Industriemoderne ist überall eine **„halbierte Moderne"**.
Die Prinzipien der Aufklärung – individuelle Freiheit, Gleichheit und Selbstbestimmung – haben in der bürgerlichen Gesellschaft immer nur innerhalb bestimmter Begrenzungen Gültigkeit gehabt:
- Schon die Aufklärer meinten „Männerrechte", wenn sie von „Menschenrechten" sprachen.
- Die Bürger meinten „Nation", wenn sie „Menschheit" sagten.
- Die Möglichkeiten des „freien bürgerlichen Individuums" brachen sich stets an den Klassenschranken.
- Die Geschlechtszugehörigkeit bestimmte nach wie vor die bereits bei der Geburt vorgezeichnete „Normalbiografie" und das weitere Lebensschicksal.
- Das Prinzip „individuelle Leistung" blieb auf den Produktionsbereich beschränkt, während im Reproduktionsbereich (Familie) die Verteilung von Chancen und Aufgaben einer gänzlich anderen Logik gehorchte *(vgl. S. 57f.)*.

WAS SOLLEN WIR UNS VIEL UM EINE ZUKUNFT AUFREGEN, WENN DIE GEGENWART SCHON EINES MENSCHEN EINSICHT ÜBERSTEIGT
—
JOHANN WOLFGANG VON GOETHE

Käfige der Moderne

Der Aufbruch in die Moderne fand also nur innerhalb bestimmter Grenzziehungen statt. Er erfolgte sozusagen „immer nur in Käfigen, eingegrenzt, exklusiv für bestimmte Gruppen" (BECK 1996a, S. 59). Diese „Käfige" der Moderne, also die „gegenmodernen" Elemente der Moderne, sind keineswegs – wie häufig angenommen wird – Relikte aus der vormodernen Gesellschaft, die dem Modernisierungsprozess „hinterherhinken". Nationalstaat, Klassen, bürgerliche Familie, Geschlechterrollen sind Hand in Hand mit der aufkommenden bürgerlichen Gesellschaft entstanden. Es handelt sich um etwas, das gleichzeitig *mit* der Moderne und *gegen* sie in die Welt gesetzt wurde: Eckpfeiler der Industriemoderne und Fremdkörper zugleich.

Von der „ersten" zur „zweiten" Moderne

Die weiter oben mehrfach erörterten Auflösungs- und Krisenerscheinungen in den Industriegesellschaften – der Bedeutungsverlust des Nationalstaats, die Auflösung von Klassenkulturen, die Krise der Erwerbsarbeit, der Zerfall der Familie und der Geschlechtsrollen – signalisieren nun für die Soziologen der „zweiten Moderne" nicht das Ende der Moderne, sondern im Gegenteil eine Weiterentwicklung und Radikalisierung der Moderne. Der generelle Gehalt der aufklärerischen Moderne – Freiheit, Gleichheit, Selbstbestimmung, Demokratie, Begründungszwang – sprengt gewissermaßen die selbstgeschmiedeten Käfige der Industriemoderne. Nicht mit einer *Nachmoderne*, wie sie von den Postmodernisten ausgerufen wird, haben wir es demnach zu tun, sondern mit einem weiteren Schritt im Modernisierungsprozess: dem Übergang von der „ersten", halbierten Moderne (der Industriemoderne) zur „zweiten", radikalisierten Moderne.

WISSEN WAR NICHT NUR MACHT; ALLE MACHT WAR WISSEN
—
ZYGMUNT BAUMAN

Die sanfte Revolution

Der Übergang von der „ersten" zur „zweiten Moderne" vollzieht sich, so ULRICH BECK und seine Mitstreiter, nicht als revolutionärer Prozess, sondern „auf Samtpfoten" und unsichtbar durch die Hintertür der „Nebenfolgen". Die Industriegesellschaft mit ihrer Fortschritts- und Wachstumsgläubigkeit sowie ihrem Vertrauen in die Rationalitätssteigerung durch Wissenschaft und Technik untergräbt schleichend ihre eigenen Existenzvoraussetzungen. Der Machtgewinn des technisch-ökonomischen Fortschritts wird überschattet durch die Produktion von Risiken. Stichworte sind Tschernobyl, Ozonloch und Gentechnik. Es entstehen

DIE ZUKUNFT KANN BESSER SEIN, UND SIE WIRD BESSER SEIN, WENN WIR DIE NEUEN TECHNOLOGIEN RICHTIG VERWENDEN
—
HANS-DIETRICH GENSCHER

neue Formen der Unkalkulierbarkeit, nicht *trotz*, sondern *wegen* der permanenten Steigerung technischen Wissens. Der britische Soziologe ANTHONY GIDDENS (1997, S. 141) spricht daher von **„hergestellter Unsicherheit"**.

Die von solchen Risiken aufgeworfenen Probleme lassen sich innerhalb der Grenzen der abgespaltenen **Teilsysteme** (Wirtschaft, Technik, Wissenschaft etc.) und der entsprechenden **Expertenkulturen** nicht mehr bewältigen. Sie enthalten politische und moralische Elemente, die sich nicht ausräumen lassen und neue, systemübergreifende Verantwortlichkeiten erfordern.

DAS UNERWARTETE ZU ERWARTEN, VERRÄT EINEN DURCHAUS MODERNEN GEIST
—
OSCAR WILDE

Parallel zur technisch-ökonomischen Risikoproduktion unterhöhlt die schrankenlose Ausweitung des Marktprinzips (Mobilität, Flexibilität, Konkurrenz) die traditionellen äußeren und inneren Grenzziehungen der Industriegesellschaft. Einerseits sprengt der globalisierte Markt die Fesseln des Nationalstaats *(vgl. Kap. 10)*, andererseits werden die arbeitsmarktabhängigen Individuen aus den Bindungen von Klasse, Schicht, Milieu, Familie freigesetzt *(vgl. Kap. 5.2)*.

Auch die alten Grenzen zwischen Öffentlichkeit und Privatheit verlieren zunehmend an Bedeutung. Durch den weltweiten Ausbau von Kommunikationsnetzen kommt es zur **„Entbettung"** sozialer Beziehungen (GIDDENS). Nachbarschaft wird ortsunabhängig, verzögerungsfreie globale Kommunikation durchdringt die Alltagserfahrung und umgekehrt.

Riskante Freiheiten

Insgesamt signalisieren die beschriebenen Trends eine Selbstauflösung der **ersten Moderne**. Die diversen Nebenfolgen des Fortschritts summieren sich zu einer ausgewachsenen **Siegkrise** des Industriekapitalismus. Überall brechen zugleich mit den Triumphen von Wissenschaft, Technik und Ökonomie neue, unvorhersehbare Risiken und Unsicherheiten, aber auch neue, „grenzenlose" Freiheiten und Handlungsspielräume hervor.

DIE ZUKUNFT IST AUCH NICHT MEHR, WAS SIE WAR
—
HERMANN JOSEF ABS

Was immer man nimmt: Gott, Nation, Klasse, Wissenschaft, Technik, Moral, Liebe, Ehe, Familie – die „zweite Moderne" löst alle Gewissheiten, Vertrautheiten und Orientierungsmaßstäbe der „ersten Moderne" auf. Sie verwandelt alles in „riskante Freiheiten" (vgl. BECK / BECK-GERNSHEIM 1994, S. 11).

Kennzeichnend für die **„zweite Moderne"** ist die „Bastelbiografie", die immer zugleich **Risikobiografie** ist – ein Zustand der Dauergefährdung, der jederzeit – je nach Konjunk-

turlage, Familienlage, Lebensphase – in eine **Bruchbiografie** umschlagen kann.
Die folgende Tabelle gibt einen zusammenfassenden Überblick über die wesentlichen Merkmale und Grundprinzipien der „ersten“ und der „zweiten Moderne“:

WIR STEHEN AM ABGRUND, HABEN ABER EINE WUNDERSCHÖNE AUSSICHT
—
REDENSART

	„ERSTE MODERNE“	„ZWEITE MODERNE“
Modernisierungsgrad	„halbierte Moderne“: Moderne + Gegenmoderne	radikalisierte Moderne: „Modernisierung der Moderne“
Basisselbstverständlichkeiten	Fortschrittsoptimismus	Bewusstsein der Selbstgefährdung
Wissen	Sicherheitsproduktion durch Wissen und Technik	Risikoproduktion durch Wissen und Technik; „hergestellte Unsicherheit“
Arbeit	betriebsabhängige Massenproduktion; lebenslange Ganztagsarbeit	Flexibilisierung und Diversifizierung der Produktion; fragmentierte Erwerbsbiografie
Sozialstruktur	Großgruppen: Klassen, Schichten	„Individualisierung“: Freisetzung der Individuen aus traditionalen Bindungen
Privatsphäre	„Normalfamilie“ mit ausgeprägten Geschlechterrollen	Pluralisierung der Lebensformen; Individualisierung der Geschlechterrollen
Lebensführung	vorgegebene „Normalbiografie“	selbstentworfene „Wahlbiografie“; fragmentierte „Bastelbiografie“

„Erste Moderne“ und „zweite Moderne“ im Vergleich

Die Theoretiker der „zweiten Moderne“ deuten die aktuellen Umbrüche und Auflösungserscheinungen in Wirtschaft, Gesellschaft und Privatsphäre nicht als Ende der Moderne, sondern als Weiterentwicklung und Radikalisierung des Modernisierungsprozesses. Neuen Freiheiten und Handlungsspielräumen stehen in ihrer Sicht in zwiespältiger Weise neue, selbstproduzierte Risiken und Unsicherheiten gegenüber.

12.3 Soziologie in der Krise

„Früher, was waren das doch für Zeiten. Überall klare Verhältnisse: Der Staat war noch der Staat, nirgendwo angekränkelt von der Globalisierung. Die Gesellschaft war einfach die Gesellschaft, keine Spur von neuer Unübersichtlichkeit. Und ein Gegensatz erschien eben als ein Gegensatz, hie Kapital, da Arbeit und immerzu Klassenkampf.
Und heute? Überall Brüche und Schnitte, nicht mehr Tag oder Nacht, nur noch Dämmerung."
(FRITZ-VANNAHME 1996, S. 71)

ORDNUNG IST ETWAS KÜNSTLICHES. DAS NATÜRLICHE IST DAS CHAOS
—
ARTHUR SCHNITZLER

Soziologie ohne Gegenstand?

Mit solchen unklaren Verhältnissen, wie sie hier von einem Journalisten ironisch kommentiert werden, tut sich die Soziologie, das einstige Modefach, ganz besonders schwer. Staat, Gesellschaft, Klasse, Kapital, Arbeit, Familie: All das, was seit je Gegenstand soziologischen Forschens war, scheint unter der Sonne von **Globalisierung** und **Individualisierung** wegzuschmelzen. Wie auch immer die Zeichen der Zeit um die Jahrtausendwende gedeutet werden – als „Postmoderne", „zweite Moderne", „Risikogesellschaft" oder „Spätmoderne" – , in einem stimmen bei allen Unterschieden nahezu alle Zeitdiagnosen überein: Von „Gesellschaft" im gewohnten Sinne kann kaum noch die Rede sein. Verliert damit aber nicht eine ganze Disziplin ihren Gegenstand? Schon ertönen Kassandrarufe vom „Ende der Soziologie".

ABER WEHE, WEHE, WEHE / WENN ICH AUF DAS ENDE SEHE!
—
WILHELM BUSCH

Hohepriester der Moderne

In der Tat sind ja die Heroen der Soziologie – MARX, TÖNNIES, DURKHEIM, SIMMEL und WEBER – stets als „Hohepriester der Moderne" aufgetreten, als ihre Sozialingenieure oder Kritiker. Von den Klassikern bis heute bezogen sich soziologische Modelle oder politische Utopien stets auf die „Gesellschaft", verstanden als territorial begrenzter und klar strukturierter politischer Raum. Der **Staat** galt als der richtige Adressat für die Lösung der sozialen Probleme, die **Gesellschaft** als die andere, die innere Seite der Nation.
Wenn aber beide, Nation und Gesellschaft, in die Zange genommen werden – von außen durch Globalisierung, von innen durch Individualisierung – , was bedeutet das dann für Theorie und Praxis der Soziologie?

Neue Bescheidenheit

Auch wenn der Nationalstaat und die gesellschaftlichen Großgruppen an Bedeutung und Einfluss verlieren, hat die Soziologie noch lange nicht ausgedient.
Allerdings erzwingt die „**neue Unübersichtlichkeit**" einer immer komplexer werdenden Gesellschaft den Abschied von soziologischen Gesamtentwürfen und eine neue theoretische Bescheidenheit. So paradox es klingt: Je mehr wir wissen, desto deutlicher wird, dass die Soziologie weder als Steuerungsinstrument der Gesellschaft noch als Planungsbüro einer besseren Welt taugt.
Auch vollmundigen Gesamtdiagnosen gegenüber entwickeln Soziologen zunehmend Skrupel. Zeitdiagnosen sind stets nur „soziologische Aussagen mit beschränkter Haftung", wie der Berliner Soziologe HANS-PETER MÜLLER (1996, S. 40) sagt. Je griffiger und stimmiger die Deutung, desto einseitiger, also: riskanter ist sie in der Regel.

Vom Nutzen der Soziologie

Die Soziologie hat keinen Anlass, den Verlust ihres Gegenstandes zu betrauern. Sie wird sich vielmehr beherzt den neuen Gegenständen zuwenden, die sich infolge der aktuellen Umbrüche und Krisen in den Industriegesellschaften aufgetan haben. Auf der Tagesordnung stehen u. a. folgende brisante Fragen:

- die politische Frage nach der Rolle der Politik in einer globalisierten Ökonomie;
- die soziale Frage nach der Zukunft der Arbeit;
- die Geschlechterfrage und das Neuarrangement von Arbeit und Familie;
- die Frage nach dem Zusammenleben von Menschen verschiedener Herkunft im „Vielvölkerstaat";
- die ökologische Frage nach einer „nachhaltigen Entwicklung".

Mag sein, dass die Soziologie nicht mehr der Königsweg zur sozialen Wirklichkeit ist. Vermutlich hat der deutsch-britische Soziologe RALF DAHRENDORF (1996, S. 36) Recht mit seiner Feststellung, dass es ziemlich unwichtig sei, ob es nun Ökonomen, Soziologen oder Politologen seien, die sich um bestimmte soziale Fragen kümmern. Dennoch scheint gerade heute, wo allenthalben von unveränderlichen „Sachzwängen" die Rede ist, der kritische Stachel einer Soziologie, die rücksichtslos mit Vorurteilen und geheiligten Werten aufräumt, unverzichtbar. Eine freiheitliche Gesellschaft erkennt man auch daran, wie viel Soziologie sie sich leistet.

DER WERT DER IDEALE STEIGT. WENIGSTENS BEHAUPTEN DAS DIEJENIGEN, DIE IHRE IDEALE ERFOLGREICH VERKAUFT HABEN
—
GABRIEL LAUB

Literatur

Arbeitsgruppe Soziologie (1996): Denkweisen und Grundbegriffe der Soziologie. Eine Einführung. 11. Aufl. Frankfurt / New York: Campus.

Arendt, H. (1981): Vita Activa oder Vom tätigen Leben. München: Piper.

Barber, B. (1996): Coca Cola und Heiliger Krieg. Wie Kapitalismus und Fundamentalismus Demokratie und Freiheit abschaffen. Bern / München / Wien: Scherz.

Bauman, Z. (1993): Wir sind wie Landstreicher: Die Moral im Zeitalter der Beliebigkeit. In: Süddeutsche Zeitung, 16. / 17. 11. 1993, S. 17.

Bauman, Z. (1995): Moderne und Ambivalenz. Das Ende der Eindeutigkeit. Frankfurt a. M.: Fischer.

Bauman, Z. (1997a): Schwache Staaten. Globalisierung und die Spaltung der Weltgesellschaft. In: Beck, U. (Hg.): Kinder der Freiheit. Frankfurt a. M.: Suhrkamp.

Bauman, Z. (1997b): Flaneure, Spieler und Touristen. Essays zu postmodernen Lebensformen. Hamburg: Hamburger Edition.

Beck, U. (1986): Risikogesellschaft: Auf dem Weg in eine andere Moderne. Frankfurt a. M.: Suhrkamp.

Beck, U. (1995a): Eigenes Leben. Skizzen zu einer biographischen Gesellschaftsanalyse. In: U. Beck u. a.: Eigenes Leben. Ausflüge in die unbekannte Gesellschaft, in der wir leben. München: C. H. Beck.

Beck, U. (1995b): Wie aus Nachbarn Juden werden. In: U. Beck: Die feindlose Demokratie. Ausgewählte Aufsätze. Stuttgart: Reclam.

Beck, U. (1996a): Das Zeitalter der Nebenfolgen und die Politisierung der Moderne. In: U. Beck / A. Giddens / S. Lash (Hg.): Reflexive Modernisierung. Eine Kontroverse. Frankfurt a. M.: Suhrkamp.

Beck, U. (1996b): Kapitalismus ohne Arbeit. In: Der Spiegel, Heft 20 / 1996, S. 140 – 146.

Beck, U. (1997): Was ist Globalisierung? Irrtümer des Globalismus – Antworten auf Globalisierung. Frankfurt a. M.: Suhrkamp.

Beck, U. (1998): Wie wird Demokratie im Zeitalter der Globalisierung möglich? In: U. Beck (Hg.): Politik der Globalisierung. Frankfurt a. M.: Suhrkamp.

Beck, U. / Beck-Gernsheim, E. (1990): Das ganz normale Chaos der Liebe. Frankfurt a. M.: Suhrkamp.

Beck, U. / Beck-Gernsheim, E. (1994): Individualisierung in modernen Gesellschaften: Perspektiven und Kontroversen einer subjektorientierten Soziologie. In: U. Beck / E. Beck-Gernsheim (Hg.) 1994.

Beck, U. / Beck-Gernsheim, E. (Hg.) (1994): Riskante Freiheiten: Individualisierung in modernen Gesellschaften. Frankfurt a. M.: Suhrkamp.

Beck-Gernsheim, E. (1980): Das halbierte Leben: Männerwelt Beruf, Frauenwelt Familie. Frankfurt a. M.: Fischer.

Beck-Gernsheim, E. (1988): Die Kinderfrage: Frauen zwischen Kinderwunsch und Unabhängigkeit. München: C. H. Beck.

Berger, P. L. (1969): Einladung zur Soziologie. Olten: Walter.

Bolte, K. M. / Hradil, ST. (1984): Soziale Ungleichheit in der Bundesrepublik Deutschland. 3. Auflage, Opladen: Leske + Budrich.

Bourdieu, P. (1987): Die feinen Unterschiede: Kritik der gesellschaftlichen Urteilskraft. Frankfurt a. M.: Suhrkamp.

Bourdieu, P. (1997): Die verborgenen Mechanismen der Macht. Hamburg: VSA-Verlag.

Dahrendorf, R. (1983): Wenn der Arbeitsgesellschaft die Arbeit ausgeht. In: J. Matthes (Hg.): Krise der Arbeitsgesellschaft? Verhandlungen des 21. Deutschen Soziologentages. Frankfurt a. M.: Campus.

Dahrendorf, R. (1996): Die bunten Vögel wandern weiter. In: Fritz-Vannahme (Hg.) 1996.
Enzensberger, H. M. (1992): Die große Wanderung. Frankfurt a. M.
Finkielkraut, A. (1989): Die Niederlage des Denkens. Reinbek: Rowohlt.
Fritz-Vannahme, J. (1996): Zu allem fähig. Eine Bilanz des ZEIT-Streites um die Soziologie. In: Fritz-Vannahme (Hg.) 1996
Fritz-Vannahme, J. (Hg.) (1996): Wozu heute noch Soziologie? Opladen: Leske + Budrich.
Fürstenberg, F. (1987): Geht der Arbeitsgesellschaft die Arbeit aus? In: Universitas 1987, H. 3, S. 209–217.
Giarini, O. / Liedtke, P. M. (1998): Wie wir arbeiten werden. Der neue Bericht an den Club of Rome. Hamburg: Hoffmann und Campe.
Giddens, A. (1995a): Konsequenzen der Moderne. Frankfurt a. M.: Suhrkamp.
Giddens, A. (1995b): Soziologie. Graz / Wien: Nausner & Nausner.
Giddens, A. (1997): Jenseits von Rechts und Links. Frankfurt a. M.: Suhrkamp.
Henecka. H. P. (1985): Grundkurs Soziologie. Opladen: UTB.
Kristeva, J. (1990): Fremde sind wir uns selbst. Frankfurt a. M.: Suhrkamp.
Martin, H.-P. / Schumann, H. (1996): Die Globalisierungsfalle. Der Angriff auf Demokratie und Wohlstand. Reinbek: Rowohlt.
Miksch, J. (1989): Kulturelle Vielfalt statt nationaler Einfalt. Eine Strategie gegen Nationalismus und Rassismus. Frankfurt a. M.
Müller, H.-P. (1995): Differenz und Distinktion. Über Kultur und Lebensstile. In: Merkur, Heft 9 / 10, S. 927–934.
Müller, H.-P. (1996): Störenfried mit mittlerer Reichweite. In: Fritz-Vannahme (Hg.) 1996.
Müller, K. E. (1984): Die bessere und die schlechtere Hälfte. Ethnologie des Geschlechterkonflikts. Frankfurt /New York: Campus.
Offe, C. (1995): Freiwillig auf die Teilnahme am Arbeitsmarkt verzichten. In: Frankfurter Rundschau vom 19.7.1995, S. 10
Radtke, F.-O. (1990): Multikulturell – Das Gesellschaftsdesign der 90er Jahre? In: Informationen zur Ausländerarbeit, Nr. 4 / 1990, S. 27–34.
Radtke, F.-O. (1992): Lob der Gleich-Gültigkeit. Die Konstruktion des Fremden im Diskurs des Multikulturalismus. In: U. Bielefeld (Hg.): Das Eigene und das Fremde. Neuer Rassismus in der alten Welt? 2. Auflage, Hamburg: Junius.
Schmid, Th. (1989). Multikulturelle Gesellschaft – großer Ringelpiez mit Anfassen. In: Neue Gesellschaft / Frankfurter Hefte, Nr. 6 / 1989, S. 541–546.
Schulte, A. (1990): Multikulturelle Gesellschaft: Chance, Ideologie oder Bedrohung? In: Aus Politik und Zeitgeschichte. Beilage zur Wochenzeitung ‚Das Parlament'. B 23–24. S. 3–15.
Schulze, G. (1992): Die Erlebnisgesellschaft. Kultursoziologie der Gegenwart, Frankfurt / New York: Campus.
Sennett, R. (1983): Verfall und Ende des öffentlichen Lebens. Die Tyrannei der Intimität, Frankfurt a. M.: Fischer.
Simmel, G. (1992): Soziologie. Untersuchungen über die Formen der Vergesellschaftung. Frankfurt a. M.: Suhrkamp.
Welsch, W. (1987): Unsere postmoderne Moderne. Weinheim: VCH.
Wesel, U. (1981): Der Mythos vom Matriarchat. Über Bachofens Mutterrecht und die Stellung der Frauen in frühen Gesellschaften. Frankfurt a. M.: Suhrkamp.

Sach- und Personenregister